提升教师学习科学素养系列丛书　　丛书主编　尚俊杰

开展学习研究：
教师学习科学研究手册

主编／吴筱萌

主　编　吴筱萌
参　编　乐惠骁　魏　戈　李树玲　文燕银　李若晴
　　　　杜星龙　胡亚欣

源自学习科学中国化实践应用

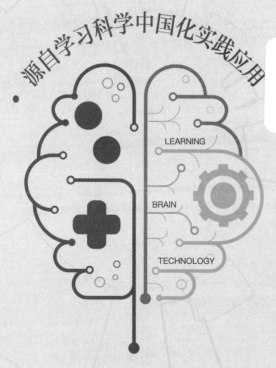

机械工业出版社
CHINA MACHINE PRESS

以英国学者斯滕豪斯提出"教师成为研究者"为开端,教师开展研究已经成为世界性教师专业发展的重要方向。在日渐蓬勃的学习科学领域,教师也是研究的重要参与者。提高教师做研究的能力,对于教师自我发展和学习领域知识生产都具有重要意义。尽管发展教师研究能力的书籍已经比较丰富,但是本书的特点在于聚焦学习科学领域,围绕"学习"这一核心问题促进教师开展深入研究。本书共10章。第1章开宗明义,阐述了教师为什么需要做研究。第2章至第7章,分别介绍了几种比较适合教师进行教学研究的方法,在内容方面突出了如何运用这些方法收集研究数据。第8章介绍了新兴技术为教育研究带来的新途径。第9章和第10章,分别介绍了质性资料和量化数据的分析工具软件和方法。

本书既适合中小学教师或师范生学习使用,也适合大学教师开展教学改革及教学研究使用,同时适合对学习科学感兴趣的管理者、研究者和实践者参考使用。

图书在版编目(CIP)数据

开展学习研究:教师学习科学研究手册/吴筱萌主编. —北京:机械工业出版社,2023.12

(提升教师学习科学素养系列丛书/尚俊杰主编)

ISBN 978-7-111-74445-0

Ⅰ.①开⋯ Ⅱ.①吴⋯ Ⅲ.①中小学—教学研究 Ⅳ.①G632.0

中国国家版本馆CIP数据核字(2023)第238426号

机械工业出版社(北京市百万庄大街22号 邮政编码100037)
策划编辑:熊 铭 责任编辑:熊 铭 王 芳
责任校对:王小童 张 薇 责任印制:李 昂
北京联兴盛业印刷股份有限公司印刷
2024年3月第1版第1次印刷
184mm×260mm・15.5印张・317千字
标准书号:ISBN 978-7-111-74445-0
定价:49.00元

电话服务 网络服务
客服电话:010-88361066 机 工 官 网:www.cmpbook.com
           010-88379833 机 工 官 博:weibo.com/cmp1952
           010-68326294 金 书 网:www.golden-book.com
封底无防伪标均为盗版 机工教育服务网:www.cmpedu.com

本丛书是教育部教师工作司委托课题"提升教师学习科学素养研究"（编号：JSSKT2020011）的研究成果。

提升教师学习科学素养系列丛书
丛书编委会

主　编　尚俊杰
副主编　吴颖惠　李　军
编　委（按姓氏音序排列）
　　　　　曹培杰　陈高伟　崔佳歆　杜晓敏　侯　兰　胡秋萍　霍玉龙
　　　　　蒋葵林　蒋　宇　梁林梅　刘哲雨　缪　蓉　宋官雅　吴筱萌
　　　　　肖海明　肖　明　徐秋生　闫新全　杨　红　杨　琼　周新林
　　　　　朱秋庭

主编简介

吴筱萌 博士，北京大学教育学院副教授、博士生导师，北京大学教育质性研究中心副教授，北京大学教育学院教育技术系副主任，兼任中国高等教育学会学习科学研究分会理事。

教授教育技术研究方法、互联网络与教育、信息技术与教师教育、学术写作与学术规范等研究生必修或限选课程。主要研究领域包括学习科学、网络远程教育、课程教学与教师发展等。主持过教育部人文社科规划基金项目、北京市教育科学规划重点项目、全国教育技术研究规划重点课题、北京大学教育基金会资助课题等多项研究工作。参与了教育部在线教育研究中心在线教育研究基金重点项目、国家自然科学基金委员会委托课题等多项研究。与企业和非政府组织等联合开展多项课题研究。

在教育类及教育技术类核心期刊发表论文数十篇，出版专著《理解教育变革中的教师》。

丛书序

提升教师学习科学素养，促进课堂教学深层变革[①]

当前，以互联网、移动互联网、人工智能、大数据、虚拟现实/增强现实等技术为代表的信息技术对社会产生了翻天覆地的影响，正在推动社会从工业时代进入信息时代、人工智能时代。社会变革对人才的需求也发生了变化，以知识传授为中心、标准化培养为代表的工业时代的教育模式已经无法适应当前社会发展的需要。因此，世界各地都在进行教育变革，希望借助信息技术促进教育的深层变革。

教育的"主战场"在课堂，要推动教育的深层变革，首要任务是要培养适应新时代教育教学要求的高水平教师，从而推动"课堂革命"。2018年1月，中共中央 国务院在《关于全面深化新时代教师队伍建设改革的意见》中明确了要在遵循教育规律和教师成长发展规律的基础上，加强师德师风建设，培养高素质、专业化的教师队伍。教育部教师工作司司长任友群提出用信息技术赋能，建设新时代高素质专业化创新型教师队伍。

建设高素质专业化的教师队伍当然包括多方面内容，我们认为可以从学习科学素养入手，提升教师对教育教学内在科学规律的认识水平，以推动"课堂革命"为突破口，来推动教育的深层变革。

❶ 学习科学的概念、发展及现状

学习科学（Learning Sciences）是一个跨学科研究领域，涉及认知科学、教育心理学、计算机科学、人类学、社会学、信息科学、神经科学、教育学、教学设计等多个学科。国际学习科学领域的知名研究专家R.基思·索耶（R. Keith Sawyer）教授在《剑桥学习科学手册》一书中指出：学习科学是一个研究教和学的跨学科领域。它研究各种情境下的学习——不仅包括学校课堂里的正式学习，也包括发生在家里、工作场所、场馆以及同伴之间的非正式学习。学习科学的研究目标，首先是更好地理解认知和社会化过程，以产生最有效的学习。其次便是用学习科学的知识来重新设计已有的课堂及其他学习环境，从而促使学习者能够更有效和深入地学习。简而言之，学习科学主要就是研究以下问题：人究竟是怎么学习的，怎样才能促进有效的学习？

[①] 本序言主体内容曾发表于《中小学信息技术教育》2021年第1期。

之所以会提出学习科学，是因为在20世纪80年代，一些在传统认知科学领域颇有建树的科学家意识到，他们在实验室开展的大量认知科学领域的认知研究，似乎没有对真实情境中的教学产生实质性影响，或者说不能真正有效地指导"不规范且具体"的真实情境中的学习，于是他们就往课堂教学走了一步，与同时崛起的人工智能、信息技术、教育技术领域的学者合作，提出了"学习科学"这一崭新的研究领域。

学习科学的概念被提出以后，得到了快速发展。1999年，经济合作与发展组织（Organization for Economic Co-operation and Development，OECD）启动了由26个发达国家参与的大型研究项目——"学习科学与脑科学研究"，召集了来自欧洲、美洲、亚洲的著名研究者与教育决策者，共同研究人类的阅读、计算与终身教育等问题。2004年，美国开始拨款创建跨学科、跨学校的"学习科学中心"，并给予稳定持续的巨资支持，随后陆续成立了6个国家级跨学科、跨学校的学习科学中心。欧美发达国家已经将学习科学确立为新的教育政策的关键基础，将人类学习的重要研究成果作为课程决策与行动的基础，在实践领域得到了实际应用。

在我国，北京师范大学、东南大学、华东师范大学等高校分别建立了北京师范大学脑与认知科学研究院、东南大学儿童发展与学习科学教育部重点实验室、华东师范大学学习科学研究中心等机构。北京大学教育学院也于2017年联合校内外多学科研究人员、实践人员成立了北京大学学习科学实验室。而且，越来越多的研究机构对学习科学产生了兴趣。2017年9月，国家自然科学基金会和教育部在杭州召开了第186期双清论坛，会议主题为"连接未来：教育、技术与创新"，与会专家、领导一致认为要联合多学科力量，加强教育科学基础研究，共同推进教育改革发展。2018年在国家自然科学基金中增加了F0701申请代码，其中支持的很多项目都是和学习科学相关的研究。

❷ 学习科学推动"课堂革命"

学习科学是一个跨学科研究领域，它的核心研究内容究竟是什么呢？《人是如何学习的：大脑、心理、经验及学校（扩展版）》一书中认为改变学习概念的五大主题是记忆和知识结构、问题解决与推理分析（专家分析）、早期基础、元认知过程和自我调节能力、文化体验与社区参与。《剑桥学习科学手册》一书中比较关注学习理论、基于设计的研究、专家学习和概念转变、知识可视化、计算机支持的协作学习（Computer Supported Collaborative Learning，CSCL）和学习环境等研究。《理解脑——新的学习科学的诞生》中则比较关注脑的发育、环境对脑学习的影响、读写能力与脑、数学素养与脑等内容。

我们曾经在对学习科学研究重要文献进行计量分析的基础上，提出未来学习科学领域的研究将包括以下三个研究方向：①学习基础机制研究。这一类研究整合了认知神经科学、生物医学和教育学等内容，试图从微观的神经联结层面研究真实情境中的教与学过程，从认知功能与结构相结合的综合视角，研究特定教育干预（学习内容、媒体等）对学习过程的影响。如采用脑科学的方法研究多媒体软件教学是否有效。②学习环境设计研究。这一类研究整合了认知心理学、教学设计、信息技术等内容，也称为学习技术研究，如设计学习软件、学习材料、学习平台和学习空间等。③学习分析技术研究。这一类研究整合了人工智能、大数据等技术，对学习过程行为数据进行分析，如基于慕课（MOOC）的在线学习分析、课堂对话分析、视频分析等。

自学习科学的概念提出以来，各国研究者完成了许多研究成果，其中部分成果已经在真实情境中得到了应用，如移动学习、游戏化学习、虚拟现实/增强现实、基于人工智能和大数据的个性化自适应学习等。例如美国加利福尼亚大学伯克利分校教授玛西娅·林恩（Marcia Linn）主持的基于网络的科学探究环境项目（Web-based Inquiry Science Environment，WISE），不仅催生了支持科学教育实践与评价的知识整合理论与依托平台，而且其研究成果为美国《下一代科学教育标准》（*The Next Generation Science Standards*，NGSS）的出台提供了扎实的理论基础和实践经验。再如教育心理和教育技术领域的著名学者、美国加利福尼亚大学圣芭芭拉分校教授理查德·E. 梅耶（Richard E. Mayer）提出的多媒体学习认知理论对信息技术在教育中的应用产生了重要的指导作用。

❸ 提升教师学习科学素养

客观地说，学习科学是一个基础学科，大部分研究都是由高校、科研机构的人员开展的。一线教师虽然可以独立或者和科研人员合作，开展学习科学基础研究，但是他们最主要的是要考虑如何将学习科学的研究成果应用到课堂教学中，以实现学习科学的目标——"在脑、心智和课堂教学之间架起桥梁"，用基础科学的研究成果理解和促进课堂教学。

要实现这一目标，就需要提升教师的学习科学素养。通过专业的项目式学习，构建起以学习科学素养为核心的教学知识能力体系，从实践能力和意识形态两个层面应对新时代教育变革。具体而言，需要教师从教学中的基础问题出发，结合学科教学的需求，以学习科学为理论基础，掌握基于学习科学视角的教学设计、课堂教学、教学评价和教学管理能力。

针对师范专业的学生，可以依托现有的师范生培养课程体系，增加学习科学相关的专业课程。比如，可以开设"学习科学导论"或相关课程，在师范专业的学生的课程学习、教育实习、教学研究中增加学习科学的内容，促使他们从理论和实践相结合的角度建构起学习科学素养，为未来成为一名真正的、优秀的教师奠定基础。其实，不仅是师范专业的学生，其他专业的学生也需要了解学习科学。北京大学2020年启动的"明师培养计划"中也设计了"学习科学与未来教育"等相关课程。

针对在职教师,因为之前的师范教育中大多没有开设专门的学习科学课程,所以可以借助现有的教师系统培训项目,落实其学习科学素养的学习。例如可以通过中小学教师国家级培训计划,向骨干教师渗透学习科学素养的培训内容,再通过骨干教师带动普通教师,层级传导与联动,实现学习科学素养的全面普及。

特别需要提出的是,让教师掌握基于学习科学视角的教学研究能力也很重要,可以打造全面掌握学习科学知识的研究型教师。我们认为,未来的名师有三层境界:第一层境界是教学型名师,能够将课讲得很好;第二层境界是研究型名师,能够结合教学开展行动研究,写出优秀的研究论文;第三层境界是思想型名师,能够在教学研究的基础上提出自己的教学思想。

❹ 提升教师学习科学素养研究项目介绍

北京大学学习科学实验室(https://pkuls.pku.edu.cn/)自2015年开始一直致力于推动学习科学研究,启动了为期10年的"人是如何学习的——中国学生学习研究及卓越人才培养计划"(简称中国学习计划,China Learning Project,CLP)项目,开展了基于学习科学视角的游戏化学习、教师课堂行为分析、可穿戴设备教育应用等实证研究,每一年都发布《中国学习计划报告》,并连续召开"学习科学与未来教育前沿论坛",希望通过这一系列活动推进学习科学事业的发展。

为了更好地推动学习科学和课堂教学深度融合,促进形成学习科学领域专家学者与一线教师的学习共同体,自2017年起,北京大学学习科学实验室联合北京市朝阳区教师发展学院、海淀区教育科学研究院、顺义区教育研究和教师研修中心等机构实施了"提升教师学习科学素养研究"项目。该项目采用行动研究的方法,探索将学习科学整合进基础教育课堂教学的模式、途径、原则及策略,进而从根本上提升基础教育的效率和质量,让学生们学习得更科学、更快乐、更有效,同时也希望打造一批具备学习科学素养的、卓越的研究型教师。

该项目采用了行动研究范式,多家单位选派研究人员、一线教师共同组成课题组,通过学习基础知识、设计精品课例、开展教学研究、撰写总结报告等步骤,力求让教师不仅掌握学习科学的一般概念知识和理论,而且能够将其与课堂教学有机融合,同时开展基于学习科学视角的教学研究,最后能够撰写规范的研究论文。

该项目具体包含以下步骤:①学习科学理论探究。通过线上线下学习、读书会、工作坊等形式,深入学习学习科学基础知识和基本理论,夯实学习科学基础。②撰写教学设计并完成课例。在充分进行理论研究的前提下,在原有研究成果的基础上,融合有效的教学策略,完成基于学习科学视角的教学设计,并形成完整的课例。③开展课堂教学研究。基于自己撰写的教学设计和课例，进一步设计基于学习科学视角的教学实验，然后开展实验研究，完成研究报告。在进行这个步骤的同时还需继续学习相关研究方法。④反思、总结和升华。在前面学习、设计、研究的基础上，撰写总结报告和研究论文，同时进一步理解学习科学的内涵。

该项目目前还在摸索中前行，在多方努力下已经积累了很多研究成果。首先，通过问卷调研发现教师的学习科学理论素养得到了一定的提升。很多教师通过读书、参与讲座、教学展示等多样化的学习活动，提高了自身的学习科学素养，并将学习科学的理论知识与自身的教学经验相融合，辩证地反思自身教学是否科学、有效，从而改进了教学策略。其次，教师的科研能力得到很大提升。教师逐步培养起了将教学与科研相结合的意识。有几十所学校参与了研究课题工作，先后有几十位教师在教育学术期刊、国际大会上发表论文，并做汇报展示。最后，该项目积累了一定的研究素材，比如丰富的教学笔记、教学案例、教学策略手册等。2020年，项目相关单位依托"提升教师学习素养"项目成果成功申请了教育部2020年度教育信息化教学应用实践共同体项目——"学习科学和游戏化学习实践共同体"，目前"学习科学和游戏化学习实践共同体"项目在全国也拥有了比较大的影响力。

❺ 关于本丛书

本丛书是上述项目的研究成果。课题组的专家、成员和一线教师精诚合作，并结合国内外学习科学理论和实践调研，精心编写了本丛书，希望能够让各位教师受益，助力各位教师早日成为教学型、研究型和思想型名师。

同时，本丛书也是教育部教师工作司委托课题"提升教师学习科学素养研究"（编号：JSSKT2020011）的研究成果，感谢任友群司长、宋磊副司长等各位领导的信任和支持。

❻ 结语

习近平总书记在党的二十大报告中指出，要"建设全民终身学习的学习型社会、学习型大国"。要建设学习型社会，显然离不开学习科学的支持。具体到教育领域，可以说教育发展急需加强基础研究，而基础研究可以从学习科学开始。提升教师学习科学素养，促进学习科学与课堂教学深度融合，对于推动教育领域的深层变革、促进教育的数字化转型、实现中华民族伟大复兴的中国梦具有重要意义。

尚俊杰　吴颖惠　李军

前　言

教授研究方法的书籍充栋盈车，我们希望本书有所超越。这种超越不在于教授更多、更深、更新的方法与技巧，而在于希望本书可以真正成为教师的手边书，当你遇到了某个教学瓶颈，或者对某些学生的学习状况充满疑惑的时候，可以从本书中找到一个合适的方法，开启一场探究学习的旅程。

❶ 你可以在什么情况下阅读本书

1. 你是研究新手，在教学中遇到一些问题，你想通过研究增强自己对问题的理解，或者找到解决方案。那么你可以用本书来帮助你解决"用什么做"以及"如何做"的问题。本书对新手是友好的，它不会有比较晦涩难懂的理论，而是更加实用。你可以从以往的研究案例中获得启发，也可以参照案例"相似地看""相似地做"。

2. 你已经接受一些研究方法的培训，正打算挑选一个研究问题小试牛刀。那么本书可以帮你把对某种研究方法的理解落地。参考本书中的研究步骤以及本书提供的一些工具，你的探究之旅可以一步一步地渐入佳境。

3. 你的研究已经开展起来，书桌上、计算机里存放着很多收集到的问卷数据、访谈记录、学生作业……你需要对这些资料与数据进行整理与分析、分类与挖掘。那么查阅本书中关于量化数据和质性资料的统计与分析方法，你可以获得分析资料的思路与途径，从而看懂、听懂那些数据和资料向你"诉说"什么。

从上面本书的3个"打开"情境可以看出，我们希望它成为你做科研时陪伴左右的"得力助手"。这个"得力助手"的隐喻划定了本书的边界。首先，研究方法背后的本体论、认识论、知识观等博大精深，介绍性、学术性的文章与书籍已是汗牛充栋，这本书无意于为这个领域再添加一本。其次，研究方法本身是工具性质的，将其"用起来"去探究教学中的实际问题是根本目的。因此，本书希望更多地着力于"实用"维度。最后，既然是"助手"，我们希望这本书是"助推"而不是"规训"的，也就是说，在从事教学研究的过程中，你应该是主动的探究者，从本书中获得启发和帮助，并在自己的探究中更多地发挥你的想象力和潜能！

❷ 本书的特色是什么

1. **将学习作为一个主要的研究场域**。作为"提升教师学习科学素养系列丛书"中的一本，本书也希望你关注真实情境下的学习过程，研究教与学的设计和改进。学习科学的研究领域是你最为熟悉也最具优势的领域，当然也是产生困惑最多的领域。你可以提出最困扰你的研究问题，可以比较方便地获取大量的研究数据与资料，而研究的结果也可以直接作用于你的教学。本书将带领你把熟悉的领域"陌生化"，再对它一探究竟！

2. **下沉到具体方法**。在研究方法的书籍中，包含着很多交叉的、易混淆的概念和名词。比如中小学教师耳熟能详的行动研究、课例研究、质性研究、定量研究、案例研究、设计研究等。本书无意于对这些概念进行辨析、讲解。作为一本注重实际操作的书，我们直接下沉到具体方法，比如观察、访谈、问卷等。因为上述各类研究最终无一不需要具体方法来收集数据资料，所以一旦掌握了具体方法你就可以脚踏实地开展自己的研究。

3. **以案例触发思考**。在每一章的开始，我们都会以一个研究案例作为"引子"，让你看到以前教师们运用这种方法研究了什么问题。我们设想这些案例会给你一些启发，让你萌生对某个学习问题的探究愿望，也让你可以"相似地看""相似地做"。

4. **将研究的数据收集和分析拆分开来**。在研究中，数据和资料的分析是最重要也是最关键的环节，同时，分析的方法也具有通用性。如果将分析相关内容散落在各个章节中，可能会出现零散且重复的问题。所以，本书中将定量数据和质性资料的分析单独成章，分别介绍，这样可以更加突出重点。对于那些已经有研究基础或已经有研究数据的读者而言，这样的安排可能更有利于他们的阅读。

5. **列举了大量的研究实例**。为了解释各种概念和方法，本书中列举了大量研究实例，很多实例来自国外的研究，我们希望这些研究实例可以给从事研究的你提供思路、开阔眼界。

❸ 本书的内容结构和撰写者

第1章：本章首先阐述了教师做研究的必要性，之后，针对教师对于教育研究的一些误解，从教育研究有什么特征、教师如何选择合适的研究课题、如何撰写课题申请书等几个方面进行了介绍。本章由吴筱萌撰写。

第2章：介绍随机实验方法。本章从定量研究的基本概念出发，介绍了什么是教育研究中的因果推断，定量研究中的随机误差与系统误差，如何开展随机控制实验以及准实验，还对其他的一些定量研究方法做了简洁的介绍。本章由乐惠骁撰写。

第3章：介绍问卷调查方法。本章主要针对问卷调查的设计与实施全过程进行了翔实的介绍。突出了如何将要调查的事物概念化、操作化，编制问卷等调查研究的核心内容。本章由乐惠骁撰写。

第4章：介绍课堂观察方法。本章主要介绍了结构化观察和自然主义观察，以及如何具体实施这两类课堂观察。本章由魏戈、李若晴和胡亚欣撰写。

第5章：介绍访谈方法。本章介绍了访谈作为一种资料收集方法的3种主要形式和特征，详细阐明了一对一访谈提纲的设计、访谈事务准备以及访谈过程中的访谈技巧。本章由吴筱萌撰写。

第6章：介绍焦点团体访谈方法。本章针对焦点团体访谈的特征、如何组织焦点团体、如何设计访谈流程等进行了介绍，特别提供了多种促进团体访谈的活动及应用案例。本章由吴筱萌撰写。

第7章：介绍视频分析方法。本章主要介绍了什么是视频分析，视频对于教育研究的优势，如何获得高质量的视频资料，以及如何应对视频分析中的各种挑战。本章由李树玲撰写。

第8章：介绍新兴技术为教育研究带来的新途径。本章中介绍了大数据、人工智能、新型跟踪、可穿戴等技术发展对教育研究产生的深刻影响。本章由吴筱萌、乐惠骁和杜星龙撰写。

第9章：介绍资料分析的质性方法。本章介绍了如何在资料收集阶段开展资料整理和初步分析，重点讲解了质性资料分析中的主题分析方法，并对计算机辅助质性资料分析进行了简要介绍。本章由吴筱萌撰写。

第10章：介绍量化数据的SPSS分析操作。本章以SPSS为分析工具，重点介绍了描述性统计、参数检验、方差分析、相关分析、因子分析、聚类分析等常用的量化分析方法。本章由文燕银撰写。

❹ 本书致谢

感谢丛书主编尚俊杰教授。本书的写作过程得到了他的悉心指导和大力支持。他还为本书第1章提供了部分样例。

感谢本书的主要编写者北京大学教育学院吴筱萌副教授、博雅博士后乐惠骁博士、博士研究生文燕银、杜星龙，首都师范大学初等教育学院魏戈副教授及其硕士研究生李若晴、胡亚欣，北京联合大学师范学院李树玲博士。虽然大家工作繁忙，但是仍然倾情投入，严谨认真。

特别感谢机械工业出版社熊铭编辑，如果没有他的督促和帮助，本书不可能出版。

最后感谢各位读者，谢谢你们对本书的支持和厚爱！

编者

目录 contents

丛书序

前言

第1章 教师成为研究者 / 001

1.1 "了解你的影响" / 001

1.2 教师成为研究者 / 002

1.3 教育研究怎么做 / 004

1.4 启动你的研究 / 009

1.5 拓展阅读 / 022

第2章 用实验评估教学策略的有效性 / 023

2.1 什么是教育研究中的"因果推断" / 023

2.2 随机控制实验——因果推断的"黄金标准" / 024

2.3 随机误差与系统误差 / 027

2.4 随机控制实验指南 / 032

2.5 准实验介绍 / 036

2.6 其他定量研究方法简介 / 038

2.7 拓展阅读 / 040

第3章 用问卷获得准确有效的信息 / 041

3.1 问卷调查 / 042

3.2 准备一次问卷调查 / 043

3.3 实施调查研究 / 057

3.4 拓展阅读 / 059

第4章 用观察揭示学生的学习过程 / 060

4.1 耳听六路,眼观八方 / 062

4.2 观察的具体操作 / 064

4.3 拓展阅读 / 077

第5章　用访谈更好地理解学生 / 078

5.1　一种特殊的交流：访谈 / 079
5.2　准备一次访谈 / 080
5.3　实施一次访谈 / 087
5.4　拓展阅读 / 094

第6章　用焦点团体访谈对课程进行评估 / 095

6.1　焦点团体访谈的特征 / 095
6.2　准备与实施焦点团体访谈 / 096
6.3　丰富的焦点团体访谈方式 / 103
6.4　拓展阅读 / 109

第7章　用视频分析研究教与学 / 110

7.1　什么是视频分析 / 111
7.2　视频录像用于教育研究的优势 / 113
7.3　如何获取高质量的视频录像 / 115
7.4　应对视频分析过程中的挑战 / 119
7.5　拓展阅读 / 131

第8章　教育研究的新途径 / 132

8.1　大数据时代的学习分析 / 133
8.2　数据可视化作为数据分析的新途径 / 138
8.3　基于新型跟踪技术的学习研究 / 140
8.4　拓展阅读 / 147

第9章　资料分析的质性方法 / 148

9.1　资料收集中的初步整理和分析 / 149
9.2　质性资料的主题分析法 / 154
9.3　计算机辅助质性资料分析 / 167
9.4　拓展阅读 / 171

第10章　用SPSS软件分析教育研究中的量化数据 / 172

10.1　SPSS 26.0的安装 / 174
10.2　SPSS 26.0的窗口及其功能简介 / 177
10.3　数据文件的建立 / 179
10.4　基本统计分析方法 / 183
10.5　高级统计分析方法 / 196
10.6　拓展阅读 / 233

第1章

教师成为研究者

【案例导引】

刘老师是一名小学语文老师,她最近参与了"教师学习科学素养"的培训,从中学习了不少基于学习科学的教学策略。她很想在自己的课上试验一下,看看效果如何。于是她精心筹备了《鸟的天堂》的教学设计,准备运用视频吸引学生注意,用游戏激发学生学习动机,在制作PPT的时候也注意减少学生观看时的认知负荷等。随后,她在班上进行了《鸟的天堂》的教学,课后她非常满意,因为学生们很投入,课堂气氛很好,教学效果不错!刘老师在区里的公开课活动中展示了这节课,获了奖。教学得到认可进一步激发了刘老师的热情,她随即申请了名为"在小学语文教学中运用学习科学"的研究课题。在结题报告中详细介绍了自己的几个教学设计。

在课题结题的时候,评委们认为刘老师在结题报告中研究的内容不够突出,希望她做一些修改。这让刘老师有些迷惑,明明自己认真进行了教学设计,课堂效果也不错,公开课还得了奖,为什么还被认为研究不足?到底要怎么做研究呢?

1.1 "了解你的影响"

传统的教师教研经常是以公开课的形式进行的。教师们对自己的课精雕细琢,甚至是几位老师共同"磨课",为的就是能在公开课上呈现一节完美的教学。这样的公开课达成的效果是:"我有个很酷的,或者很有效的,抑或是又酷又有效的方法,让我来告诉你我做了什么。"但这是不够的!作为教师你还需要说明:"这就是为什么这一方法有效的原因。"或者"这是我从课堂上获得的质性和/或量化数据,说明了这一方法是如何工作的。"[1]

澳大利亚墨尔本大学墨尔本教育研究所所长约翰·哈蒂（John Hattie）曾经提倡要给学生大量的反馈，因为在他们对900多项元分析进行的分析中发现，反馈是教师对学生学习产生最大影响的教学方法之一。但哈蒂在他的文章《了解你的影响》中写道："我对我的'大量的'说法感到遗憾，因为它忽略了一个重要的相关发现：反馈的效果。尽管总体上是积极的，但变化很大。无效反馈和有效反馈一样多。"所以哈蒂用了几年的时间将工作集中于更好地理解这种可变性，并澄清什么使反馈有效或无效。他指出，在支撑成功教学的思维框架中，最关键的是"了解你的影响"。[2]

"了解你的影响"本质上是了解你对学生学习产生的影响。你可能看到学生整堂课都在你的设计和调动下投入学习，小组中同学们也在相互讨论，但是学习真正发生了吗？有研究表明，教师计划和相信在课堂上发生的事情往往并非学生所经历的。[3]在格雷厄姆·纳托尔（Graham Nuthall）的研究中，他让学生在学校的时候佩戴麦克风，以便可以听到他们的谈话。他的重要发现之一是学生所获得的关于作业的反馈大部分来自他们的同学，而且很多反馈是不正确的！[3]可能大多数教师都会觉得自己是学生作业的主要反馈者，然而这个研究结果出乎人们的意料，而且学生之间的错误反馈也令人不安。这个研究让我们意识到，很多时候，我们的想象与实际情况并不相符，因此寻找证据"了解你的影响"是十分必要的。

1.2 教师成为研究者

长久以来，在教育领域，教育研究者与教育实践者的关系似乎并不紧密。教师们常常把研究者称为"搞理论的"，认为那些理论与自己的教学相距甚远。但是，英国课程理论家劳伦斯·斯滕豪斯（Lawrence Stenhouse）认为，不管是教育研究者，还是教师，都应该研究教师的工作。斯滕豪斯指出："在教育领域的研究中，几乎没有什么理论可以让教师在不进行测试的情况下所依赖。许多研究成果都是基于小规模或实验室实验，这些实验往往无法复制或无法成功应用于课堂。许多是概率性质的，如果要由个别教师使用，则需要情境验证。"[4]因此，应该鼓励教师成为课堂教学的研究者。

---

[1] WHITMAN G, KELLEHER I. Neuroteach: brain science and future of education [M]. Washington, DC: Rowman & Littlefield Publishers, 2016: 151.
[2] HATTIE J. Know thy impact [J]. Educational Leadership, 2012, 70 (1): 18-23.
[3] YAIR G. Educational battlefields in America: the tug-of-war over student's engagement in instruction [J]. Sociology of Education, 2000 (73): 247-269.
[4] STENHOUSE L. What counts as research? [J]. British Journal of Educational Studies, 1981, 29 (2): 102-113.

英国学者大卫·哈格里夫斯（David Hargreaves）认为，需要从其他专业领域的结构和文化中学习，从而对教育领域进行改进。他选择了教育和医学这两个领域进行对比，因为教师和医生的职业都是以人为中心的，而且都需要根据每个学生或者病人的需求进行复杂的判断，从而得出专业的决策。哈格里夫斯发现，循证医学使得许多医学研究牢牢扎根于医生的日常专业实践中。研究人员和实践者之间几乎没有什么区别，他们都是医疗从业者。医生投入大量的"临床"研究，收集关于在什么情况下，什么是有效的证据，寻找更准确的诊断医疗问题的方法和更好的病人管理方法，以确定更有效的治疗方法。今天，医生越来越少地依赖从培训中学到的方法，而是更多地依赖基于证据的方法。但是，在教育领域，研究者本人就是学校教师的情况很少。教育研究没有创造出类似循证医学的、大量在实践中应用的知识，研究者只是在无数的学术期刊上为彼此写作。而教学也不是以研究为基础的，教师们仍然更多地根据自己的个人偏好来进行专业实践。为此，哈格里夫斯提出，教育研究应该发生结构和文化的变革，对教师在课堂上所进行的循证研究的需求应该大幅度增加，研究经费应该有一部分用于资助教师，让他们作为研究者-实践者（Researcher-Practitioners），让教学成为一种基于证据的工作。[1]

教师成为研究者不仅是教育研究改革的需要，也被认为是赋权教师的一种途径。加拿大学者安迪·哈格里夫斯（Andy Hargreaves）指出："教师的声音经常被政策压制，在教育研究中被压制或扭曲。"[2]美国学者乔·L. 金切洛（Joe L. Kincheloe）更是尖锐地批评那种自顶向下的"高教育标准"的追求，这种追求使教育目的被定义为培训企业和行业所需的从业者，学校成为意识形态灌输和社会监管的场所，教师被降低为预先包装和同质化信息的传递者。对教育技术化和去技能化的过度强调，是对教育神圣性的贬低，也是对教师的亵渎。金奇洛认为，要进行教育改革，将教师提升为研究者是消除技术标准损害的根本途径。他指出，必须培养教师，使他们具有研究人员的文化，他们能自由地通过研究和知识生产不断重塑自己。在这种文化中，教师是学习者，而不是毫无疑问地遵循自顶向下命令的人。教师也是研究者和知识生产者，他们对自己的专业需求和现状进行理解和反思，对教育过程的复杂性，以及在社会、历史、哲学、文化、经济、政治和心理背景之中理解学校教育有清醒的意识。因为教师研究者知道，如果不考虑这些背景，就不可能设计出符合学生需求的课程。考虑到这一点，他们探索并试图解释课堂上发生的学习过程，他们研究自己的专业实践。当从事复杂实践的教师进行批判性研究，他们就会对实证主义标准及其影响产生怀疑，无法忍受伴随那些自顶向下改革

---

[1] HARGREAVES D. Teaching as a research-based profession: possibilities and prospects [EB/OL]. (2022-08-20)[2023-04-12]. http://eppi.ioe.ac.uk/cms/Portals/0/PDF%20reviews%20and%20summaries/TTA%20Hargreaves%20lecture.pdf.
[2] HARGREAVES A. Revisiting voice [J]. Educational Researcher, 1996, 25 (1): 12-19.

而来的去技能化和专业地位的降低，研究成为一种教师赋权的途径。[1]

无论是教育研究中的知识生产，还是教育实践中的教师地位构建，抑或是对教育教学影响力的把控，都需要教师成为主动的教育研究者、课堂教学现象的积极解释者和沟通者。教师成为研究者，可以带来更加高质量的教学，也会获得更强的自我价值感和自信。

1.3 教育研究怎么做

"想象一下，如果一位医生为你即将进行的手术进行会诊，他说：'我对你的心脏有很强的直觉、热情和爱，但我从未正式研究过它。'你会选择这位医生来做手术吗？可能不会！然而，大多数教师和学校领导都是怀着强烈的本能、热情和爱心以及理想主义，以教育者的身份进入并继续他们的职业生涯的。"[2]格伦·惠特曼（Glenn Whitman）和伊恩·凯莱赫（Ian Kelleher）这段风趣的比喻有没有对你有一点触动？那么，赶紧开始自己的研究之旅吧！

很多教师还不知道如何开展教学研究，也有不少教师与"案例导引"中的刘老师有相同的困惑，即自己投入了不少时间所做的研究却被评审者认为"研究不足"。那么，教育研究到底有什么特征呢？

斯滕豪斯在他的文章《什么是研究》中开宗明义地为研究下了最简短的定义："研究就是自我批判性地探究。"他紧接着指出："作为一种探究，它是建立在好奇心和渴望之上的，但它是一种稳定的，而不是短暂的好奇心，是一种系统性的，由一种策略支撑的。……这种持续性探究的基础来源于质疑的态度，不仅是对所接受的答案的质疑，对是自己觉得舒服的答案的质疑，还是对已有假设的质疑。"[3]从斯滕豪斯的定义可以看到，研究既需要有质疑的态度、有好奇心、有持久性，也需要有方法。香港学者周志坚等人在总结了诸多学者对教师开展研究的论述之后指出："教师研究是一个过程，在这个过程中，教育工作者在自己的学校和课堂中注意到'问题'，并提出适合解决问题的研究方法。教育工作者根据其专业知识系统地观察和分析结果，并与他人分享结果，同时在自己的课堂上实施变革。"[4]简而言之，教师所从事的教育研究具有以下特征。

---

[1] KINCHELOE J L. Teachers as researchers: qualitative inquiry as a path to empowerment [M]. 2nd ed. London; New York: Routledge, 2002: 1-21.
[2] WHITMAN G, KELLEHER I. Neuroteach brain science and future of education [M]. Lanham: Rowman & Littlefield, 2016: 2.
[3] STENHOUSE L. What counts as research? [J]. British Journal of Educational Studies, 1981, 29 (2): 103-114.
[4] CHOW K C K, CHU S K W, TAVARES N, et al. Teachers as researchers: a discovery of their emerging role and impact through a school-university collaborative research [J]. Brock Educational Research, 2015, 24 (2): 20-39.

（1）基于质疑的精神。
（2）源于现实的问题。
（3）充满探究的好奇。
（4）采用系统的方法。
（5）实现课堂教学的改变。
（6）生产关于教育教学的知识。

现在来看"案例导引"中刘老师的研究课题"在小学语文教学中运用学习科学"，这是一个非常宽泛的研究题目，刘老师在研究报告中虽然详细介绍了她的教学设计，而且她感觉效果不错，但是她可能没有提出研究问题，没有运用系统的方法收集数据并提供课堂教学改变的有效证据，所以结题报告就被认为缺乏教育研究的特征。

为了更具有"研究味儿"，教师需要了解教育研究的途径和方法。首先来思考下面的案例，当你困惑于为什么有些学生学业表现不佳时，你会怎样去探索这个问题？

🔒 案例1-1

学生学业表现不佳的研究中，实证主义的研究可能需要在某个因素和学生学业表现之间建立因果关系假设。例如，在某个研究中，在学校校长的领导风格和学生学业表现之间建立因果关系假设。可以将一个地区所有学校校长的领导风格分类，将其概念化为一个变量。而各个学校的学习成绩可以按一段时间（例如五年）来选取。通过统计程序，可以确定这两个变量之间关系的性质。校长的领导风格和学生学业表现之间相关性的研究是实证主义范式内的研究。

🔒 案例1-2

对于学生学业表现不佳，在解释主义认识论内构思的研究项目可以是从学生的角度探索和理解影响其学业表现的因素。在这个研究中，解释主义研究者会重点从学生那里收集以下信息：他们的学习习惯，他们如何解释他们的学习方式，他们认为哪些因素可以改善他们的表现以及为什么，他们认为哪些因素可以降低他们的表现以及为什么。

🔒 案例1-3

秉承批判理论的研究者对于学生学业表现不佳的问题，可能会去探寻学生学业表现与学校内部教师在班级中的配置之间的关系。在某个研究中，研究者会对学校教师配置进行批判性话语分析，以探讨在学校内部配置教师的理所当然的方式是如何形成的，是谁影响决策，以及做出的决策如何影响教师，最终影响学生的学业表现，等等。研究的过程将沿着描述和解释教师配置过程的道路进行，并提出具有洞察性的问题，揭示将现有配置过程变成既存模式的原因。对这些问题的分析可能会指向影响决策过程的意识形态。这些意识形态需要从合法性、公平性、公正性和政治偏见等角度来审视。这种批判性探究的第二阶段会着手研究如何改变这种教师配置程序，以实现社会正义、公正和公平。

案例1-4

通过查找相关文献可以知道，对于学生学业表现不佳的问题，文献中已提出了不少干预措施，例如提高教师的专业水平等，但相关研究也表明，尽管有合格的教师，学生的学业表现并没有显著改善。其他学校教育方面的几项干预措施同样也没有给学生的学业表现带来显著的变化。这表明学校内部存在复杂的情况，这样的复杂性使得可预测性（实证主义）、获得理解（解释主义）和意识形态（批判理论）受到了干扰。因此，需要采取一种基于情境的、有机的和全面的方法来探究学生的学业表现，以研究与学生学业表现相关的不同元素如何在与学校教育相关的生态环境中相互交叉、影响和产生矛盾。后现代的视角拒绝学生学业表现和学校教育的宏大叙事，认为小的叙事更为重要。因此，对学生学业表现的情境探索将构成后现代范式研究，即在特定的背景环境下采取整体的方式进行探究。

这4个案例[1]展现了不同的研究范式探究学生学业表现不佳的不同思路。这些不同的研究范式对于个体与外部世界的关系、个体如何认识外部世界等问题有不同的观点。从这些案例可以看到，基于这些不同的范式，教育研究所探究的问题会不相同，开展研究的路径以及采用的具体方法也有所不同。有关这些范式的更多知识，你可以通过本章的"扩展阅读"进一步获得。接下来将重点介绍研究的路径。

研究路径是指通过什么样的过程来开展研究。研究的路径可以分为以下三种：定量研究路径、质性研究路径以及混合研究路径。

1. 定量研究路径

定量研究是通过数字来进行研究的。它把研究对象或现象转化为可测量和可量化的变量，通过统计分析等方法，研究变量之间的关系、模式、趋势等。定量研究既然是通

---

[1] RAMRATHAN, GRANGE L L, HIGGS L, et al. Education studies for initial teacher development [M]. Cape Town: Juta & Company（Pty）Ltd, 2017: 408-411.

过数字来研究的，那么诸如学生学习动机、自我效能感等抽象的概念就需要用量表等来测量，从而将其转化为用数字表示的程度水平等；如果要分析的是学生的作文或者创作的图画等，那就需要先通过一定的编码对其进行量化，然后再进行分析。定量研究是概率性的，它需要比较大的研究样本，结论可能会与某个个体的行为和经验并不符合，因为其结论是基于整体而得出的。定量研究根据目标和收集数据等过程不同，可以做进一步的划分。[①]

（1）**描述性调查研究**。这类研究主要描述人的行为或者对某类问题的态度、信念、观点等。例如，你希望调查学生阅读课外读物的情况，或者调查家长对学校管理的满意度等。一般这类研究采用问卷调查的方式，研究结果采用数字或者百分比来呈现。

（2）**实验研究**。这类研究是为了检验你对于某种因果关系的假设是否正确。例如，某种教学策略是否可以提高学生的英语阅读速度等。这类研究往往通过随机对照的方式，将同等能力的学生随机地分配到实验组和控制组，检验使用和不使用特定教学策略对学生英语阅读速度的影响。实验研究一直以来被认为是一种可靠的、科学的研究方法。

（3）**相关研究**。这类研究是为了检验两个或者多个变量之间是否存在关系。例如：在前面案例1-1中假设学校校长的领导风格与学生学业表现不佳之间可能有相关关系，那么通过这类研究来证实假设是否成立。变量之间的相关关系是通过取值在-1.00~+1.00之间的相关系数表示的。正相关与负相关表明了两个变量的数值变化是方向一致的还是相反的。

（4）**元分析**。这类研究是一种对已有文献的再研究。它根据自己的研究问题，运用统计方法，对已有定量研究的数据进行再分析，通常用效应量大小来报告其研究结果。典型代表如新西兰学者哈蒂对各种教学策略所进行的元分析。感兴趣的话，你可以去看《可见的学习》这本书，书中内容对教师教学具有启发性。

2. 质性研究路径

质性研究不依赖于数字和度量，而是采用语言文字来描述现象。研究者在真实情境中探究，所以对学生学习的研究并非在实验室里，而是在真实的课堂中进行。这类研究往往没有前期的假设，而是一个不断演化的过程，通过归纳逐步形成对个体经验和意义建构的"解释性理解"。因此，这类研究结果只适合特定的情境和条件。质性研究往往没有标准化的数据收集工具，研究者本人就是研究工具，通过访谈、实地观察等收集并分析资料，所以研究者与被研究者之间的关系、研究中的伦理道德问题受到特别的重

[①] LODICO M G, SPAULDING D T, VOEGTLE K H. VOEGTLE. Methods in educational research: from theory to practice [M]. San Francisco: Jossey-bass, 2006: 12-19.

视。[1]约翰·W. 克雷斯威尔（John W. Creswell）将质性研究路径进一步划分为五种：叙事研究、现象学研究、扎根理论、民族志研究以及案例研究。[2]在教师进行的质性研究中，叙事研究、扎根理论和案例研究更多见一些。

（1）**叙事研究**。教育叙事可能对于教师而言并不陌生。在教育叙事中教师将自己经历的事情讲述出来、写成故事。叙事研究就是对用口头或者书写方式描述的一个事件或者一系列事件，特别是个体的生活经历与经验等进行研究。

（2）**扎根理论**。扎根理论特别强调从收集的资料中进行深入的分析，获得理论，从而帮助解释实际现象，或者为进一步的探究提供框架。扎根理论的研究者非常关注人们的行动、互动和社会过程，基于从个体处获得的数据资料，将它们进行抽象并建立联系，产生关于行动、互动和社会过程的理论。

（3）**案例研究**。这类研究是基于研究问题探究一个或多个有边界的系统，例如一个或多个学校的信息技术与课程整合问题等。有学者认为案例研究既可以采用质性研究的路径，也可以采用定量研究的路径，或者整合的路径。当采用质性研究路径时，研究者往往要通过观察、访谈、实物收集等多种渠道，收集关于这个有边界的系统的详细和深入的信息，并进行个案或者跨个案的分析。研究结果一般都会包含对案例的深入描述，以及分析所获得的相关主题。

3. 混合方法研究路径

混合研究的倡导者认为需要用多元方式进行观察和倾听，用多元方式理解社会以及采用多元立场来判断事物的重要性和价值。因此，这类研究的过程中会根据研究问题收集定量和质性数据。数据收集的过程可以是并行的，也可以是依据一类数据而去收集另一类数据，抑或是嵌入式的。研究者根据研究重点来决定优先考虑一类数据还是两类数据并举。运用混合方法进行研究是希望结合使用定量和质性两种方法，以便更好地回答研究问题。[3]

在不同的研究路径上，收集数据和资料的方法与工具也非常多样。定量研究路径更多地采用问卷收集数据，质性研究路径中访谈是极为普遍的收集资料的方法，而观察既可以获得量化数据，也可以产出质性资料。特别是在互联网时代，很多数据的收集也可以通过网络来进行，例如电子邮件、微信、QQ等，而网上的微博、论坛、视频、网站等也都可以成为研究数据的来源。

---

[1] 陈向明. 质的研究方法与社会科学研究 [M]. 北京：教育科学出版社，2000：7-9.

[2] CRESWELL J W. Qualitative inquiry and research design: choosing among five approaches [M]. 2nd ed. Thousand oaks: SAGE Publications, 2007: 53-81.

[3] 克雷斯维尔, 查克. 混合方法研究：设计与实施 [M]. 游宇, 陈福平, 译. 重庆：重庆大学出版社，2017：2-4.

> **小提示**
>
> 在教育研究领域，很多术语并没有达成一致的界定，例如范式、路径、方法等各种术语在不同的书中有不同的定义。本书建议：不必过度纠缠于各种书中的定义，只需采用某种分类方式并与其分类保持一致就可以了。

1.4 启动你的研究

教育研究是一个探究的过程，一般要经过以下几个重要的阶段。[1]

（1）找到一个可研究的主题。
（2）回顾和分析已有的文献基础。
（3）发展研究问题，据此收集数据。
（4）组织收集的数据。
（5）分析收集的数据并形成关键的研究发现。
（6）解释关键的研究发现。

你在启动研究时，可能首先遇到的问题就是如何找到一个可研究的主题。在有了较清晰的主题后，你需要撰写一个研究计划书，以便系统规划研究的过程与方法。

1.4.1 寻找研究主题

寻找研究主题对于新手而言很不容易。通常，研究主题可以来源于你在教育教学中的经验与体验，特别是你的难题与困惑，也可以来源于你所研读的理论，甚至你可以用"复制"的方式先模仿别人以前的研究。[2]

教育研究主题来源广泛，既可以研究学校内课堂中的问题，也可以研究学校外发生的学习。当你聚焦于学校内的教与学时，惠特曼和凯莱赫提出的教师研究模型（见图1-1）可能对你有所启示。该模型基于埃尔莫尔（Elmore）等人对"教学的核心"的阐述。埃尔莫尔认为教学的质量依赖于教师、学生和内容三者相互之间的关系。[3]也就是说，我们所关注的重点应该是图1-1中的三条边——关系，而不仅是每个圆——要素。根据埃尔莫尔的思想，惠特曼和凯莱赫提出，教师最重要的是要影响学生和内容之间的关系，即学生对内容的学习。

---

[1] RAMRATHAN L, HIGGS P, GRANGE L L. Education studies for initial teacher development [M]. Cape Town：Juta & Company（Pty）Ltd, 2017：406.

[2] LODICO M G, SPAULDING D T, VOEGTLE K H. Methods in educational research：from theory to practice [M]. San Francisco：Jossey-bass, 2006：26.

[3] CITY E A, ELMORE R F, FIARMAN S E, et al. Instructional rounds ineducation：a network approach to improving teaching and learning [M]. Cambridge：Harvard Education Press, 2009：4.

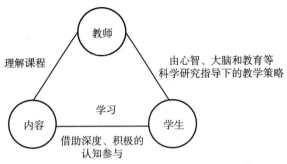

图1-1　惠特曼和凯莱赫的教师研究模型[1]

教育研究的着力点则是教师可以控制的两组关系，即教师的研究应该聚焦在以下两个部分。

（1）由心智、大脑和教育等科学研究指导下的教学策略——强化教师-学生的关系。

（2）课程理解——强化教师-内容的关系。

在第一类研究中，针对心智、大脑和教育（Mind，Brain，and Education，MBE）相关科学研究所提出的各种教学策略，教师需要关注情境化的问题："这些策略在我的课堂上如何发挥作用？这些策略在我的学科中如何运用？针对我的学生如何使用？"惠特曼和凯莱赫列举了一些有证据支持的研究主题，见表1-1，他们建议教师可以从自己的特定环境入手开展进一步的研究。

表1-1　12个研究主题[2]

序号	研究主题
1	使用反馈
2	采用形成性评价
3	使用元认知
4	明确教授记忆策略，如主动检索方法（Active-Retrieval Methods）
5	提供学生自我反思的时间和方法
6	给学生选择的机会
7	通过使用具体的学习策略和反思他们的学习方式来建立成长思维模式
8	使用同伴辅导
9	向学生提供关于如何规划和组织的明确指导，以帮助他们提高执行能力
10	为学生提供经验和环境来帮助同一性建立，并消除可能导致或增强同一性威胁的因素
11	将视觉艺术和表演艺术纳入非艺术科目，以创造知识迁移
12	建设性地利用游戏来提高学生的参与度

---

[1] WHITMAN G，KELLEHER I. Neuroteach brain science and future of education [M]. Lanham：Rowman & Littlefield，2016：153.

[2] WHITMAN G，KELLEHER I. Neuroteach brain science and future of education [M]. Lanham：Rowman & Littlefield，2016：155.

案例1-5

卡利斯佩尔公立学校的各学科老师正在开展有关"预阅读"策略的研究，他们采用对比实验的方法，每位老师利用自己所教的两个或更多班级进行对比实验，来验证"预阅读"策略的有效性。⊖

数学教师普勒特纳（Plettner）觉得学生总是依赖她向他们解释各种事情，结果导致她在课堂上用了大部分时间来讲解。普莱特纳的目标是让更多的学生参与进来，她还希望提高学生阅读数学材料的积极性。她让学生在进行小组讨论之前先简要回顾材料，并提出关于该主题的问题。她想研究这样的策略是否会对学生有所帮助。

普莱特纳同时教授三个班级的数学课，她让其中一个班级的学生预读了他们的学习任务，以发现他们不理解的概念，并写下有关这些概念的一两个问题。然后，她让学生两人一组，讨论他们的问题。在这些同伴讨论之后，普莱特纳把所有问题都列在黑板上。然后，学生在寻找问题的答案时仔细地、有目的地阅读（这些问题）。所有这一切发生在普莱特纳解释任何概念之前。可以看到采用了这种方法后，学生更多地参与了与学习材料的互动。第二天进行了一次简短的测验，测验结果证实了普莱特纳的猜想：预读组的表现优于对照组的表现。然后，她与班级分享了她的结果，并发现结果引发了学生们热烈的讨论，他们讨论的焦点是，为什么一个班级比另一个班级在测验中表现得更好，讨论使得学生和教师都能够认识到预读策略的价值。

生物教师诺伊（Neu）研究了预阅读对学生的影响。在课内阅读并讲解相关内容之前，他要求学生根据课前预读以预读日志的形式写下关键概念。在课内阅读后，学生要检查他们的预读日志是否存在误解，并撰写修订后的日志。一周后，诺伊对相关日志中的相关概念进行了一次测验。结果表明，与对照组相比，实验组中有更多学生表现出对这些概念的正确理解。同样，学生和教师都能看到预读策略的价值。

"课程理解"是惠特曼和凯莱赫建议教师从事研究的另一个方向。斯滕豪斯在提出教师成为研究者观点的时候认为，一个很重要的研究内容就是课程研究。教师利用课堂实践来探索课程的学科性质，解决将一门学科带到教学场所时出现的问题，这使得研究在教师中具有长久的吸引力，有助于教师积累专业知识。⊜美国著名的教育心理学家

⊖ SANTA C M, SANTA J L. Teacher as researcher [J]. Journal of Literacy Research, 1995, 27 (3): 439-451.

⊜ FORDHAM M. Realizing and extending Stenhouse's vision of teacher research: the case of English history teachers [J]. British Educational Research Journal, 2016, 42 (1): 135-150.

李·S.舒尔曼（Lee S. Shulman）以其提出的教师知识模型而著称，他指出："课程及其相关材料是教师从中提取教学工具的药典，教师用这些教学工具呈现或举例说明特定内容，纠正学生学习问题，或评估学生学习效果的充分性。我们希望成熟的医生能够了解改善特定疾病的所有可用的治疗方法，以及针对各种特殊情况，比如敏感性、费用、与其他治疗措施的相互作用、便利性、安全性或舒适性等的一系列替代方法。同样，我们应该期待成熟的教师对可供教学的课程也有这样的理解。例如，在准备教授生物的教师中，有多少人能够很好地理解教学材料、替代文本、软件、程序、视觉材料、单概念影片、实验室演示或'探究的邀请'？如果一位医生并不真正了解处理传染病类别的其他方法，只知道一种方法，我们会相信他吗？"显然，要获得这类知识，教学实践与教学探究是一条重要的途径。

惠特曼和凯莱赫认为，教师通过探究诸如"我的学科的基本表征是什么？""在学科中要问的有效问题是什么？""我们所教授的概念的结构是怎样的？""哪些概念是学生通常会感觉很困惑的？我能以什么方式帮助他们达成必要的理解？""一个学科可以用什么方式与另一个学科互动？它不能用什么方式和其他学科互动？"等问题，可以获得对于课程的理解。特别是通过课程研究整合基于MBE的教学策略研究，教师终将获得舒尔曼教师知识模型中非常重要的"课程教学法知识"（Pedagogical Content Knowledge，PCK）。

> **案例1-6**
>
> 亚瑟·查普曼（Arthur Chapman）试图解决历史课中如何讲解"因果关系"这一重要的历史概念。[⊖]
>
> 对因果关系的理解不仅支撑着我们对历史上如此众多事件的分析，而且有助于理解和分析不同且经常相互冲突的过去，因此探究"因果关系"对学生来说到底意味着什么是有价值的。历史学家向我们展示的复杂因果推理到底有什么特点？他们如何尝试对原因进行分类并赋予不同的价值？是什么使得大英帝国废除奴隶制的一种解释与另一种解释不同，甚至"更好"？这正是一些12年级英国学生会遇到的问题。
>
> 查普曼通过文献研究等方法找到了进行原因和结果分类的一些分类术语和方法，他尝试在第一次教学中就让学生用这样的分类先分析一个小案例：压垮骆驼的最后一根稻草。但是一个"多动症"的孩子却用一个叫"牛仔"（Buckaroo）的游戏来解释原因分类，而且课堂上涌现出了很多分类的方式。查普曼结合文献和课

⊖ CHAPMAN A. Camels, diamonds and conterfactuals: a model for teaching causal reasoning [J]. Teaching History, 2003（112）: 46-53.

堂实践进一步设计了更多的分类工具，例如表单、钻石图等，并让学生用这些工具来分析英国历史上1857年反抗事件的成因。最终，查普曼形成了他的"因果推理中的递进教学模式"。

1.4.2 撰写课题申请书

如果你的研究希望得到学校、区里或者更高级别的教育研究主管机构的课题认可或者经费支持，你需要撰写并提交课题申请书。既然你的课题申请书需要得到评审者的认可，一份课题申请书就不仅要包含你研究的初步设想和计划，也要能够说服评审者相信你的研究是有价值的、是切实可行的！

一般的课题申请书包含以下内容。

（1）**选题背景与研究意义（价值）**。

（2）**已有研究的现状**。

（3）**研究目标**。

（4）**研究内容**。

（5）**研究重点、难点、创新点**。

（6）**研究的思路和方法（技术路线）**。

（7）**研究进度规划**。

> **案例1-7**
>
> 教育部人文社科规划基金申请书主要条目包括：
> （1）本课题研究的理论和实际应用价值，目前国内外研究的现状和趋势。
> （2）本课题的研究目标、研究内容、拟突破的重点和难点。
> （3）本课题的研究思路和研究方法、计划进度、前期研究基础及资料准备情况。
> （4）本课题研究的中期成果、最终成果，研究成果的预计去向。

1. 选题背景与研究意义（价值）

选题背景是指你在哪些问题、困境、疑惑之下孕育了这个选题，而研究意义（价值）则说明研究这些问题、困境、疑惑为什么重要，解决这些问题、困境、疑惑会带来什么价值。

一些课题申请书的选题背景习惯从一个非常宽泛的背景开始，例如，教育部颁布了新课标、新的核心素养标准出台等，这样的表述提供了选题的宏观背景，但是这个宏观背景与当前选题的恰当性、合理性之间还存在差距。你需要进一步阐述，在这样的宏观背景下：教育面临哪些新的要求；目前的学校教育，特别是你所在的学校、所从事的教学在这样的宏观背景下还存在哪些现实问题；特别是这些问题为什么重要，因此需要深入的研究来加以理解和解决。当然，评审者往往也会期待他们支持的一项教育研究的成果可以惠及教育实践，甚至能够丰富现有领域的理论。所以，你还可以进一步阐述你的研究会给教育教学带来哪些益处和价值。

案例1-8

这个案例是一所学校申报"利用微课程进行分层自助教学的研究"课题时撰写的"本课题研究背景和研究价值"。其中，申报者比较具体地阐述了研究背景与意义。

（1）我们现在的教育教学面临什么样的问题或者困惑（问题的提出）。

我校是一所乡镇初中，学生学习水平差异很大，学习成绩参差不齐，目前我们的班级教学很难照顾到不同学习水平的学生。让教师每天给学习跟不上的学生补偿教学，也是不可能的。对于学习跟不上的学生，仅靠教师填鸭式灌输，反复讲解，并不会有好的效果。对于学习能力比较强的学生，教师也没有精力更多地给他们进行知识拓展。为此我们经常思考，如何才能针对不同学生提供个性化的教学？这是我们非常关注的问题。

（2）这个问题或困惑对于教育教学为什么很重要，需要解决。

这个问题在乡镇初级中学具有普遍性，全国类似我们这样的学校千千万万。首先，每个班级都有几十名学生，教师很难照顾到个体；其次，学生家长主要是乡镇农村居民与外来务工人员，大多没有能力为学生进行课后辅导；第三，如果不关注个体差异，那么成绩好且能力强的学生就很难有更大的进步，成绩差且能力弱的学生则很难跟上课程进度。因此，这个问题非常重要，解决这个问题很有价值。

（3）目前我们希望通过什么途径解决这个问题。

随着信息技术的迅速发展及其对教育领域的不断渗透，教育信息化在教育改革和发展过程中的重要性日益凸显。信息技术既能促进学习行为自主化，也能实现资源利用最大化，因此我们认为，可以利用信息技术手段解决这个问题，针对不同层次的学生制作微课程供他们自助学习，从而激发学生的学习兴趣、培养学生的学习能力。

（4）解决这个问题可以带来什么好处。

以丰富的、分层的教学资源为基础进行教学：首先，可以满足不同学生的学习需求，增强教师的教学针对性，有的放矢；其次，学生个性化的微课程让成绩好且能力强的学生学到更多知识，让成绩差且能力弱的学生巩固课内知识，跟上课程进度，不断地提升学生的学习动机与学习兴趣；最后，课程资源和课程模式的建设不仅对本校学生大有裨益，而且可以辐射其他学校，惠泽更多学生。

2. 已有研究的现状

这部分的内容是对已有文献开展调研，在此基础上对研究现状进行综述，目的是通过概述与此研究主题相关的过去的研究、发表的文章，报告此研究选题目前的知识状况，并将此研究置于大的研究背景之中。○课题申请书中的这个部分既要向评审者展示出你对该领域的研究现状比较熟悉，也要说明此研究与以前研究的关系。

实际工作中，文献调研应该在你构思研究选题的时候就已经开始了。当你被教育实践中的某个现象所吸引，打算进行深入研究时，你就可以先做一些文献调研，看看对于这个问题的相关研究已经有了哪些发现和结论，这些发现和结论能不能回答你的困惑，你也可以了解过往的研究采用了哪些研究方法，以及依据哪些理论构建了研究框架。你最好收集那些研究性质的论文，也就是说论文中呈现了论文作者的研究问题、研究设计、收集资料的方式、对资料的分析，以及得到的研究发现和结论。当然，你也可以围绕自己的主题对一些理论性、观点性的文献进行调研，寻找可以为研究提供支撑和框架的理论。如果能够访问比较专业的数据库，比如中国知网、万方数据库等，那么可以根据你的一些核心概念对主题、篇名、关键词等进行搜索，以获得已经在期刊上发表的相关论文。由于数据库中存储了海量论文，检索出的论文数目可能比较巨大，你还可以进一步采用关键词组合，或者设定检索时间段、检索期刊类型等策略，不断缩小检索范围。即使不能访问专业数据库，你也能从互联网上查找到不少已经发表的论文。你还可以利用"百度文库"等收集资料。但是，互联网上的资源比较庞杂，你还需要更细致地筛选这些资料，特别是收集那些在期刊上发表的文章。这种文章的质量相对有保证，而且它们一般会是比较严谨的研究，而不是简单的观点陈述或者经验总结。当然，学校订阅的纸质期刊也是文献调研的重要来源。由于学校的期刊数量有限，因此需要尽可能多地收集期刊。如果你的研究问题与学科有关，专门的学科期刊也是主要的检索源。但是，一些相关学科的期刊也不应该错过，毕竟有很多共同的问题会在各个学科的教育教学中呈现，其他学科的研究成果也许正好和你的研究紧密相关。

> **小提示**
>
> 撰写文献综述不应该草率地、敷衍了事地只列举一两篇文章。综述和报告相关文献的能力是一项关键的学术技能！

○ LODICO M G, SPAULDING D T, VOEGTLE K H. Methods in educational research: from theory to practicel [M]. San Francisco: Jossey-Base, 2006: 55.

在撰写课题申请书的时候，你需要对你检索的文献做一些梳理，按照主题和问题来总结过往研究。切忌将文献综述写成流水账，你不用罗列所有的研究，而是需要分类总结、比较这些研究。对已有研究你还需要批判性地审视，发现已有研究中仍然存在的问题，从而确定自己的研究试图填补的研究缺口。只有这样，评审者才能看到你所要从事的研究的合理性。

案例1-9

如果你计划采用量化方法，或者是以量化方法为主的混合方法，那么你的研究问题中都会包含自变量与因变量。例如：你想研究学生数学学习动机与数学课堂参与的关系，其中数学学习动机是自变量，数学课堂参与是因变量。克雷斯韦尔针对这类研究提出了一个包含五个部分的文献综述模板[1]：①简介；②主题1（关于自变量的研究）；③主题2（关于因变量的研究）；④主题3（那些既讨论了自变量又讨论了因变量的研究）；⑤总结。下面是每个部分的更具体的说明。

（1）简单介绍综述包含几个部分，说明综述的各个部分是如何组织的。

（2）对主题1进行综述，在这里着重对自变量相关学术文献进行综述。如果有好几个自变量，可以设置分级的标题进行综述，或者挑选比较重要的自变量进行综述。请注意这里聚焦于只讨论自变量的文献，既讨论自变量也讨论因变量的文献不包含在此部分。

（3）对主题2进行综述，在这里着重对因变量相关学术文献进行综述。如果有好几个因变量，可以设置分级的标题进行综述，或者挑选一个重要的因变量进行综述。

（4）对主题3进行综述，在这里着重对将自变量和因变量建立关系的相关学术文献进行综述。这里是关键所在。这个部分应该相对简短，而且包含那些与本研究主题特别接近的文献。也许目前这个主题还没有得到充分研究，所以这部分的文献要尽量与本研究主题相关，或者是在更一般的层次上回顾有关本研究主题的研究。

（5）做个总结。突出最重要的研究，描述已有研究的主要论点，指出为什么在这个主题上还需要更多的研究，并进一步提出本研究如何能够填补目前的研究缺口。

---

[1] CRESWELL J W. Research design: qualitative, quantitative, and mixed methods approaches [M]. 4th ed. Thousand Oaks: SAGE Publications, 2014: 47.

案例1-10

洛迪科（Lodico）等人撰写的《教育研究方法：从理论到实践》中对文献综述的撰写提供了一些写作提示。[一]

举例1：文献综述的介绍部分

这里回顾了有关教师对全纳教育（Inclusive Education）的态度的文献，并描述了许多在特殊和普通学生中成功实施全纳教育的重要问题。这一领域的许多研究使用描述性调查方法进行定量研究。

举例2：从介绍部分转入综述的主体

关于全纳教育的文献中经常出现的一个问题是，教师在多大程度上认为他们已经为特殊和普通学生共同上课做好了充分准备。例如，托马斯（Tomas）发现，许多正规教育教师认为，他们应该选修更多针对特殊能力儿童的课程。

这个段落后面的部分都应该围绕"教师对全纳教育的准备"这个话题进行。续借上面的举例，你可以通过下面的表述引入下一篇文章：

约翰逊（Johnson）的研究也报告了类似的发现。他对25位正规教育教师的研究发现，大多数教师认为对他们的特殊教育能力的培训不足。

当你在这个部分中对"教师对全纳教育的准备"已经完成重要的文献综述，你可以转入在文献调研中总结的另一个主题。请注意在各部分之间进行清晰的转换，如下面粗体部分所示。

除了教师对全纳教育准备的研究外，那些对教师有关全纳教育态度感兴趣的研究人员还探讨了一旦进入全纳课堂后，教师对全纳教育如何影响特殊和普通学生成就的看法。

你就这样继续这个过程，直到你已经将所有你认为对你的研究主题至关重要的文献都纳入了综述中。然后，你用一个简短的总结陈述来结束文献综述，并将关于这个主题的各种研究联系起来。重点指出你描述的研究中使用的研究方法或获得的结果（或两者）的一致性或矛盾性。你需要说一些类似这样的话：

关于教师对全纳教育的态度的研究表明，许多教师对全纳课堂感到担忧。具体来说，他们关心的是……

3. 研究目标

研究目标与研究目的不同，目的是你为什么做这个研究，而目标是通过研究你可以

[一] LODICO M G, SPAULDING D T, VOEGTLE K H. Methods in educational research: from theory to practice [M]. San Francisco: Jossey-bass, 2006: 56-57.

达成什么。所以，研究目标的撰写应该是非常明确的。你可以设定总体目标和子目标，所有目标应该是准确的陈述：明确、现实和可实现。假如你计划研究7年级学生的英语分层教学，那么你撰写的研究目标之一可以是：形成7年级英语分层的依据框架和测量工具。

4. 研究内容

在课题申请书中，研究内容是对研究主题的细化。在本书前面的内容中已经就寻找研究主题做了介绍，研究主题是比较宽泛的，比如你想研究"居家学习期间中小学在线教学"。根据这个研究主题，你在课题申请书的研究内容部分要将其进一步细化为几个部分，例如你将"居家学习期间的中小学在线教学"研究的内容分为两个部分："在线的教"和"在线的学"。于是你可以这样撰写：

本研究将聚焦以下两个主要的研究内容。

研究内容1：教师如何实施在线教学。

研究内容2：学生如何在线学习。

在每个研究内容的段落中，你还需要进一步阐述，说明关于这个内容你计划开展哪些研究，特别是列举出一些具体的研究问题，并简略地说明计划运用哪些研究方法开展研究。关于"研究内容1"，案例1-11给出了撰写样例。

🔒 **案例1-11**

研究内容 1：教师如何实施在线教学

本部分的研究将聚焦教师的在线教学体验、挑战，并对在线教学的教学效果进行探究。首先，计划通过调查研究的方法，调查：本学区中小学教师特殊情况下如何实施在线教学？他们面临的困难和挑战是什么。其次，影响教师实施在线教学的因素有哪些？计划选取几个典型的教师，运用深度访谈等方法，对他们在线教学的过程和体验进行深入探究。最后，特殊情况下的在线教学对学生的学习成绩是否有影响？是否与以往的面对面教学达到了"同质等效"？计划用对比研究方法，将正常情况下面对面教学的学生的考试成绩与特殊情况下在线教学的学生的考试成绩进行对比研究。

从上面的案例中可以看到，研究主题是相对较宽泛的，它可以演化为你课题申请书的课题名称。研究内容是研究主题的进一步细化，可以将研究主题拆解成几个主要的部分。每个部分中哪些带"问号"的句子，是你具体的研究问题。这些研究问题将会通过定量研究、质性研究或者混合方法研究来进行探究。通过收集数据，分析资料，回答这些具体的研究问题，最终实现研究目标。

5. 研究重点、难点、创新点

你撰写的研究内容可能有多个部分，其中应该有研究重点，即你将会主要探索的，对于回答你的研究问题而言最重要的部分。所以，如果你计划了3~4个研究内容，挑选1~2个研究内容作为你的研究重点，并将主要的数据收集、分析等工作以及时间分配给它们。

研究难点是指哪些内容的探究比较困难。比如：研究的现象难以捕捉，重要的变量难以测量，研究的对象难以获得，等等。例如，一个有关"如何教授质性研究方法"的研究，其难点在于：首先"如何开展研究"包含了研究者大量的实践性知识，它具有身体化和情境性两个重要的行动特征；其次，研究方法是专业人士所具有的专业知识，具有专门化和系统性的特征；再次，质性研究方法有其独特性，研究者需要具备理解他人的能力、调动自身经验的能力等，因此教学无论是"纸上谈兵"，还是"只知其然不知其所以然"，抑或是"隔岸观火"，都不足以让学生真正学习好质性研究方法。因此，如何完成这种兼具身体性、情境性、专门性、系统性、认知性、互动性等的知识的教学，就是这个研究的研究难点。⊖

研究的创新点其实在你撰写文献综述的时候就应该有所思考，即你的研究会填补目前该领域的什么研究缺口。课题申请书中所阐述的创新点往往依赖于研究计划采用新的理论框架、新的研究方法、新的资料收集工具等，它们会对所研究的现象与问题产生新的解释、提出新的解决问题路径和策略等。

6. 研究的思路和方法（技术路线）

这个部分是依据研究内容，具体说明你打算采用什么研究方法，如何开展你的研究，也就是你如何收集数据和资料，如何分析资料等。对各种研究方法不要泛泛而谈，更无须摘抄书中对方法的介绍性文字，因为评审者都是研究领域的专家，你可以预见评审者对于常用的研究方法是十分熟悉的。因此，在这个部分主要阐述你如何把方法应用于研究，特别是根据你研究的各个内容，分别采用什么样的研究方法收集和分析数据与资料。你也可以绘制一个图形框架以便更清晰地展现你的研究思路。

> **🔒 案例1-12**
>
> 下面的素材摘录自题为"基于学习科学视角的游戏化学习研究"的申请书的研究思路部分。
>
> 本课题将采用文献调研、设计开发、准实验研究、课堂观察、问卷调查和半结构访谈等方法开展研究。
>
> 首先，通过文献调研、课堂观察以及问卷调查，对国内外数学认知研究、小学数学"数与代数"部分的教学策略、游戏化学习这三个方面的文献进行调研，梳

⊖ 曾妮，陈向明. 质性研究如何教 [J]. 全球教育展望，2017，46（5）：113-128.

理出小学生数学认知能力发展特征、小学数学教学策略以及小学数学游戏化设计策略。

其次,使用设计开发这一教育技术学领域的独特研究方法,基于小学生数学认知发展特征以及国家课程标准对小学数学教学目标的设定,针对不同的数学教学内容进行游戏化设计。

第三,在实验研究中,将采用准实验研究方法。在北京和其他地区选择若干小学进行实验,设置实验组和对照组,通过测试、问卷调查和访谈来了解师生对教育游戏的意见,研究教育游戏的教学成效,并通过大数据分析技术对学生的游戏行为数据进行建模,综合评估成效。

第四,进行半结构访谈。在准实验研究结束以后,随机抽取一定比例的参与者(学生和教师),围绕其使用教育游戏的真实感受进行焦点团体访谈,并将访谈结果应用于准实验研究的结果分析和解释中。

研究思路的框架如图1-2所示。

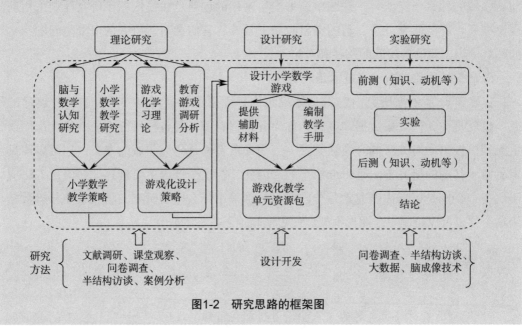

图1-2　研究思路的框架图

7. 研究进度规划

研究进度是你申请研究期间的进度规划,你可以按照时间段来计划。一些以学校为单位的申请书中,经常在进度规划中将"组织对全体教师的培训""请专家讲座进行理论学习"等都列入研究计划,这是不合适的。研究进度规划是指你开展研究的时间规划,所以着重把收集数据和资料、进行实验、分析资料和撰写报告等相关计划写在这里。

1.4.3 处理研究中的伦理问题

1979年美国发布了《贝尔蒙特报告》(*Belmont Report*),提出了进行人体生物和行为研究所需要遵守的三大基本原则:对参与者有利(最大化好的产出和最小化风险)、尊重参与者(保护隐私、知情权和自愿参与)和公正(公平地分配风险和利益)。[①]

在教育领域,特别是在基础教育领域,研究者和教育工作者需要非常注意伦理道德问题,要意识和预测伦理风险。"黄金大米""智能头箍"等事件引起了广泛的社会伦理关注,这些案例给教育工作者和研究者很好的警示。在教育研究中,研究对象选择、研究方法运用、数据收集和研究结果报告等环节,都会涉及伦理问题。例如随机对照实验往往会引发伦理讨论。假如研究者想研究一项干预措施,例如防止青少年怀孕,是否有效的时候,采用控制组与对照组进行实验是最常用的方法,但这样的实验会涉及伦理问题:如果干预措施有效,控制组会受益,对照组却陷入没有被公平对待的境地。一些研究会将对照组作为实验结束后的干预对象,但是如果实验为期较长,可能实验结束之后的干预对于对照组中的一些青少年来说为时已晚。再如,某学校在没有告知家长和学生并取得其同意的情况下,将学生所食大米替换为转基因大米,就严重违反了伦理道德准则。

为此,你在从事教育研究的时候,对研究伦理的考量不应该放在研究结束,而应该在研究设计的时候就开始关注,认真对待。特别是教师接触学生非常容易,发问卷、做访谈、做实验比专业研究人员要容易很多,但请你一定要树立重视研究伦理道德的意识:研究设计应保证对参与者公平和有利;收集资料时确保参与者知情同意,自愿参与;报告研究结果时保护参与者的隐私。

> 🔒 **案例1-13**
>
> 下面是在网络问卷调查开始之前获得参与者知情同意的范例。
>
> 亲爱的同学们:
>
> 非常荣幸地邀请您参加本次调查研究!本调查研究旨在了解在线远程教育课程中的变量(影响因素),这将有助于我们找到影响在线远程教育效果的一些重要因素。该研究由美国××大学、西班牙××大学和中国××大学的一组研究者共同承担。从学习者方面收集的数据,将用来确定远程教育环境中各变量之间的关系。以上三所大学将利用此研究中得出的结论来提高本国的远程教育效果。
>
> 如果您愿意参加此研究,您需要完成两份问卷。第一份问卷在您开始在线课程

[①] CRESWELL J W. Educational research: planning, conducting and evaluating quantitative and qualitative research [M]. 4th ed. Boston: Pearson Education, 2012: 22.

之初完成，第二份问卷在您的在线课程即将结束之时完成。问卷中将涉及您的一些基本信息，以及您对自己在线学习经历的看法和观点。每份问卷将花费您大约15分钟时间。您的答案无所谓正确与错误。

如果您不想回答某个问题，您可以跳过它；如果您认为某个问题对于您作为学习者而言不适合回答，请您对该问题选择"NA（不知道）"。您对该问卷的回答，我们保证不泄露或者公开，我们也不会知道您的姓名。根据您的意愿，您也可以在任何时候停止参与此项调查，我们不会追究您的任何责任。

回答和完成这些在线问卷表示您愿意参加此项研究。在您已阅读、已理解该项研究的详情，并同意参与此项研究的时候，请点击"开始"按钮。

1.5 拓展阅读

[1] 袁振国. 教育研究方法[M]. 北京：高等教育出版社，2000.

[2] 高尔 M，高尔 J，博格. 教育研究方法：第6版[M]. 徐文彬，等译. 北京：北京大学出版社，2016.

[3] 李冲锋. 教师如何做课题[M]. 上海：华东师范大学出版社，2013.

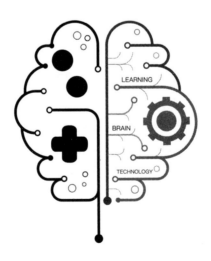

第2章

用实验评估教学策略的有效性

【案例导引】

柯老师是一位初中信息技术教师,他希望在自己的课上开展协作学习活动,但是遇到了一个难题——学生分组合作的时候,究竟应该让学生自行组队,还是由教师指定分组?他翻阅了相关资料,发现存在这样的争议:相比于由教师指定分组,学生自行组队有助于提升学习动机,但是似乎对提升学习效果没有什么帮助,因为学生更倾向于找朋友组队,因此更容易进行一些与学习无关的互动。想到"实践是检验真理的唯一标准",于是柯老师决定自己在班级中进行一次实验,看究竟哪种分组模式能够更好地提升学习效果。

"实验"对柯老师来说并不陌生,早在学生时代他就经常在化学、物理课上做实验。但是在教学场景中,与人相关的实验要如何开展呢?实验应该如何设计和实施?数据又应该如何分析?

2.1 什么是教育研究中的"因果推断"

在实践学习科学的过程中,教师同时是学习科学理论建构和发展的贡献者。理论的价值主要体现在解释和预测两方面,也就是说,一个好的理论应该既能解释现象背后的作用机制,又能预测干预手段的作用效果。在这其中,因果推断(Causal Inference)对于解释和预测的实现就显得尤为重要。一般来说,科学的结论所追求的就是对因果作用的清晰说明,使得假设或观点能够被证明或证伪,所以研究者一般会这样构建他们的研究问题:A对B有影响吗?例如我们在学习科学中会问"使用这种教学工具对学生的成绩有影响吗?",即"使用这种教学工具"是否是学生成绩变化的原因。这就是对教学中因果作用的考察。可以这样说,对因果作用的考察是学习科学定量研究的主要形式，当今许多经典理论都是基于众多"A对B的影响"证据中拼凑出来的。在这里，A叫作自变量（Independent Variable，IV），B叫作因变量（Dependent Variable，DV）。⊖

在开始进一步的介绍之前，我们首先希望你能清晰地区分"相关"和"因果"的概念。要确定观察到的一种数据上的规律是否是因果作用其实并不容易，研究者常常会被数据的表象所迷惑。例如，数据会显示在一年中冰淇淋的销量越高，游泳溺水的人数就会越多，那么是不是说冰淇淋销量是游泳溺水的直接原因呢？我们是否应该禁止销售冰淇淋从而防止人们溺水？这里我们观察到的溺水人数和冰淇淋销量的关系事实上就是一种"相关"关系。大家都知道，在这里我们要考虑气温的影响。又如思考上大学对收入的影响这一问题时，大家通常会拿自己身边上过大学的朋友的收入和没有上过大学的朋友的收入进行直接比较，但是这样就忽略了个人的家庭经济背景的影响——家庭条件好的人更有可能获得高等教育，而家庭背景对他的求职和收入也有正面影响，因此我们往往会高估上大学带来的收益。诸如"气温"和"家庭经济背景"这类变量常被称为因果推断中的混淆变量，它们会与自变量和因变量发生不同的联系，从而混淆我们观察到的效应，当我们忽略了混淆变量或者错误判断了它们与自变量、因变量的关系时，研究中的偏差（Bias）就产生了。⊖

> **小提示**
> 上述例子是表面相关性造成的因果推断的偏差，"辛普森悖论"（Simpson's Paradox）和"三门问题"（Monty Hall Problem）也是著名的例子。若你对此感兴趣，建议搜索以获得更多知识。

所以在讨论因果作用的时候，我们往往希望结论不被偏差影响，也就是俗称的识别"干净"的因果效应。什么样的因果效应是"干净"的呢？又该如何防止结论被"污染"呢？接下来我们将从随机控制实验这一因果推断的"黄金标准"开始来进一步介绍。

2.2 随机控制实验——因果推断的"黄金标准"

随机控制实验（Randomized Controlled Trails，RCT）也称随机对照实验，常被认为是事实上的因果推断的"黄金标准"。何谓"黄金标准"呢？也就是说对于研究而言，

⊖ PEARL J. Causal inference in statistics：an overview [J]. Statistics Surveys，2009（3）：96-146.
⊖ STEPHEN L M，CHRISTOPHER W. Counterfactuals and causal inference [M]. 2nd ed. New York，NY：Cambridge University Press，2014：29.

通过这种方法得到的结论具有最高等级的信效度。例如"教学工具X是否对学习成绩Y有影响"这个研究问题，若文章A采用了随机控制实验的方法，文章B采用了多元线性回归等方法，那么文章A的结论的信效度将远远高于文章B的。

我们强调随机控制实验是"事实上"的黄金标准，是因为这种方法最接近我们脑海中因果推断的黄金标准的形式。在我们的脑海中，在思考诸如"教学工具X是否对学习成绩Y有影响"这样的问题时，会这样去考虑：对于同一个学生，他现在的学习成绩是Y_0，如果他没有使用教学工具X后的Y_1与使用了教学工具X后的Y_2会有什么区别？那么很显然，这种因果作用的大小就是Y_2-Y_1。

值得注意的是，这里必须是在同一个学生身上发生的影响，这是因为如果是观察教学工具X对不同学生的作用，那么学生个体的不同特征必将影响Y_2和Y_1的大小。同样地，直接认为$Y_2-Y_1=Y_2-Y_0$也并不严谨，因为干预是需要时间的，由于遗忘等因素的存在，在一段时间后测量的学生成绩Y_1未必等于Y_0。很显然，在现实中我们是没办法进行这样的干预和观察的，也没办法得到Y_2-Y_1的真实大小，除非我们能构造出"平行世界"。

> **小提示**
>
> 虽然我们无法真正构造出"平行世界"，但是在研究方法上可以在观察数据中用更复杂的统计手段人为构造出实验组和对照组，这种方法被称为反事实（Counterfactual）方法，对此我们在后续的章节里会进行一些简单的介绍。

当然，我们遇到的困难不仅是"不存在平行世界"这么简单。即使可以在"平行世界"之间"穿梭"，同时观察到一个学生受了干预和没受干预的情况，得到的也只是这种干预在一个个体身上的效果。然而，我们希望得到的这个因果作用应当是对相当大的学生群体有效的，因此我们选择的个人是否具有代表性就是另一个大困难。例如我们有没有可能恰好抽到了一个成绩特别好的学生，Y_0、Y_1、Y_2都是100分呢？那么我们能否依据这个学生的干预效果就认为教学工具X对学习成绩没有影响？显然，在这种情况下我们可能犯了用特殊个体来代表总体的错误，最终导致结论的谬误。为了解决这一谬误，我们就需要理想化的因果推断的黄金标准：在两个"平行世界"中开展实验，让这一个世界中的所有学生使用教学工具X，而另一个世界中的所有学生不使用教学工具X，然后研究人员在两个"平行世界"中来回"穿梭"，记录所有学生的成绩并进行比较，最终就能获得"绝对干净"的因果效应。

好了，让我们回到现实。我们既不能在"平行世界"中穿梭，也不可能让全世界所有学生都来参加实验，那么事实上应当如何做才能"模拟"这样理想环境下的实验呢？而这正是统计学的用武之地。接下来，让我们一步步用一些实验设计来"接近"理想化的黄金标准吧。

在数学的世界里存在一种神奇的规律，叫作"大数定律"（Law of Large Numbers）。当观察的次数越大，样本平均数就越稳定，越具有代表性，当观察次数很大时，样本平均数就逐渐趋于某个常数，而这个常数被认为是总体的均值。因此，多次重复的随机抽样是规避实验产出偶然结果的有效手段。因此，可以使用重复随机抽样的方式，使得样本的统计特征能够代替总体的特征。这样，就不需要让全世界的学生都来使用教学工具X，而仅需通过随机抽样就能估计出全世界学生的情况了。可见，在大数定律的帮助下，我们解决了样本量的问题。事实上在一些情况下，研究者如果严谨地限定了研究对象的范畴，是可以使用"全样本"进行研究的。例如，你只想知道教学工具X对你所在学校学生的影响，那么就可以跳过抽样这一步骤直接让全校所有学生参与实验。不过当你试图将这个结论推广到其他群体中（例如隔壁学校的学生）时就要小心谨慎。因为很有可能这两个学校的学生来自不同的总体。

如果说随机抽样解决了无法获得总体信息的问题，那么随机分组则可以解决"没有平行世界"的问题。虽然在现实生活中没有两个一模一样的人，但是通过对样本进行随机分组，可以获得两个在统计意义上"一模一样"的组。概率论的知识告诉我们，如果在一个混杂了黑白两色球的箱子中多次随机取球，并放入两个筐中，那么当抽样次数足够多时，两个筐中黑白球的比例将接近相等，因为取球与球的颜色本身是互相独立的事件。同样，虽然人与人之间存在或多或少的差异，但是当你将一定数量的被试随机分组后，组的规模越大，你就越有可能得到"一模一样"的各组。

这样，在统计学的帮助下我们就得到了"事实上"因果推断黄金标准的最简单形式：如果想知道自变量IV对总体P（Population）的因变量DV是否有影响，那么就可以在群体P中进行随机抽样，得到样本S（Sample），并对样本S进行随机分组，对实验组T（Intervention Group）进行干预I（Intervention），以改变其IV，对对照组C（Control Group）不做干预（或进行其他形式的干预），最终比较T和C两组在D上的区别，即可得到IV对DV的"干净"的因果作用，而通过假设检验即可确定这种区别是否在统计意义上显著，即这种因果作用是否"真的"存在。

> **小提示**
> 在这里我们对实验研究中常见的一些术语进行了翻译，可能阅读起来会有一些困难，但是请你记住这些术语及其翻译和缩写，这是进入定量研究的第一步，会令你的学习事半功倍！

请你记住这种看似简单又原始的研究设计，因为其他所有更复杂、更精致的研究方法都是在研究条件有限的情况下对随机控制实验的"模仿"。用定量研究者的话来说，所有其他因果推断方法的作用都是让结论的信效度"尽可能地与随机控制试验一样好"。例如，在无法进行随机分组的情况下，要验证某种教学模式的使用效果，由于课堂教学的限制无法在一个班级内进行随机分组，因此只能采用准实验（Quasi-Experiment）方法，将两个成绩相似的平行班一个作为对照组一个作为实验组来比较教学模式的效果。在真实的研究中，研究者常常会遇到无法开展实验的问题，例如对于上大学是否影响个体未来收入这样的研究问题，我们不可能以随机分组的方式来决定个体能否上大学，因此只能从已有数据中进行因果推断，这类研究称为基于观察数据的研究（Observational Study）。在这里，我们希望你能对学习科学中的方法有一个清晰的认识，一些看起来复杂甚至有些华丽的方法只是为了弥补实验设计或者数据中的缺憾，那些具有最高信效度的研究方法往往是最简单、最直接的。复杂的研究方法则是研究者在有限的研究条件中使用的"补偿性"方法，当然它们对研究者有着更高的要求。

由于本书并非专门介绍定量研究方法的读物，而是希望帮助读者建立对于学习科学研究的基本认识，因此本章仅围绕实验与准实验这类教师在工作场景中最容易实施的研究方法进行介绍。在开始进一步介绍之前，希望你能具有对实验研究中统计学知识的基本认识。在这里我们仅介绍一些基础统计知识，方法的细节和具体操作方式参见后续章节与推荐读物。

2.3 随机误差与系统误差

在实验研究中有两类误差可以导致研究的效度受到威胁，那就是随机误差（Random Error）和系统误差（Systematic Error）。你可以这样通俗地理解这两类误差：随机误差是统计学的假设检验可以应付的，而系统误差则需要引入控制变量加以解决。[○]

在实验研究中，绝大多数情况下需要用样本信息推断总体特征。由于个体存在差异，因此通过样本推论总体时会存在一定的误差，例如抽样得到的样本均值往往不等于总体均值，这就叫抽样误差，也可以被认为是实验中的随机误差。一般来说，在一个随机抽样实验中，最终从相关样本的干预实验中得到的效应仍会与在真实总体上产生的效应不同。研究结论受到了影响并不是不良的实验设计导致的，而是一种不可避免的、自然的误差，服从统计学本身的规律，因此可以由特定的统计方法消除。当然即使有统计方法的帮助，随机误差依然可能会导致结论的谬误，统计方法只能帮助研究者估计出犯错的概率。

如果说随机误差是实验研究中的"天灾"，那么系统误差就是"人祸"。系统误差

○ KRIPPENDORFF K. Estimating the reliability, systematic error and random error of interval data [J]. Educational and Psychological Measurement, 1970,30（1）：61-70.

常常是由不良的实验设计引起的。例如我们希望对某教育游戏的效果进行研究，即推断使用教育游戏对学生学习成绩的影响。假设没有使用随机抽样的方法，而是招募愿意使用教育游戏的学生组成实验组，其余学生组成对照组，那么结论就将出现系统误差，因为愿意使用教育游戏的学生本身可能就是游戏爱好者，有较强的使用教育游戏的动机，进而使得使用教育游戏后的效果高于不使用的。一般来说，未能进行完全的随机分组以及遗漏可能的混淆变量是系统误差的主要原因。

> **小提示**
>
> **误差与偏差**
>
> 你可能经常在定量研究的教材中看到这两个词：误差（Error）和偏差（Bias）。这是两个相似的概念，指的是统计得到的值与真实的值存在差异，在一些书中这两个词常常被混用。但是，严格来说误差指的是估计值与真实值的差，即$\hat{\theta}-\theta$，而偏差指的是估计值的期望与真实值的差，即$E(\hat{\theta})-\theta$。例如，我们称一个不准确的因果效应与真实因果效应的值的差距是误差，称抽样的学生成绩与真实学生成绩的差距是偏差。如果你在学习的初期不甚了解二者的差别也没有关系，可以将它们都理解为研究结论与真实值的偏差。

2.3.1 用假设检验处理随机误差

了解了随机误差与系统误差的概念后，我们就来了解一下定量研究如何利用统计方法来处理随机误差吧！相信你对T检验、F检验等研究方法并不陌生，假设检验的作用就是为了规避研究中的随机误差。

例如，三个班级学生一次百分制测验成绩的正态分布总体如图2-1所示，成绩均值和成绩方差见表2-1。

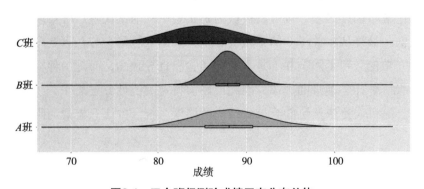

图2-1 三个班级测验成绩正态分布总体

很显然，从成绩均值来看，三个班级成绩均值的大小是A班>B班>C班，现在从这三个班级"真实"成绩的正态分布总体中各抽取10名学生的成绩以推断这三个班级总体均值的大小。随机抽样的结果如图2-2所示。

表2-1 三个班级成绩均值和成绩方差

班级	成绩均值	成绩方差
A班	88	4
B班	87.9	2
C班	85	4

A班	B班	C班
89.09262	87.73481	81.39113
86.86755	89.96316	79.93689
86.24097	85.60188	84.22516
93.32371	88.75204	80.46765
83.54649	87.36018	90.12820
95.88771	87.65186	84.27757
86.23480	88.87796	81.27450
85.75845	91.63859	86.69842
86.08848	88.16095	83.62284
85.32777	89.56130	82.80992

图2-2 随机抽样的结果

如果直接计算这三个班级抽取的学生样本均值会发现，A班样本均值为87.84，B班样本均值为88.53，C班样本均值为83.48。那么，是否可以得到这样的结论——三个班级成绩是B班>A班>C班？很显然，从抽取的样本中得到的结论和总体情况并不一致，这是由于在随机抽样时抽到了B班中成绩较好的学生和A班中成绩较差的学生。由此你会发现，随机抽样并不是万能的灵丹妙药，抽取的样本可能因为"概率上的巧合"而存在偏差，规避这种"概率上的巧合"有两种方法，一种是增加样本量，另一种就是使用假设检验来判断样本与总体的两个班级学生的成员差异是否是"巧合"，并报告出"巧合"的概率。这里的"巧合"，也就是随机误差。

假设检验就是用统计学方法来检验样本中体现出的差异有多大概率是随机误差导致的。例如，我们用非参数的welch T检验来比较A班、B班、C班三个班级的学生成绩，得到了表2-2的结果。

表2-2 三个班级两两比较的结果

比较	均值差	t	df	p
A班与C班	4.35	2.77	17.2	0.013*
A班与B班	−0.69	−0.52	12.16	0.611
B班与C班	5.04	4.53	13.68	0.000***

注：$p<0.05$，*；$p<0.01$，**；$p<0.001$，***。

表2-2是常见的报告假设检验结果的形式，其中"比较"这一列标注了相应行所报告的结果来自于哪两组样本的比较，"均值差"报告了这两组样本均值的差异。当然，一些检验的对象也可能是其他统计矩（Moment），例如方差。在这里我们要确定这两组样本均值差异是否来自随机误差，因此需要报告均值差，也就是这两组样本均值差异是否是"真实"的。然后 t 值报告的是所采用的假设检验方法的主要统计量的值，df 报告的是自由度，一般来说你可以从统计软件输出的结果中找到这几个量。

其中，最需要注意的值就是 p，也就是我们经常说的"显著性"。在这个例子里，我们可以这样来理解 p 值的意义，即我们可以在多大程度上确定两组样本均值差异是真实存在的而非抽样的偶然性所造成的。p 值代表的是我们的论断的错误概率，例如在这个例子中我们可以这样说："A班成绩的均值比C班成绩的均值高，这一说法有误的概率是0.013"。而表注中的星号代表了学术共同体约定俗成的对这种错误概率的接受程度，若 p 值小于0.05，即论断的错误概率小于0.05的话，这一论断就可以被认为是具有实证意义的结论，因此可以用星号标注出来以供讨论和参考，也就是我们平时所说的"具有显著差异"。

不过需要注意的一点是，假设检验永远只能给出"具有显著差异"的说法，而无法证明两个样本代表的总体"一模一样"。例如表2-2中虽然A班均值低于B班的，但是 p 值为0.611，这意味着我们做出"A班成绩均值低于B班成绩均值"这一论断的错误概率高达0.611（事实上在我们模拟的数据中A班成绩高于B班的），但不能在任何意义上说明A班成绩均值与B班成绩均值是一样的。在 p 值不显著的情况下，我们能且只能报告 p 值，而绝不应该以此为论据做出任何形式的论断，这是你在做研究时必须谨记的。

> **小提示**
>
> **多组假设检验与 p 值校正**
>
> 严谨地说，在正式出版的论文中像表2-2那样报告初始 p 值是有问题的。即使是对同一总体进行重复抽样，也有一定的概率发现两次抽样的样本之间具有显著差异，也就是说，显著性可能也是"碰巧"出现的。所以，一篇报告假设检验的结果越多，就越有可能出现"碰巧"的"假显著"的情况。一般来说，在报告多个独立假设检验的 p 值时需要对 p 值进行矫正，如Bonferroni校正：如果在同一数据集上同时检验 n 个独立的假设，那么用于每一假设的统计显著水平，应为仅检验一个假设时的显著水平的 $1/n$。因此，在表2-2中我们认为显著的 p 值应该至少是小于 $0.05/3 \approx 0.017$，这样就降低了错误采纳"碰巧"的显著性导致的结论的概率。如果你对这一话题感兴趣，可以查阅相关资料，进一步学习。

在这个例子中，还留下了一些小疑问（如非参数检验等），这些小疑问将在后续内容中进行更系统的介绍。

2.3.2 用研究设计规避系统误差

随机实验中的误差分为随机误差和系统误差两种，上一小节中介绍了随机误差的来源以及处理方式，在这一小节中将介绍一种更加复杂的误差——系统误差的来源以及处理方式。

可以这样说，优化定量研究设计的过程就是与系统误差进行斗争的过程。一般来说，系统误差通常是由不良的研究设计引起的，即它并非是由于研究设计中的抽样特性而产生的"自然"误差，而是可以通过研究设计避免的，能清晰追溯原因的"人为"误差，我们甚至常常能估算出不同原因的系统误差给研究结果带来的影响及方向。从广义上说，一切研究中的缺陷都可以认为是系统误差，而同时极少有研究者能够保证他/她可以完全在研究中规避系统误差。系统误差可能在研究的抽样、分组、干预、测量、分析与报告等环节存在，其形式也可能非常隐蔽（例如在准实验研究中遗漏一些难以注意到的控制变量）。如果说处理随机误差是定量研究的基本功，那么规避系统误差就需要大量的经验积累以及对相关实验情境的熟悉，是需要定量研究者长期努力的。

在这里，列举一些最简单的系统误差的来源。

（1）**不合理的抽样方式**。例如你要研究性别对身高的影响，选择你所在班级的所有人以及中国女排国家队的所有队员作为样本，然后比较样本中男性和女性的身高，那么最终你极有可能得到女性的平均身高高于男性的结论，而这样的结论显然是不合理的，因为你在样本中引入了异质性极强的两个总体，且并未使用适当的抽样方式。

（2）**回复偏差（Response Bias）**。你在干预中使用了不当的干预方式（如引导式语句）使得被试的表现与其在真实情景中的不一致，最终导致结论的偏差。例如在课堂中向学生宣传"游戏化教学"的好处后，再用问卷收集他们使用教育游戏后的体验，往往会得到比真实更高的评价。

（3）**测量误差**。测量（Measurement）是定量研究中的一个关键部分，在下一章中我们将从调查研究入手对教育研究中的测量问题进行全面介绍。不合格的测量工具也会带来研究中的系统误差。例如，你将学生随机分成两组后想比较使用了某种教学工具的实验组和未使用该工具的对照组的学业成绩差异，但是使用了难度非常低的试卷进行因变量（即学业成绩）的测量，最后发现两组学生的学业成绩都接近满分，导致难以观察到显著的影响。

（4）**遗漏混淆变量**。如果你的实验不能很好地进行随机分组，那么遗漏或者未能控制一些混淆变量将对你的研究结论带来很大的影响。遗漏混淆变量在观察研究或者准实验研究中很容易发生。例如，你在研究学生的信息素养对学业表现的影响时，如果没有控制学生的家庭背景这个因素，就会引入系统误差——在一些情况中，家境较好的学生有较多的接触电子设备的机会，而这些学生更有可能接受课外补习等额外的教育，因此你无法知道学生学业成绩的优势究竟是信息素养带来的，还是课外补习带来的。

> **小提示**
> 在开展研究之前，去参考相似主题已有研究的设计，尤其是发表在高水平期刊上的研究的实验设计，并思考你的研究和那些研究在实验设计上的不同之处。对新手来说，这是非常有效的优化研究设计、规避系统误差的方法。

2.4 随机控制实验指南

通过上文的介绍，相信你已经大概理解了社会科学研究中随机控制实验在方法上的大体逻辑，接下来将向你介绍随机控制试验的全过程指南，希望能对你开展随机控制实验有所帮助，在这里我们将使用一个虚构的案例来帮助你理解随机控制实验从设计到实施的全过程。

第一步：确定研究问题

开展随机控制实验的第一步是确定你的研究问题，建议你首先用PICO框架来清晰地描述你的问题。在PICO框架中，要明确一个因果问题所要确定研究的四个要素：人群（Population，也称总体）、干预（Intervention）、对照（Comparison）、结果（Outcome）。[⊖]

人群（P）：你研究的对象群体是谁？他们的年龄、性别、认知有什么特点？

干预（I）：你想研究的是哪种干预对他们的影响，是教学模式还是某种教学工具？干预会如何发生？

对照（C）：你希望干预结果与哪种情况的结果形成对比？是正常的教学，还是使用了其他教学模式或教学工具的教学？

结果（O）：你关注的是教学模式或教学工具对这一人群哪一层面的影响？是学习动机，还是学生成绩？

例如，在我们的虚构案例中，研究问题是在课外使用教育游戏A对初中生数学成绩的影响，用PICO框架可以这样来表述该研究问题。

人群（P）：初中三年级的学生。

干预（I）：在课外使用教育游戏A，每周两次，每次1小时，持续一个月。

对照（C）：不使用教育游戏A。

结果（O）：数学成绩。

[⊖] BROWN P, BRVNNHUBER K, CHALKIDOU K, et al., How to formulate research recommendations [J]. BMJ, 333（7572）：804-806.

第二步：抽样

确定研究问题之后，就可以去寻找被试了。那么一个实验需要多少样本量才合适呢？你可以根据自己的需要，参考相似研究的样本量来估计自己的抽样规模，严格的随机控制实验要求在选择样本之前计算检验力（Power Calculation），以确保评估过程中样本充足。我们可以通过搜索以往的实证研究或者元分析文献，寻找到最小的效应量（Effect Size），从而进行统计功效的计算。由于事先无法估计干预的真实效应大小，因此对样本量的估算往往是一种"理想"情况下的数值，如果你对此感兴趣，可以去查阅相关资料。当然，对于实验研究来说，样本量永远是多多益善的，事先估计样本量是出于平衡研究成本的考虑。

> **小提示**
>
> **效应量是什么？**
>
> 通俗地说，实验报告中的显著性可以告诉我们在多大程度上可以确定两组样本之间存在差异，而效应量则可以说明这个差异的程度有多大。柯亨（Cohen）将效应量定义为"总体中存在某种现象的程度"，用于描述总体均值间的差异到底有多少，变量间的关联强度如何，自变量能在多大程度上解释因变量。效应量不受样本容量大小的影响，所以我们可以结合他人报告的效应量来估计我们所需要的样本量，但是因为我们不知道总体真实的效应量是多少，所以一般会选择在已有研究中报告的最小效应量作为参考，这样更能保证得到显著的结论。你可以在这个网站上使用样本量计算器来估计实验需要的样本量：https://clincalc.com/stats/samplesize.aspx。

假设在本研究中我们发现最小的效应量为0.1，那么通过计算器可得研究有效样本量至少为779，又已知目前通常的班级规模为40~60人，同时考虑到可能的应答率和追踪过程中样本流失的问题，那么样本框就需要抽取至少16所学校，每所学校的相应年级中随机抽取两个班级，由所抽取班级学生构成样本。

第三步：分组与前测

在确定了样本之后，就可以通过Excel、SPSS等软件对所有样本进行随机分组，随机分组可以用生成伪随机数的方式。例如在本案例中，我们把有效样本（779人）随机分为两组，一组389人，另一组390人。在分组的时候，一定要考虑随机分组之后干预能否正常进行，例如，如果要检验某种课堂教学模式的有效性，那么在一个班级被随机分组之后干预就无法进行了。在本案例中，由于干预在课后发生，因此可以完全随机分组，无须关心样本所在学校、班级的影响。

在分组之后，一般来说要进行前测以确定分组的结果是没有显著差异的，以确定干预前各组的状态是"一模一样"的。前测，即在干预开始之前对被试的一些特征进行测量，一般测量的对象是实验所关注的因变量，例如在本案例中需要对所有被试的数学成绩进行测试，然后对各组前测的成绩通过假设检验进行比较，并且我们期望得到一个不显著的结果，以说明在干预前两组的数学成绩是"一模一样"的，而干预后如果看到一个有显著差异的结果，则说明数学成绩的这个差异是在课外使用或不使用教育游戏A带来的。

在虚拟案例中，我们对对照组和实验组学生的数学成绩进行了前测，前测结果见表2-3。

表2-3　前测结果

组别	成绩均值	成绩方差
对照组	90.02	2.04
实验组	90.05	3.96

经过独立样本T检验可以发现，两组的前测成绩没有显著差异（$t=0.00$，$df=779$，$p=1.00$），因此可以继续我们的实验。事实上，在随机控制实验中，是否需要进行前测是有争议的。其一，随机分组后的两组大概率是没有显著差异的，出现显著差异只是小概率事件。其二，假设检验永远无法证明两组样本是"一模一样"的，因此即使在前测中得到了$p=0.9$的不显著结果，依然有0.1的概率获得不同的对照组和实验组，所以前测意义不大。其三，前测只能关注有限的变量而无法排除潜在的混淆变量，其他前测中观察不到的变量依然有可能在两组中发生不平衡的分配，例如两组学生的学习动机、学习投入、学习设备或者其他因素"碰巧"被不一致地分配了，也会给研究带来系统误差。因此本书认为在随机控制实验中，研究者仅需要比较后测的结果，无须进行前测，要规避随机分组出现的"碰巧"的显著差异，最佳实践并不是在分组后进行前测，如果发现有显著差异再重新分组，而是增加实验的样本量。不过部分审稿者会要求研究者报告随机分组后的前测结果，你也可以根据实际研究需要自行斟酌是否进行前测。

> **小提示**
>
> 同样的，请你想一下这个问题，随机分组后两组的被试数量不相等会给研究带来系统误差吗？答案是不会，因为随机控制实验的逻辑只是要保证在干预发生之前，实验组和对照组是被随机划分的，两组人员的状态是"一模一样"的，所以细微的人数差别并不影响实验的结果。

第四步：干预

在分组之后，就需要正式干预了。一般来说，在正式干预中需要注意两个问题。第一个问题是减少样本的流失，尤其是需要警惕样本流失可能带来的系统误差。在本案例中，如果让实验组的学生使用自己家里的计算机运行教育游戏A，实验组中一部分家里没有计算机的学生就会流失，而这部分学生的流失会带来潜在的系统误差：在实验组中留下来的学生可能家庭经济环境较好，有更多机会接触到额外的教学资源（如补习班等），所以成绩较好，由此流失成为一个"筛选器"，导致最终我们高估了教育游戏A的干预效果。总体来说，我们希望实验过程中最好不存在样本流失的情况，或者让流失成为一个独立的随机事件，例如学生由于生病、搬迁等原因造成的流失是可以接受的。如果一个实验中样本流失量过高，就要警惕是否存在系统性流失的问题了。

第二个问题是要关注实验的外溢性，外溢性即干预对非目标主体的影响。本案例中，外溢性可能会因为不同学校的学生或老师之间交流等而发生，对照组和实验组的学生都有可能受到影响，例如有些对照组的学生可能知道了实验组的学生正在使用教育游戏A，从而很感兴趣，课后在对照组学生的设备上使用教育游戏A，这也会给实验结果带来影响。

一般来说，在非实验室环境下，流失与外溢性的问题是无法避免的，研究者只能尽可能地规避两者带来的影响。例如在本案例中，为了解决流失的问题，可以给被试提供平板电脑进行游戏；为了解决外溢性问题，可以缩短实验周期，或者将实验安排在假期进行，减少被试间的交流。

第五步：后测

在干预结束之后，进行后测来测量研究所关注的结果变量/因变量，测量问题是学习科学研究中的大问题，我们将在第三章详细介绍定量研究中的测量问题。

第六步：数据分析

对于随机控制实验来说，收集数据之后只需要一个假设检验就能得到最终的实验结果了，前文已经介绍了假设检验的统计思想，下面介绍在验证教学策略有效性的随机控制试验中常用的假设检验及其应用场景（见表2-4）。

这里再介绍一下参数检验和非参数检验的区别。参数检验即常规的T检验等，这一类检验需要建立在一系列样本分布基础上的假设，如果需要检验的样本不满足相应假设（如没有明显的正态分布形状、方差不齐等）则不能使用相应的假设；非参数检验则不需要建立在样本分布基础上的假设（Distribution-Free），可以应对所有数据分布的情况。但是，非参数检验也有其问题，即在同等的样本量下，它们对两组样本差异的识别不如参数检验敏感。因此，在对两组数据进行假设检验时，最佳的实践是先对样本的正态性、方差齐性进行检验：如果符合使用参数检验的条件则使用参数检验；若不符合，则使用非参数检验。检验正态性的方法有Q-Q图与P-P图等，这会在第10章中进行介绍（10.5.1）。

表2-4 常用假设检验及其应用场景

假设检验	应用场景	需要满足的假设	判断标准	操作说明
T检验	判断两组样本均值间是否有显著差异	两组样本正态分布且满足方差齐性	$p<0.05$，则可以认为有显著差异	见本书10.5.2
卡方检验	两个变量之间是否有关联性	非参数检验，无假设	$p<0.05$，则可以认为有显著关联性	
Mann-Whitney U（曼-惠特尼U）检验	判断两组样本均值间是否有显著差异	非参数检验，无假设	$p<0.05$，则可以认为有显著差异	见本书10.5.3
Wilcoxon（威尔科克森W）检验	判断两组样本均值间是否有显著差异	非参数检验，无假设	$p<0.05$，则可以认为有显著差异	
方差分析（ANOVA）	判断多组样本均值间是否有显著差异	多组样本正态分布且满足方差齐性	$p<0.05$，则可以认为多组比较的数据中至少有两组之间存在显著差异，具体差异是否存在需要进行后续分析	见本书10.5.4
Leven（莱文）检验	判断两样本是否服从方差齐性	无假设	$p>0.05$，则可以认为假设通过	见本书10.5.1

在前文三个班级的案例中，实验组的后测数据均值为89.86，方差为3.84；对照组后测数据均值为84.91，方差为8.62。我们使用Wilcoxon检验探究其统计上的差异，发现$p<0.001$，因此可以认为教育游戏A的干预是有效的。

2.5 准实验介绍

随机控制实验可能是社会科学研究中最简单，同时也是最古老、最有说服力的研究方法。随机控制实验的特点是通过将干预本身变成一个独立于所有事件的随机事件，来排除一切可能的混淆变量对结果的影响。但是它的局限性也是显而易见的，随机控制试验的开展极大地受到研究成本和可行性的影响。在一些实验中，我们无法保证能够随机分组样本并进行干预，例如在课堂教学中我们无法将全班学生随机分为两组，同时接受一位教师的不同方式的教学；在另一些研究中，实验本身甚至是无法开展的，例如要研究家庭经济条件对学生学业表现的影响时我们不可能去改变学生的家庭经济条件。因此，在随机控制实验的基础上，准实验、基于观察数据的研究等方法出现了。基于观察数据的研究涉及更多复杂的统计技术，在这里不做过多介绍，仅介绍准实验的内容。

> **小提示**
>
> 有一些学者会将基于观察数据的因果推断研究也归类为准实验研究，但是这一类研究所需的统计方法甚至比一般基于观察数据的研究更为复杂，从教师参与研究的实际需求和能力出发，我们对这类研究及所需统计方法不做介绍。

准实验研究与随机实验研究最大的不同在于准实验研究无法做到"完美"的随机分组，即准实验研究中可能存在潜在的混淆变量。学习科学研究中常见的准实验研究主要有两种设计形式：未能进行完全随机分组的实验研究（平行组设计）以及单组前后测设计。

2.5.1 平行组设计

学习科学中，常常会出现随机分组后不适合进行分别干预的情况，例如教师在课堂中授课时不可能要求班级内一半的学生不听课，因此使用平行组设计是常用的方法。可以选择两个各方面条件都很相似的班级（或学习小组），一个班级作为对照组，另一个班级作为实验组，分别接受不同教学策略的干预，最后比较教学效果。如果要采用这种设计，核心难点在于尽可能地保证两个班级的学生在干预开始前的状态是没有差别的。因此，通过前测对两个班级的成绩进行检验，确认其不存在显著差异是必需的一个步骤，其他的实验步骤与上文介绍的随机控制实验相似。同时，在平行组设计中还需要注意控制其他变量（如授课教师、课堂设备、授课时长等），尽可能地保证研究中不存在其他混淆变量。

2.5.2 单组前后测设计

学习科学中还有一种常见的实验设计，即单组的前后测设计。这种设计中不存在实验组和对照组，仅仅是在干预前后两个时间点对学习者的状态进行测量，然后进行比较，检验教学策略的有效性。我们认为，在学习科学的实地实验中，这种设计具有准实验的特征：由于其缺乏对照组，新手研究者可能会将一段时间内学习者的状态变化归因于干预本身。当然，如果确保学习者在这段时间内只接受一种干预，在此前提下（例如设计良好的一堂课内或者实验室环境下），这种设计中不存在其他系统误差，这就是非常高质量的设计。但是在教学实际中，常常很难保证学习者在干预发生的时效内仅接受一种干预，尤其是在干预时间长达几个月甚至数年的情况下。因此，可以认为单组前后测设计本质上是一种准实验研究设计，只适用于短时段的干预研究，当干预周期较长或者干预期间学习者行为不可控时，应尽量避免使用这种设计来验证教学策略的效果。

2.6 其他定量研究方法简介

我们介绍了随机控制实验和准实验研究的方法，相信你已经了解了学习科学中用实验的方法验证假设的基本逻辑。不过相信你也听说过许多其他定量方法，下面就简单介绍一下学习科学研究中常用的方法。如果你想对它们有更多了解，就请查阅相关文献吧！

2.6.1 描述性统计

描述性统计，可以说是最基本的定量研究方法了。描述性统计的主要作用是揭示数据的大致形态，包括其分布、离散程度、均值等，同时对数据进行可视化呈现。一般来说，在一个定量研究中描述性统计是收集数据之后研究者会进行的第一步分析工作。描述性统计的作用：观察数据形态，发现其中可能的异常值并剔除；观察变量间的均值、离散程度等，通过直接比较数值大小发现可能的因果效应。

在定量研究的论文中，研究者常常需要通过表格或者图像的形式对数据的大致情况进行描述性统计，以便读者理解数据的大致形态和研究的情境。在第10章中，我们也将对描述性统计的一般操作进行介绍。

2.6.2 相关分析

上文说过，发现因果关系是教育学和社会科学研究的目标之一。但是因果关系本身常常隐藏在相关关系的表象之下，所以发现数据中的相关性往往是发现因果关系的第一步，进行相关分析的方法有Pearson相关分析、Spearman相关分析、Kendall相关分析，分别用于不同类型的数据。以Pearson相关分析为例，相关系数r表示两个变量之间的相关性，$r<0$表示有负相关关系，$r>0$表示有正相关关系，如图2-3所示。如果两个变量之间呈现正相关关系，则说明一个变量越大，另一个变量就越大；反之亦然。

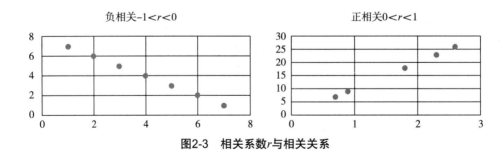

图2-3 相关系数r与相关关系

相关关系能呈现两个变量在大小一致性上的规律，但是必须注意，这种规律不一定是因果关系，这一点在前文游泳溺水和冰淇淋销量的例子里已经说过了。当然，从严格意义上看，两个变量间的相关关系既不是因果关系的充分条件也不是因果关系的必要条件，但是在大多数情况下，数据中的相关关系都是我们要探究的，因为它可能表示在这两个变量之间有着某种不为人知的因果关系。

2.6.3 回归分析

回归分析是一种更加复杂的统计分析方法，它经常用于有多个变量的研究以及基于观察数据的研究。与实验与准实验研究通过假设检验来验证因果关系的方式不同，回归分析的逻辑是用数学模型来拟合真实世界中现象的规律，然后通过观察模型中的参数来探查因果关系。例如，对于一个最简单的回归模型，我们可以用$y=a+bx+e$来表示它，如果我们已知一组x与y的数据，那么就可以用一条虚拟的回归直线来拟合x与y之间的关系，如图2-4所示，拟合的意思就是在x与y形成的散点图中寻找一个一次函数来描述x与y之间的数量关系，而决定拟合优劣的数值叫作R^2，$R^2=1$则说明数据中的所有点都在这条直线上，拟合度达到了100%；$R^2=0$则说明这条直线与数据中的所有点都毫无关系。很明显，R^2越大，这条虚拟的直线就越能解释或者预测真实世界的情况，因此我们可以认为在一定的理想状况下，b一定程度上代表的就是X到Y的因果效应的大小。

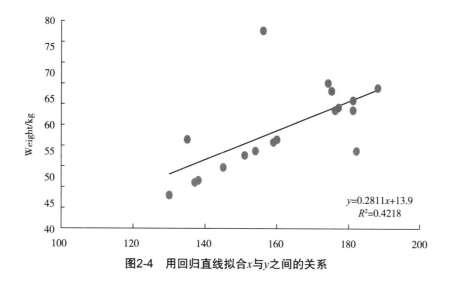

图2-4　用回归直线拟合x与y之间的关系

如果我们增加回归模型中的变量数量，就可以获得Y与多个变量之间的关系，此时我们就可以在模型中控制变量了；如果将函数的形式进行拓展，我们可以拟合非线性的效应。如果你对回归模型感兴趣，可以查阅相关书籍。

以上就是我们希望介绍的关于定量研究的全部内容。定量研究本身是一门很大的学问，如果你的研究志趣不只是对单一自变量和单一因变量之间的因果作用进行探究，你还可以查阅相关资料进行学习。

2.7 拓展阅读

[1] 巴比.社会研究方法：第11版[M].邱泽奇，译.北京：华夏出版社，2009.（可选择第4，7，14，16章阅读。）

[2] 李康，贺佳.医学统计学[M].6版.北京：人民卫生出版社，2013.

[3] 陈胜可.SPSS统计分析从入门到精通[M].北京：清华大学出版社，2010.

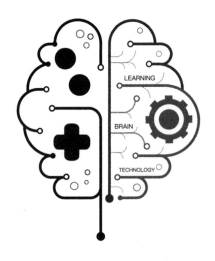

第3章

用问卷获得准确有效的信息

【案例导引】

小王老师所在的学校近期购入了一批平板电脑用于教学,并首先在一些班级进行了试用。小王老师教授的一个班级正好"尝鲜"使用平板电脑进行教学(以下简称A班)。经过一段时间的教学之后,小王老师和班级内的同学都感觉不错。但是渐渐地,小王老师发现了问题,与另一个不使用平板电脑进行教学的班级相比(以下简称B班),这两个班级的同学平时的学习成绩和态度都差不多,但是这段时间以来A班的同学们学习热情高涨,学习效果也不错。不过,A班内许多同学的成绩似乎出现了一些变动:一些原先学习成绩没那么好的同学成绩变好了,而另一些同学的成绩却下降了。

经过观察,小王老师意识到,可能是使用平板电脑进行教学的这种做法产生的影响,那些成绩下降的同学是那些平时使用电子设备较少的同学,而那些平时接触电子设备较多的同学使用平板电脑在课上学习时则表现得得心应手。为此,小王老师决定对将平板电脑应用于教学的效果进行一次整体评估,以了解它是否有助于提升班内同学的成绩和学习兴趣,以及同学的电子设备使用经历是否会影响使用平板电脑进行教学的效果。

为此,小王老师希望通过比较A班和B班同学的成绩,来评估使用平板电脑进行教学对成绩的影响,比较A班和B班同学的学习动机来评估使用平板电脑进行教学对学习兴趣和动机造成的影响,并检验A班同学的技术接受度是否可以解释使用平板电脑进行教学对A班同学造成的不一样的影响。于是,小王老师收集了A班与B班同学在这段时间内的测验成绩,并编制了一份问卷对A班同学的学习动机和技术接受度进行测量,而对B班同学则只测量他们的学习动机。

通过数据分析,小王老师发现A班同学近期成绩在统计上显著高于B班,学习动机也显著高于B班。因此可以确定,将平板电脑应用于教学能有效提升同学们的学习成绩与学习动机。但是同时，小王老师也发现，A班同学的成绩与他们的技术接受度呈现正相关，也就是说，很有可能一部分同学因为不能很好地适应电子设备所以在学习中表现得不好。

基于这些结论，小王老师确定：第一，平板电脑确实是教学的好帮手；第二，得想办法让所有同学都尽快适应平板电脑教学的模式。为此，她开始了下一步的努力……

3.1 问卷调查

首先，在日常生活和工作中，我们对许多事物的观点和看法，是通过经验和直觉可以感受出来的，例如，作为教师，你可以感受到一个同学"是否努力"。但是这种经验性的评估有一些弊端，例如在本章的"案例导引"中，虽然教师主观上可以大致感受到A班同学的成绩变动可能是平板电脑教学造成的，但是没有更客观的数据就无法证实这一点；其次，教师的主观体验也是有限的，例如你可以知道班级中几个学生的学习情况，但是对所有学生的学习情况则往往无法很好地把握。因此，在教学研究中经常需要大范围的、标准化的、客观的数据来支持或验证教师的看法。

调查研究（Survey）是一门非常古老的研究技术，早在古埃及就出现过统治者为治理其领土而进行普查。[1]调查研究中的一种最具代表性的研究技术就是问卷调查（Questionnaire）。[2]问卷调查是学习科学研究中常见的一种研究手段，是教育学或心理学定量研究的重要组成部分。

3.1.1 使用问卷调查的原因

为何需要在学习科学研究中使用问卷调查呢？根据研究目的和研究情境的不同，这个问题可能有很多答案。但是总体来说，使用问卷调查的原因可以是以下三种。

（1）**了解情况**。在问卷调查中，你可以获得对当前教学现状的了解。例如你可以通过问卷调查得知班级内学生对你所教授课程的兴趣如何，这样的一次调查所获得的数据被称作"截面数据"（Cross-Sectional Data）。当然，你也可以周期性地开展这一类调查，以明确学生对你所教授课程的兴趣是否有变化，这样的多次调查构成的数据被称作"历时数据"或者"面板数据"（Panel Data）。

（2）**在客观数据的支持下开展行动**。通过问卷调查，你可以规避自己主观经验的负面影响而在客观数据的支持下得到结论并开展行动。例如，在本章的"案例导引"中，

---

[1] 巴比. 社会研究方法：第11版 [M]. 邱泽奇，译. 北京：华夏出版社，2009：245.
[2] ARTINO A R, ROCHELLE J S L, DEZEE K J, et al. Developing questionnaires for educational research：AMEE Guide No. 87 [J]. Medical Teacher, 2014, 36（6）：463-474.

学生的技术接受度对学习效果的影响可能在教师的主观经验中只是一种可能存在的现象，但是通过问卷调查和数据分析，小王老师就能确定这一现象确实存在，并开展下一步的干预。

（3）**营造与目标人群沟通的机会**。你在平时的工作中可能会发现，有一些问卷设置了一些填空题以收集被调研人群的意见。例如在学生的课程评价问卷中时常会问学生对课程有无一些其他意见，这类信息的收集有助于进一步优化课程。

3.1.2 问卷调查的优势

除了以上的使用问卷调查的原因之外，我们也总结了问卷调查的几种独特优势。

（1）**成本优势**。问卷可以用较低成本获得大量数据，问卷调查所需的人员较少，且收集数据的速度较快，是一种经济便宜的研究方式。同时，一份编制完成的问卷往往可以被视作多个模块化的题项组的组合，可以在适当的改编之后发放给不同的群体，用于不同的研究。

（2）**标准化**。问卷中的题项对观念、现象等进行标准化测量，可以在多个群体之间进行比较。例如，一份成熟的学习动机量表对小学生、中学生、大学生都适用，可以在这三个异质性较大的群体之间进行比较。

（3）**保护受访者**。问卷可以以非公开化的形式发放给受访者，受访者提交的数据也通常会经过匿名处理。这种调查方式能更好地保护受访者，收获到更真实、更坦诚的结果。例如，如果你直接询问学生你的课上得好不好，他可能不好意思当面提出一些意见，但是如果以匿名问卷的方式收集学生意见，他往往会说出更多"真话"。

问卷调查是社会科学与心理学中的常用方法，由于研究情境、研究成本、研究目的的不同，其形式有许多种，在本章中很难进行完整的介绍。接下来我们将详细介绍一般的学习科学中问卷调查的步骤。

3.2 准备一次问卷调查

问卷调查在所有科学研究领域都有广泛的应用，如医学、营销学、社会学、教育学、心理学的研究中都会用到问卷调查，不同学科的问卷调查形式也不尽相同。在学习科学的研究中，问卷调查的准备阶段可以分为以下步骤：①确定调查目的；②确定受访者群体和调查形式；③概念化和操作化；④编制问卷；⑤校验和修改问卷。这5个步骤是准备问卷调查的一个大概流程，在实际的操作中可以根据具体情况进行调整，也可能需要经过多轮迭代才能得到最终的问卷。

> **小提示**
> 在这里需要对"调查对象"和"受访者"进行区分,受访者指的是填写或回答问卷的人,而调查对象指的是需要通过问卷调查得到的信息,如受访者的观念等。

3.2.1 确定调查目的

在准备进行调查研究时,第一步要做的是问自己以下两个问题:"我为什么要进行这个调查?""调查的结论和报告是给谁看的?"学习科学研究所产出的结论既可以用于学术讨论,也可以用于改进教学实践。问卷的设计会根据研究目的不同而不同。还记得第2章的内容吗?第2章中介绍了如何用实验设计来验证某种教学干预的有效性,但是没有介绍教育测量的相关知识。事实上,从定量研究的视角来看,问卷调查可以被看作是一种教育测量的手段。一般来说,调查有两个作用:其一是了解现状,例如我国的人口普查、居民收入调查等;其二就是进行测量,例如要求被试填写专业的心理量表。很多时候,一个问卷中会同时包含为了发挥这两个作用而设置的问题。

1. 了解现状

问卷调查可以用来更客观地了解教学中的现状。在实际的教学实践和研究中,存在许多利益相关方。以"平板电脑入校"这一项教育信息化举措为例,上级教育部门关心的可能是设备覆盖率、使用频率等问题,教师关心的可能是教学效果、工作流程等问题,而家长和学生关心的则可能是教学效果、学生的体验等问题。如果只是笼统地对"平板电脑入校使用情况"进行调研,就会不知从何做起。因此,在准备调查研究的第一步,就需要首先明确调查的目的,然后准备一个清单,清晰地列出需要调查的对象。

调查目的和对象清单

我为什么要进行这个调查?

谁会对我的调查报告感兴趣?我的结论有哪些用途?

我的测量对象是:
(1)……
(2)……
(3)……
……

2. 教育测量

什么是教育测量？我们知道物理意义上的测量就像是用尺子去量物体的宽度，教育测量则是通过科学的方式来量化学习者的一些特点（例如学习态度、学习动机、学习投入、学业成绩等），从而使学习者的特征能够以数字的形式表达出来，然后借助统计学工具进行分析，得到结论。那么在教育测量中，"尺子"又是什么呢？其实我们常用的尺子就是问卷、试卷之类的工具，我们称为"测量工具"。百分制试卷就是一种测量工具，它测量的对象是学习者对某些知识点的掌握情况，事实上，试卷也可以被看作是一种特殊的问卷。

在物理意义上，尺子有两个特点：一个特点是它的上面有明确的刻度，而这个刻度代表的是一种通用的度量方式，因此我们可以方便地将不同物体的长度进行比较、交流；另一个特点是尺子是准确的，尺子测量得到的结果往往会比我们目测或者用手掌估计的结果更精确、可靠，在这个基础上我们可以从尺子的测量结果来推演更加复杂的物理规律，浮力定律的发现乃至光速的测量都离不开看似简单的尺子。教育测量过程中使用的问卷，也需要具备这样的特点：问卷必须要"标准化"，即它要反映一种被学术界广泛承认的学理性概念，以使我们可以对测量的结果进行比较、交流；同样的，问卷也必须是准确的。

聪明的你应该已经发现了，要使得问卷达到第一个特点"标准化"，就需要在概念化和操作化阶段下功夫，使用尽可能成熟的学术概念进行问题的探究；要使问卷是准确的，就需要在信效度的校验上下功夫，使得问卷成为一把精准的"尺子"。

问卷调查常被与其他方法结合用于各种定量研究方法，例如国际学生评估项目（PISA）就可以被看作是一个使用了问卷调查的描述性统计的例子，其中使用的问卷主要是试卷等，用以测量不同地区学生的阅读、数学、科学能力。经济合作与发展组织（OECD）最后将各地区的测量结果进行简单的描述性统计，报告各项测试的均值，供世界各国参考其教育质量。同样的，问卷调查也常被用于干预实验中以测量相关的变量。例如，研究者通过向学习者发放问卷来测量学生的学习动机、学习投入等变量，比较实验组和对照组，或者比较单组干预前后的学习者状态的变化。

你可以将学习科学领域中的调查理解成一种对教学中存在的现象和观念的测量，所以在调查目的清单中列出来的，应当是你的测量对象，例如学生的学习动机、学习兴趣、自我效能等。当然，问卷中也有相当大部分的测量对象是实在的、客观的数据，例如设备数量、设备使用时长等。

> **小提示**
>
> 一般我们称学理性的概念（如观念、现象、态度、能力等）为测量对象，例如数学学业水平、学习动机等，参与测量的被试（如学生、家长、老师等）则称为受访者。

3.2.2 确定受访者群体和调查形式

正所谓"兵马未动,粮草先行"。在进一步准备调查问卷的题项之前,应当先根据研究的需要,尤其是研究可行性的需要确定受访者群体和调查形式。

受访者群体是需要根据调查的目的来确定的,明确受访者群体对准备阶段后续的工作很重要。问卷的编制需要根据受访者群体的特点进行。例如,小学生很难理解一些专业术语,因此针对他们的问卷中的文本就要尽量简单、容易理解;而针对有相关专业背景的大学生,则可以使用专业术语使问题的意义变得直观而准确。

确定调查形式也是很重要的。一般来说,问卷调查的形式有以下几种。

(1)**当面填写**。受访者在研究者所在的现场填写问卷,可以是一对一的也可以是一对多的,例如你可以在教室里直接发放纸质问卷供学生填写,也可以在办公室里请学生单独填写。现场填写的好处是能保证问卷的应答率,在现场进行问卷的发放和回收也能加快收集信息的速度,缩短研究周期。但是这种形式可能不利于保护受访者的隐私——问卷填写的过程是在研究者的观察中完成的。此外,研究者的在场也会带来影响,如"霍桑效应",即受访者因为在意研究者或其他在场的受访者的社会期望而歪曲自己的作答。例如,学生在你的办公室里一对一填写问卷时,如果问卷内容里有对你的课程体验的评价,那么学生可能会有所顾虑,倾向于给出正面的评价,从而无法保证调查结果的信度。关于信效度的内容我们将在本章的后续部分予以介绍。

(2)**线上调查**。你对在线发放问卷的调查形式可能并不陌生。随着信息技术的发展,很多调查都可以在线上开展。线上调查的好处是能以极低的研究成本获得数据,一次线上调查可以轻松覆盖几千人,而且目前的线上调查工具,例如问卷星、调查派等,都提供了整体的"问卷准备——问卷发放——数据收集——数据分析"解决方案,你可以很简单地以电子表格的形式回收数据并进行分析。同时,受访者因为在一个舒适的环境中填写问卷,更愿意表达真实的想法,可以规避"霍桑效应"的影响。收集的数据也能在调查工具平台中进行匿名处理,保护受访者的个人隐私。但是线上调查的问题也显而易见,问卷的回收率低和数据质量难以保证是其最大的问题。

(3)**电话调查**。电话调查指的是调查者通过电话等形式对受访者进行调查。在平时的生活中你可能接到过统计部门(如国家统计局)的调查电话,访谈者会在电话中对你提问并记录你的回答。电话调查的好处是它可以在不适合调查者进入现场的情况下开展访问,并且有着较高的问卷回收率。同时,这种方式也能照顾到受访者的感受,调查者可以对受访者的信息进行一定程度的匿名化处理,并且受访者由于没有感受到调查者在场的压力,也更容易以真实情况作答。但是电话调查的缺点也很明显,那就是它成本较高,每次都需要一位调查者进行一对一的调查。

对于大多数的学习科学研究来说,研究可行性是非常值得关注的,问卷中题项的内容和形式必须考虑到实际的调查形式。例如，当研究者无法入校进行问卷调查，而选择电话调查的形式时，受访者无法阅读问卷，那么问卷题目就应尽量简短、易懂，不要出现大段难以让受访者听懂和记住的文本。

在准备调查研究的这一步骤中，你可以问自己以下问题。

（1）我的受访者是谁？大概有多少人？

（2）他们有什么特点？在设计问卷时应该注意什么？

（3）权衡调查的质量和研究成本后，哪种调查形式是最合适的？

在初步思考了以上三个问题的答案后，你就可以进入准备问卷调查的下一个步骤了。

3.2.3 概念化和操作化

好了，现在你知道了调查的目的，有了调查目的和对象的清单，也知道了你的受访者是谁，调查会以哪种形式开展。但是在正式开始编制问卷之前还有最后一步，那就是对调查对象进行概念化和操作化。请拿出你之前拟定的清单，开始吧！

你是否经常有这种疑惑：怎样将学生的一种观念、情绪或者态度用标准化的方式表达出来？所谓标准化的方式，就是可以将测量的结果在不同群体之间进行比较。将现实生活中的一般观念等调查对象转化为有效的、可测量的概念，被称为对调查对象的概念化和操作化。当然，并不是所有问卷中的调查对象都需要被概念化和操作化，问卷中的一些调查对象可能是客观的事实，例如学生的性别、年龄、身高、班级内的平板电脑数量等，这些调查对象的数据也是相对易于获得的。但是另外一些抽象的、主观的调查对象，例如兴趣、厌恶、偏见或者一些学术上的概念则很难被简单地表达出来，要对它们进行测量，就要进行概念化和操作化。

1. 概念化

什么是概念化呢？许多抽象、主观的调查对象在不同人之间并不存在一种一致、清晰的定义，概念化就是将调查对象在概念上进行明确，形成贯穿研究的一种共识。例如，我们常常说一个同学是"好学生"，但是究竟什么样的学生是好学生呢？不同的主体在不同的情境中可能有不同的观点。例如对于体育老师来说，体育成绩好的学生是好学生；对于班主任来说，平时团结同学、努力学习的学生是好学生。显然，在什么样的学生是好学生这个问题上，各个主体都有不同的看法，那么我们如何在我们的调查中对"好学生"概念化呢？

概念应当是为调查目的服务的，当然，这个概念也是在一定范围内达成共识的。一般来说，有以下两种常见的概念化方式。

1）在学习科学的研究中进行概念化时，对于一些常见的大白话式的概念（例如自制力、自信心）等，可以通过阅读相关文献找到合适的被学者们使用的相似概念（如自制力可概念化为"自我调节能力",自信心可概念化为"自我效能")。

2)如果是一些情境中特定的词,则需要在情境中选择一种合适的概念化方式。还是以"什么是好学生"为例,在体育课的情境中,服从体育老师管理、体育成绩好的学生就是好学生。在一个更一般的情境中,则可以认为符合"德智体美劳"五育并举标准的学生就是好学生。

> **小提示**
>
> 评价概念化成功与否主要从两个方面考量:一是这种概念是否足够清晰,且贴近调查的情境,能够服务于自己的调查目的;二是这种概念是否在相关群体内达成了共识。

2. 操作化

完成了概念化后,就需要把这个概念通过某种方式测量出来,通过一组问题和选项,将受访者抽象、主观的观点用数字的形式表达出来。也就是我们通常所说的"做成指标"。例如,你平时使用试卷来进行测验,其实就是将学生"知识掌握情况"这一概念操作化成了考试成绩。一般在学习科学中,对概念进行操作化可以有以下两种常见方式。

1)一些成熟的学术概念有公认的操作化方式。例如学习动机、自我效能等学习科学中的概念可以直接用成熟的心理学量表进行测量。在对这一类概念进行操作化时,可以考虑首先搜集常用的测量工具(如问卷、量表等),然后根据调查的需要对其进行改编。

2)如果有一些概念没有成熟的测量工具可以参考,则可以自己对其进行操作化。自己对某一概念进行操作化时也应注意这种操作化的方式是否恰当,能否真实反映出概念的本质。例如,当操作化"语文成绩"这个概念时,用"期末考试成绩"来进行操作化可能会比用"上次作业成绩"进行操作化更恰当。同时,操作化时也要考虑测量的全面性,即能否全面地反映概念的内涵。例如对于"好学生"这个概念进行操作化时,我们可以从"德智体"三个方面逐步进行操作化,从而细化为多级的多个指标,见表3-1。

到这里,你应该知道如何对调查对象进行概念化和操作化了。现在,请你仿照表3-1对你需要调查的一个或多个概念进行操作化。记住最后得到的操作化指标,然后带着这些指标来编制问卷吧!

表3-1 对"好学生"进行操作化

概念	一级操作化指标	二级操作化指标	三级操作化指标
好学生	德	尊敬师长 友爱同学 ……	对老师的态度 是否服从老师的管理 是否乐意帮助同学 ……
	智	各科成绩好 不偏科 学习能力 ……	语文期末考试成绩 数学期末考试成绩 英语期末考试成绩 自我调节学习能力 ……
	体	肌肉力量 耐力 协调性 ……	1000m跑步成绩 实心球成绩 立定跳远成绩 ……

> **小提示**
>
> 虽然操作化看起来是越全面、越精细越好，但是也要注意越精细的操作化意味着你要问更多的问题，也意味着更高的研究成本。

3.2.4 编制问卷

到目前为止，你应该已经准备好以下的一项或多项内容。

（1）调查目的。

（2）受访者。

（3）调查形式。

（4）无须概念化和操作化的调查对象（如性别、年龄等）。

（5）对主观、抽象的调查对象的概念化和操作化结果（如上文中的"是不是好学生"）。

请检查以上清单，如果你已经准备好了，就请接着看下去！调查问卷的编制过程，可以视为一系列的题项的组合，用于测量一个或多个概念。注意，调查问卷和心理学量表不同，一张心理量表只能测量一种心理构念○（如学习动机、技术接受度等），而一张调查问卷则可以由多个部分构成，例如问卷的开头可以是收集受访者人口统计学信息

○ 构念指英文中的Construct，意为某一学术概念的操作化形态。

（年龄、性别、民族等），中间可以由2~3张量表构成（如学习动机量表、自我效能量表），最后还可以用一些开放式问题收集受访者的意见。总体而言，问卷中的题项可以分为以下两类。

（1）**开放式问题**。在开放式问题中，受访者被要求针对问题做出自己的回答，比如你可以问受访者"你对平板电脑应用于课堂有什么意见或者建议吗？"，然后给出一个空格让受访者填写自己的答案。开放式问题收集到的答案多为非结构化的数据资料，更适合用于质性研究。

（2）**封闭式问题**。受访者被要求在研究者所提供的答案中选择一个。因为封闭式问题能够保证回答具有更高的一致性，并且比开放式问题更容易操作，所以在调查研究中相当流行。李克特量表题、选择题、多项选择题等均属于封闭式问题。

> **小提示**
>
> 李克特量表（Likert Scale）是评分加总式量表最常用的一种，是由美国社会心理学家李克特于1932年在原有的总加量表基础上改进而成的。以常用的5级李克特量表为例，该量表由一组陈述组成，每一陈述有"非常同意""同意""不一定""不同意""非常不同意"5种回答，分别记为5、4、3、2、1，每个受访者的态度总分就是他对各道题的回答所得分数的加总，这一总分可说明他的态度强弱或他在这一量表上的不同状态。类似地，n级李克特量表则根据程度提供了1~n的n种回答。

1. 准备题项

还是以"某个学生是否是好学生"为例，让我们来一起准备量表中的题项。假设根据研究需要，我们要收集受访者的人口统计学信息，包括年龄、性别、年级，还需要根据表3-1中的操作化指标，让每个学生填写问卷，最终收集关于每个学生"是否是好学生"的信息。因此，我们需要为以下内容编制题项。

（1）受访者年龄。

（2）受访者性别。

（3）受访者所在年级。

（4）受访者对老师的态度。

（5）受访者是否服从老师的管理。

（6）受访者是否乐意帮助同学。

（7）受访者语文期末考试成绩。

（8）受访者数学期末考试成绩。

（9）受访者英语期末考试成绩。

（10）受访者自我调节学习能力。

（11）受访者1000 m跑步成绩。

（12）受访者实心球成绩。

（13）受访者立定跳远成绩。

编制题项的过程分为以下几个步骤。

（1）对调查对象的性质进行分类，哪些是可以直接用客观数据回答的，哪些是需要主观填写的，一些内容可以用封闭式问题直接提问。可以发现，其中的年龄、性别、年级、考试成绩、体育项目成绩都是可以直接由客观数据回答的，直接要求受访者填空或选择即可。例如，调查受访者的年龄可以用这样的题项：您的年龄是_____。

（2）对需要主观回答的内容，研究哪些内容是现有的测量工具可以测量的。可以发现，其中的自我调节学习能力可以直接由动机策略量表（MSLQ，可以在https：//stelar.edc.org/instruments/motivated-strategies-learning-questionnaire-mslq上查看问卷形式）等成熟的心理学量表进行测量。可以用李克特量表的形式呈现一个题组。

在表3-2中，我们整理了一些教育研究中常用的心理学量表，你可以根据需要在你的研究中使用。

表3-2 教育研究中常用的心理学量表

测量对象	量表名
学习动机	学习动机量表（Student Motivation Scale，SMS） 学习动机量表（黄希庭教授编制） 内部动机量表（Intrinsic Motivation Inventory，IMI），需要自行填充部分信息，只用于测量内部动机
学习投入	学习动机与投入量表（The Motivation and Engagement Scale，MES），题项也可用于测量学习动机 学习投入量表（Learning Engagement Scale，LES） 学生在线学习投入量表（Online Student Engagement Scale，OSE），用于测量在线学习情境中的学习投入
自我调节学习能力	动机策略量表（Motivated Strategies for Learning Questionnaire，MSLQ），量表前半部分测量学习者的学习动机，包括信念、价值、自我效能、焦虑等，后半部分测量学习策略，包括认知策略、元认知策略、资源管理策略等。一般情况下，MSLQ中的题项可以覆盖与动机、策略相关的大多数学理概念的测量 在线自我调节学习量表（Online Self-regulated Learning Questionnaire），用于测量在线情境中的自我调节学习状态
批判性思维能力	华生-格雷茨批判性思维量表（Watson-Glaser Critical Thinking Appraisal，WGCTA） 康奈尔批判性思维量表（Cornell Critical Thinking Test，CCTT）
学习风格	柯布学习风格量表（Kolb Learning Styles Inventory，KLSI） 弗里德-斯维尔曼学习风格量表（Felder-Silverman Learning Styles Inventory，FSLSI） 提示：学习风格这一概念在学界目前存在较大争议，我们在这里给出了常用的量表以鼓励你进行探索性尝试和研究，但是不建议将其当作成熟、严肃的学理概念在研究中使用

你也可以根据研究需要，在已有文献中寻找作者所用量表名称，并寻找相应量表的

出处。一般来说，硕博士学位论文的附件中可以找到相应量表，有需要时也可以联系文献的作者请求他们的帮助。使用已有的、成熟的量表是开展研究的首选项。

（3）对于没有现成工具可以测量的内容，需要自己开发量表等测量工具。例如，可以针对受访者对老师的态度、受访者是否服从老师的管理、受访者是否乐意帮助同学这三个操作化指标开发李克特量表，每个指标包括3个小题项，见表3-3。

表3-3 编制李克特量表

指标	题项	非常同意	同意	不一定	不同意	完全不同意
对老师的态度	我对老师十分尊敬					
	我觉得老师是我的朋友					
	无论何种情况我都不会顶撞老师					
是否服从老师的管理	我上课总是听从老师的安排					
	我上课有时大吵大闹（R）					
	我不能给老师添麻烦					
是否乐意帮助同学	同学有困难时我会挺身而出					
	同学总是觉得我乐于助人					
	帮助同学是我应该做的					

注：本量表仅作示例使用，并非成熟的量表。

> **小提示**
>
> 需要注意的是，自己编制的量表往往没有经过信效度的检验，未必是合理的测量工具，需要在测量前进行进一步的信效度检验。参见后面的小节。
>
> 表3-3中标注了（R）的题项是一道反转题，或者说是测谎题，在后期的数据处理中可以根据该题上的作答情况筛选掉可能胡乱作答的受访者。同时，测谎题的加入能让你通过克隆巴赫系数等指标更严谨地判断出当前量表的信度。在你的问卷编制中，可以使用这种小技巧。

在准备题项的时候，需要注意以下几点。

问题要清楚。问卷中的问题必须清楚、明确，这点本来是问卷编制的基本常识，但是在实际的研究中做好其实并不简单。在编制问卷时，需要考虑的并不是你自己能否看懂，而是受访者群体能否看懂。例如，对年龄较小的学生进行问卷调查时，要注意考虑他们的词汇量，避免使用过于晦涩难懂或者专业化的术语，要将问题用直白简单的语言表达出来。

避免双重问题。双重问题例如："你是否同意教师多使用平板电脑进行教学，并多布置电子化作业？"这种问题看似是一个提问，但是却包含着两个答案，其中反映了研究者的一种倾向。但是对于受访者来说，可能有的受访者同意教师多使用平板电脑，但是反对布置电子化作业，那么他就不知道这道题该选同意还是不同意了。

避免使用否定性提问。问卷中的否定性甚至双重否定问题极易导致受访者误解，应当尽可能避免使用。例如：不要使用诸如"我不觉得技术产品完全不能帮助学生提高成绩"这类的表述。

受访者必须胜任回答。在要求受访者提供信息时你需要问一下自己：他们能提供有效的信息吗？比如在"某个学生是否是好学生"这个例子中，可能有的学生已记不清自己的考试成绩了，这个时候用学生自填问卷的形式来搜集信息就不能得到准确的数据，因此应该直接翻阅学生的试卷寻找记录在案的成绩。

受访者必须愿意回答。有时候受访者可能并不能直接、坦诚地填写自己的答案。例如在非匿名的问卷中，学生很难在老师发放的问卷中给老师提出尖锐的意见。在编制问卷时必须进行一定程度的换位思考——如果你自己是受访者，你在这种调查形式下会愿意给出自己的真实建议吗？如果答案是否定的，那么可以考虑调整调查形式（如使用匿名化的线上调查）或者以一种更委婉的形式进行提问。

问题要适合。问题对于绝大多数受访者来说必须是适合的。例如，有些事情只有少数受访者才在意，那么这个测量结果就不太有用。比如你在问卷中问："你觉得平板电脑的电池续航时长是否够用？"很有可能在实际使用时学生都是简单完成一项几十分钟的学习任务，远远没有进入对电池续航有要求的场景。那么这道题的答案可能就是无效的。

避免带有倾向性的问题和词语。某人所给回答的意义，在很大程度上取决于措辞——每个问题和答案都是如此。要避免在问题中使用一些具有诱导性用语，例如："我强烈谴责在教学中用信息技术获取学生隐私的做法。"

2. 建构问卷

在准备好了所有题项后，我们可以开始着手"组装"这些题项来得到初步的问卷了。问卷的第一部分应该是问卷说明，简要介绍这个问卷调查的背景，包括调查目的、数据将被如何使用、如何保证受访者的隐私等，这一部分内容与访谈部分的知情同意书相仿。同时也应对填写问卷的方式进行一些简单的说明，例如对李克特量表的作答方式的说明。一份问卷说明应包括以下内容：

问卷说明

简介：
受访者被邀请参加一项什么研究。
是什么原因邀请受访者参与研究。
研究的目的是什么。
回收的数据将被如何使用。

(续)

受访风险：
受访者参与研究有没有什么潜在风险。
收集的数据中是否包含受访者隐私；如果有，将被如何保护。

受访者的权利：
受访者有哪些基本权利，例如自愿是否参与、能否拒绝回答问题、能否中途退出等。

受益：
受访者是否会获得好处，例如小礼物等。

作答说明：
必要的填写问卷的说明，例如如何填写李克特量表。
问卷的题目总量，预计作答时间。

联系人：
受访者在作答中有任何问题，可以联系的人员姓名、电话、邮件等。

准备好了问卷说明后，就可以开始"组装"之前准备好的题项了。问卷的题项需要清晰、有逻辑地组织起来。例如一张问卷里需要收集人口统计学信息、学习动机、学习时长、学习模式等数据，那么相关内容都应被放在一起，以使得问卷看起来条理清晰。但是在一些情况中我们也应该注意，问卷中的问题序列会影响受访者作答。例如在一张问卷的前半部分你让学生填写关于使用平板电脑学习体验的问题，在后半部分的开放式问题中问"你对本课程还有什么建议"，很多学生可能就会把使用平板电脑作为建议加上去，所以这种情况下就需要将开放式问题放在前面。一般来说，我们很难去预判题项顺序带来的影响，但是有经验的调查者通常会注意这一点，并把一些能让受访者感兴趣的题项放在问卷的最前面。同时，有经验的调查者会把人口统计学信息部分（姓名、年龄、职业等）这种枯燥、容易引起受访者警惕的内容放在问卷的最后。

3.2.5 校验和修改问卷

终于初步编制好问卷了！但是要小心，你的问卷中可能还有问题，这个问题可能就出自信效度。接下来我们先简要介绍一下信效度的概念。信效度是针对某个概念的测量来说的。在一般的学习科学研究中，对那些观念性的、抽象的概念（如学习动机、学习兴趣）的测量是需要考虑测量信效度的，而另一些客观数据（如学生年龄、设备数量）等是不需要考虑信效度的。

在学习科学的常见研究中，需要考虑信效度的场景大约有以下两种。

1）翻译或改编了成熟的研究工具（如公认有效的量表等）作为测量某一概念的工具。

2）没有成熟的研究工具可以参考，根据概念化和操作化的结果自行开发了量表工具。

1. 信效度

什么是信度呢？信度又称可靠性，它由两部分构成，一部分是测量结果的一致性，另一部分是测量结果的稳定性。所谓一致性，是指受访者在不同时间使用同一测量方式所得的结果应该相同。所谓稳定性，是指测量结果不随时间和情境的改变而改变。表示某量表测量结果信度高低的数值称为信度系数。在一种理想情况下，估算信度系数的黄金标准是计算"再测信度"，即同一个体两次完成同一份量表后的结果的相关系数。由于很难在实际研究中估算再测信度，一般的学习科学研究常使用内部一致性信度，从量表中各题项结果间的一致性来估计信度。内部一致性信度的相关系数中使用得最多的是科隆巴赫α系数，它接近理想测量信度的最小估计值。一般我们认为，对一个概念进行测量的量表的α系数大于0.6为可以接受的信度，大于0.8是良好的信度。如果α系数小于0.6，则需要重新对问卷进行修订。

什么是效度呢？效度也称有效性，即该测量能真实反映被测量事物属性的程度。比如，我们想测量学生的数学能力，却用了一份英语试卷，那么测量出来的能力并不是我们希望测量的东西，那么，该测量就没有效度。

在学习科学研究中经常考虑的效度是内容效度和构想效度。内容效度指的是测量的内容相对于测量目的的合适程度，用英语试卷测量数学能力，那就是内容效度很低的测量了。对内容效度的评估一般由相关领域专家根据经验进行。构想效度则是一个心理学量表中用得更多的效度概念。构想效度着眼于检验理论上的假设，是指测量内容或试题的选择是根据理论上的假设进行的。在"好学生"这个例子里，我们以分级量表的方式测量了学生在"德"这个评价维度的三个子指标。那么在最终收集上来的数据形态上，对应子指标内的题项得分的相关性应该更高，体现聚合性；而不同指标间题项的相关性应当较低，体现区分性。对构想效度的评估需要借助真实的测量数据进行，一般使用探索性因子分析和验证性因子分析进行评估。

一个好的研究需要同时兼具良好的信度与效度。我们可以把对一个事物的测量比作打靶（见图3-1）：如果说一个测量的信度好，那么它就像每次射击子弹都能稳定地落在一个较小的区域内；如果说一个测量的效度好，那么它的子弹就需要落在靶心。因此，好的信效度意味着准确、稳定地反映事物的真实属性。

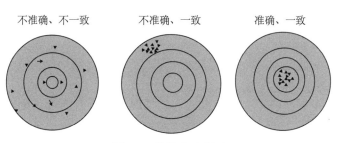

图3-1 信效度示意图

> **小提示**
>
> 信效度是针对某一个概念的测量而言的,如果你的问卷里包含了对多个概念的测量,就需要报告多组信效度系数。

2. 请专家审阅问卷

当你的问卷编制完成后,如果其中包含较多自己开发的问题或者量表,就需要请相关专家对问卷所测量概念的内容效度进行审查。许多研究者出于研究成本的考虑往往会忽略这一步,但是请相关专家来审查量表的内容效度有诸多好处,专家可以就量表中的学理问题、题项表达问题、问卷结构等诸多方面提出建议,或者帮助把握研究的大方向。

如果你没有条件去寻找相关专家帮助审查问卷的内容效度,也至少请一到两位同事一起来对内容效度进行把关,把关时要考虑:"这些题项所测量出来的真的是本研究想要的那个东西吗?"如果不是,则要进行相应的修改。

3. 问卷试测

问卷试测是问卷编制过程中的重要步骤。通过试测你可以对问卷的信效度进行检验,也可以发现问卷中的其他问题(如题项文本表达等)。在学习科学研究中,问卷试测的主要目的是对问卷中需要进行信效度检验的测量工具的效果进行检查。

问卷试测的第一步是选取一定数量的受访者群体中的样本或者与该群体相似的人,请他们尝试填写问卷。观察受访者对一些题目的反馈是否与设想的一样,是否会出现什么问题。如果可能的话,尽可能到现场去观察受访者填写问卷时的反应,收集他们可能遇到的问题,并进一步优化问卷。

当回收试测问卷后,首先统计回收率。回收率是问卷调查成功的关键之一,低回收率不但会提升研究成本,也可能会对研究的效度造成影响:回收率较低可能是一个系统性的事件,回收到的有效问卷的填写者可能只是目标群体中的一部分人,并不具有普遍代表性。因此,如果问卷回收率较低,则需要探明回收率较低的原因,并修改问卷和研究设计。其次,对于问卷中需要进行信效度检验的测量工具(如量表等)进行信效度的检验。如果问卷中涉及的量表是由成熟的量表改编或翻译而来的,一般只需要用科隆巴赫系数计算信度,并用探索性因子分析估计构想效度。如果其中的测量工具(如量表等)是自己开发的,则不但需要使用科隆巴赫系数计算信度,还需要结合使用探索性因子分析和验证性因子分析对构想效度做更严格的检验。具体的操作方法会在本书10.5.6因子分析中进行介绍。

根据试测过程中的回收率、信效度检验的情况,如果有需要,则对问卷的结构和题项进行调整(如改变表达方式、增加或删除题项等),在调整后进行下一轮试测。这一过程可能要重复多轮。

3.3 实施调查研究

3.3.1 确定调查人群

还记得第2章中介绍过的系统误差吗？在调查研究开始之前，你需要根据研究问题来确定调查人群。可以用PICO框架来清楚地描述你的研究所针对的人群总体，并设计如何进行抽样和问卷的发放。

1. 概率抽样

常见的概率抽样方式有简单随机抽样、系统抽样和分层抽样这三种。

（1）**简单随机抽样**。简单随机抽样是最基本的抽样方法，随机抽样可以规避抽样中的系统偏差。简单随机抽样就是通过生成随机数，给你能接触到的总体中的对象赋予编号并进行抽样。

（2）**系统抽样**。系统抽样相对于简单随机抽样来说更具有便利性，即研究者从已有样本的编号排序中选择一个间距（Interval）进行抽样，例如我们可以利用全校学生的学号进行抽样，可以选择学号尾号为"3""6""9"的学生作为我们的调查对象。但是要注意在使用系统抽样的时候，需要确定样本的编号是一个近似随机的数，例如学校没有使用学号尾号来标志学生的性别或者入学年份等，不然将在研究中引入偏差。

（3）**分层抽样**。如果说简单随机抽样和系统抽样的优势在于规避随机误差，那么分层抽样的优势就是提高样本的代表性。设想这样一种情况：一所初中里七、八、九三个年级的学生人数分别是500、100、100，那么如果使用简单随机抽样或者系统抽样得到的样本大多来自于七年级，不能很好地代表八年级和九年级的情况。因此就需要设计分层抽样，在七、八、九年级中分别进行随机抽样，每个年级抽出50人。分层抽样就是在抽样前先将总体分为多个不同群体，设计在每个群体中抽样的数量，然后进行随机抽样。当然，分层的变量可以不止一个，我们可以通过考虑更多变量的排列组合在符合条件的群体中抽取适当数量的样本。例如在该校中，男女生之间的性别比例也不均衡，那么就需要将七年级男生、七年级女生、八年级男生、八年级女生、九年级男生、九年级女生分别作为一个单独的子群体分别进行随机抽样，并且保证各子群体中抽出的样本数量相似。

2. 非概率抽样

除了概率抽样外，在研究条件有限的情况下，例如我们无法获得总体的信息与编号，那么就可以采用非概率抽样。非概率抽样的方式包括目标式抽样、就近抽样和滚雪球抽样。

（1）**目标式抽样**。当你认为某个群体的成员有较好的代表性时，就可以使用目标式抽样。例如，如果你要开展一项针对全国大学生的研究，但是你很难对全国大学生进行概率抽样，因此如果你认为北京大学的学生有较好代表性，能代表全国大学生的情况，就可以专门对北京大学的学生进行调查。

（2）**就近抽样**。就近抽样是研究成本最低的一种抽样方法，即对你能接触到的身边的样本进行调查，就近抽样可能是教师在进行学习科学研究时最常使用的方法，例如可以直接用自己班上的学生作为样本。

（3）**滚雪球抽样**。对于一些研究者自身难以接触到的群体，可以使用滚雪球抽样的方式，即通过现有受访者给你介绍新的受访者来增加你的样本量，这样你就可以源源不断获得新的样本。例如，在对一些特殊群体的调查中，如硕士生和博士生，可以在电子问卷的最后加上一句话，请求受访者将该链接转发给他的同学和朋友，这样你就实现了滚雪球抽样。

可以发现，非概率抽样的可行性更好，但常常伴随着极高的研究风险，因为研究者可能自己也不知道得到的样本具有什么特点，在总体中有何种特征。因此，在使用非概率抽样时，研究者要尽可能全面地了解自己样本的特点，并在研究中尽可能地避免这些特点带来的系统误差。

3.3.2　问卷的发放与回收

实施调查研究是一项事务性工作，相对于准备问卷来说要容易得多。但是行百里者半九十，即使是经过了前期良好设计和校验的问卷，在实际的发放和数据收集过程中也可能出现问题，因此不可大意。

在问卷的发放和回收阶段，有一些需要注意的细节。问卷的发放和回收中最重要的问题是保证问卷的回收率。在发放和回收过程中，应时刻监控问卷的回收率，如果在这一过程中发现问卷的回收率可能会低于预期，那么就应当采取一些措施来提升回收率。例如，可以在这一过程中给受访者发放一些奖品或报酬，或者与未能回收问卷的受访者取得联系，补寄问卷或提醒他们完成问卷填写。同时，在这一过程中也应注意给予受访者一个舒适的受访环境。在需要进行匿名化调查的研究中，要保证收集材料的匿名性。

3.3.3　数据的校验与清洗

问卷数据的校验和清洗由两部分工作构成，一部分事实上应在问卷的发放和回收阶段就同步开始进行，即对回收的问卷数据进行处理，丢弃其中的无效问卷，或对一些无效、空缺的信息进行补全。这样做的好处是能实时估算出当前"真正"的问卷回收率，因为收集回来的问卷也未必是有效问卷。一般会通过空缺的内容和测谎题来甄别无效问卷，对于某些只有部分信息空缺的问卷，可以根据研究的需要决定是否用均值等数值替代来补全。从原则上说，有部分信息空缺的问卷应当在研究中被剔除，因为这部分问卷可能会带来一些信度问题，例如这些空缺可能反映了受访者随意的问卷填写态度。但是在一些情况下，如果信息的空缺是由一些已知的系统性因素造成的，例如问题的选项中没有包含一些特定项，而且这部分问卷信息确实对你的研究有着重要的意义，那么你可以用均值替代等方法进行补全。当然，在人为补全问卷数据后，必须对结论的稳健性进行更加谨慎的考察。

在问卷数据的校验和清洗中，另一部分工作是根据回收的问卷数据对问卷中涉及信效度检验的测量工具的信效度进行校验，以保证最终测量结果的质量，从而保证研究的质量。信效度校验的方式与问卷准备阶段试测后进行信效度校验的方式相同，也将在第10章中进行详细介绍。如果回收的问卷数据其信效度分析结果显示问卷的信效度不佳，最好的选择是放弃本轮调研的数据并寻找可能导致这一问题的原因，重新修订问卷后再重新进行调查。

至此，研究中完整的问卷调查过程就结束了。接下来你可以使用收集到的数据，根据你的研究设计来进行数据的分析，并产出结论。

> **小提示**
>
> 请谨慎使用李克特量表的数据来对一些观点、体验等进行直接评估。在现有的研究中，很多研究使用李克特量表评估个体的体验、观点等，并做出了诸如"因为该题项平均分为4分，大多数受访者给出了非常满意的回复，因此可以认为受访者的体验都很好"这样的结论。值得注意的是，这一类结论是比较"危险"的，因为李克特量表的结果极易受到题项文本、填写情境的影响。例如，对于"我对×××感到满意"之类的题，如果添加一个字，改成"我对×××感到很满意"，那么最终的群体得分就很有可能下降。因此，在学习科学的研究中我们更提倡将同一张量表在两个群体间施测的结果加以比较以产出结论，或者根据得分与"常模"的比较来产出结论。

3.4 拓展阅读

[1] 巴比. 社会研究方法：第11版[M].邱泽奇，译.北京：华夏出版社，2009.（可选择第5、6、9章阅读。）

[2] 张厚粲，龚耀先.心理测量学[M].杭州：浙江教育出版社，2012.（可选择第5、6、7章阅读。）

第4章

用观察揭示学生的学习过程

【案例导引】

小李老师想要了解幼儿园儿童之间的人际交往行为,于是她主动问这些孩子一些相关问题,比如"你们平时都会玩些什么呀?""你最喜欢和哪个小朋友一起玩耍?"等等,并且为了引起孩子的注意,小李老师会主动为他们做一些事情。可是,他发现这些孩子都回答不出什么内容,并且对小李老师的发问表现得很反感。

小王老师没有主动问孩子任何问题,当她看到两个四岁的女孩贝贝和妮妮在一起玩耍时,她只是站在旁边观察整体环境,观察她们的行为,一直看她们玩儿,直到贝贝开始了下面这段对话:

贝贝:"你不能和我们一起玩儿!"

小王老师:"为什么?"

贝贝:"因为你太大了。"

小王老师:"那我坐下来吧。"(她边说边坐了下来。)

妮妮:"你还是太大了。"

小王老师:"那我只看行吗?"

贝贝:"行,但是什么也别碰。"

小王老师:"好。"

在这段时间里,小王老师一直保持着这样一种谦逊低调的姿态,并力图保持幼儿园内孩子们原有的互动模式和行为节奏,同时通过回应式反应的方式将自己融入对方现有的行为惯例之中。直到一周后孩子们主动让她参加进来,一起玩耍,小王老师亲身体验了这些孩子的日常活动规范,深入了解了这些孩子之间的人际交往行为。此时,小李老师恍然大悟,原来了解孩子的行为不能靠直接发问,而应该采用参与型观察的方法,在观察的过程中自然地融入他们的活动中,遵循对方的行为模式,才能深入理解对方。

资料来源:*Entering The Child's World.*有改编.

在开始本章的学习之前,请你与我们一起做一个小游戏。

图4-1中有6个圆圈,每个圆圈内有1个数字,现在请你把相同数字的圆圈(1-1,2-2,3-3)用线条相连,要求是不能超出边框,不能出现任何线与线之间的交叉与重叠。

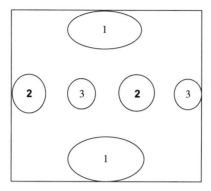

图4-1 观察连线小游戏

接下来让我们看一看正确答案,如图4-2所示。

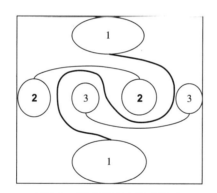

图4-2 观察连线小游戏答案

请想一想,为什么要做这个小游戏?你在连线的时候一定使用了观察的方法——观察各个圆圈之间有什么关系、观察如何用曲线来连接相同数字等。因此,当你做这个游戏时,你就是在观察。

"观察"是一个复合词,是由"观"和"察"组成的:"观"即"看","察"即"想"。因此,你在观察的同时开启了两个认知活动:一个是被动进行"信息的输入",一个是主动进行"解释性的理解"。

每个人眼里都有独特的世界,眼见不一定为实。因此,作为研究者,当你进入现场开始收集所谓真实的一手资料,当你看到一些现象时,你有必要对价值观和前见/前设进行反思。比如,你是一个很喜欢课外活动、很热爱运动的老师,那么在你观察学生时,你便会注意到更多喜爱课外活动的学生。其实并不是你特意想要关注,而是你的经历和感受会使你看到更多和你有相同经历的人，这也是质性研究中常说的"共情"；如果你和被观察者没有类似的情感体验，你也会很难理解他们的感受。

4.1 耳听六路，眼观八方

观察是人类认识周围世界的一个最基本的方法，它通过人的所有感官，尤其是视觉和听觉，来收集对世界的印象，是用一种系统的、带有目的的方式去了解感兴趣的现象。作为研究者，你同样可以通过观察法来收集所需的资料。在上面的"案例导引"中，小王老师通过参与型观察，亲身体验了幼儿园儿童的日常活动规范，获得了小李老师通过提问法所没有获得的宝贵的一手资料。这正是观察的作用。

一般来说，观察可以分为两大类型：日常生活中的观察和作为科学研究手段的观察。日常生活中的观察没有明确的目的性和计划性，人生活在世界上无时无刻不在观察周围的事物，日常生活中的观察是出于人本能的需要。在科学研究中，观察不是自发的、偶然性的活动，而是研究者有目的、有计划的活动。因此，在教育研究中我们所使用的观察都是有目的、有计划的认识活动。比如，你想要从课堂中收集一些学生自学情况的资料用于分析，你便可以通过自身感官或相关辅助工具进行课堂观察，课堂观察就是你获得教学反馈信息、捕捉教学复杂现象的重要手段。

在教育研究中，按观察的标准化程度，观察法也可分为结构化观察和自然主义观察。㊀

4.1.1 结构化观察

结构化观察是指对特定对象进行有计划、系统化的观察，并要做严格详细的可量化记录的一种观察方法。它是为量化研究提供数据资料的一种研究方法。观察者采用一种被动、非侵入性的角色，只记录所研究情境要素的发生率，并将观察结果记录在观察计划中。量化方式的结构化观察往往有一个小范围的观察焦点，将观察到的内容分割成微小的部分，然后再聚合成一个变量。如果你事先知道你想要观察什么，并且希望将一种情况与另一种情况进行比较，那么使用量化方式的结构化课堂观察可能更有效。㊁

4.1.2 自然主义观察

自然主义观察强调观察者捕捉事件的动态本质，观察者要尽可能地从某一个角度，

㊀ COHEN L, MANON L, MORRISON K. Research methods in education [M]. London：Taylor and Francis，2002：305.
㊁ COHEN L, MANON L, MORRISON K. Research methods in education [M]. London：Taylor and Francis，2002：306.

保持情境、对象的真实和完整。在质性研究中，按照研究者参与程度的不同，自然主义观察可以进一步分为参与型观察与非参与型观察两种形式。所谓参与型观察，是指研究者直接参加到所观察对象的群体和活动中去，与他们一起生活、工作，但观察者不暴露其真正的身份，只是进行隐蔽的研究观察，在密切的相互接触和直接体验中倾听和观看观察对象的言行。参与型观察具有开放、灵活的特点，既不破坏和影响观察对象的原有结构和内部关系，又能够深入了解观察对象的文化和行为，并且允许研究者根据研究问题和情境的需要不断调整观察的目标、内容和范围。

比如，在当前的"双减"政策之下，你想了解小学教师受到了什么样的影响，那么你便可以选择你所在的学校，将你的同事（其他教师）作为研究对象，和他们一起生活、一起工作，进行长期的观察，以便对教师们的社会文化情境以及现象的运动过程有一个比较完整的观察，以此捕捉你想得到的信息。再比如上面"案例导引"中的例子，小王老师谦逊低调地亲身参与并体验了幼儿园孩子们的日常生活规范，不仅比较自然地融入了他们的生活，还深入了解了儿童之间的人际交往行为，这正是参与型观察的优点。与参与型观察不同的是，非参与型观察不要求观察者直接进入被观察者的日常活动，观察者通常置身于被观察的世界之外，作为旁观者了解事情发展的动态。观察者在观察的过程中，不提出任何问题，只是客观记录事件发生的进程。因此，非参与型观察是一种比较"客观"的观察，操作起来也会相对容易一些。比如，你想了解内向学生的人际交往行为，你没有以"局内人"的身份参与进去，而是以"局外人"的身份与观察现场保持着一定的距离，你利用自己的文化观念来理解内向学生的交往行为，这就是非参与型观察。不过在一般情况下，研究者通常会使用体验性的观察方式，也就是参与型观察。

有学者认为，参与型观察的主要目的是"从扎根在人类日常生活的有关事实中发掘实践性真理和理论性真理"。[1]你可以通过观察活动掌握有关研究对象的第一手资料。比如，你想要了解学校中有些学生参加青少年小团体是出于一种什么心理，有什么行为方式，那么你可以参与到这些学生的日常活动之中，与他们建立相互信任的关系，只有这样才有可能了解他们的具体行为方式以及他们真实的想法。再比如，你想对聋哑学生进行研究，而他们无法使用语言，你就可以通过观察来获取丰富的信息。

观察可以看作一种主体之间的互动。它不仅使观察者"看"到观察对象，同时也促使观察者对观察对象进行"思考"和"建构"。比如，在上述"案例导引"中，你想要了解孩子们的交往行为，你就可以与这些孩子一起生活，通过自己亲身的体验来获得对对方的理解。因此，当真正将自己放到研究的场景中时，你可以比较深入地沉浸到对方的生活世界，对你感兴趣的现象进行深入研究与分析。

---

[1] JORGENSEN D L. Participant observation: a methodology for human studies [M]. Newbury Park: SAGE Publications, 1989: 132.

4.2 观察的具体操作

在以上内容中我们讨论了什么是观察、观察的类型，接下来我们需要了解观察是如何开始实施的。在实际操作中，观察一般包括以下几个步骤：确定观察问题、制订观察计划、设计观察提纲、进入观察现场、进行观察活动、记录观察资料、整理和分析观察资料、检验研究结果、撰写研究报告等。在观察中，这些步骤并不是独立进行的，它们有着不同程度的交叉和融合。

4.2.1 观察前的准备工作

在观察之前，你需要做一些准备工作，比如，确定观察问题、制订观察计划、设计观察提纲等。

1. 确定观察问题

想要确定一个观察的问题，你首先需要明白观察问题不等于你的研究问题。研究问题是一个相对抽象的问题，是研究者在所要探究的研究现象中提炼出来的、学术界或实践界尚有疑问的问题；观察问题则应该是比较具体的问题，属于次级问题，是研究者在确定了研究问题之后根据观察的需要而设计的、需要通过观察活动来回答的问题。比如，你想要探究"家庭教育与小学生学业成就之间的关系"，那么这便是你的研究问题，你可能需要对多个家庭进行观察，了解这些家庭的生活方式、了解家长和孩子的关系、了解家长教育孩子的方式等。在准备进入观察现场时，你还要提出许多观察问题，比如"孩子平时看哪些电视节目？孩子最喜欢和谁一起玩耍？孩子平时有多大的自主权？"等等。这就是研究问题和观察问题的区别。

2. 制订观察计划

当你进入观察现场时（学校、社区、家庭等），你会发现有非常多的信息向你涌来，这时你就需要决定到底要观察什么，这是很重要的一个环节。因此在确定观察问题之后你便可以设计一个初步的观察计划。我们仍然以"家庭教育与小学生学业成就之间的关系"这个研究问题为例，当你进入家庭，请你思考：你需要记住哪些东西，家里的布置、装潢、家长的外貌，还是应该记住他们穿着什么衣服、用的什么餐具？有太多东西需要你去记住了，所以提前制订观察计划显得非常重要。一般来说，观察计划应该包括以下几部分内容。

（1）**观察目的、任务**：通过观察，你想要达到什么目的？需要完成什么任务？获得怎样的效果？比如，对于上述"家庭教育与小学生学业成就之间的关系"的研究问题，你可能想通过观察促进家庭教育，或者促进家庭教育与学校教育之间的融合，为孩子营造更加良好的教育环境。

（2）**观察内容、对象、范围**：你计划观察什么内容？你想对哪些人进行观察？为什么这些内容、人值得观察？通过观察你可以回答什么问题？你需要明白，当你进入研究现场后，不是所有东西都需要观察，你要选择值得观察的内容。比如，在上例中，你可能需要对学生家庭的布置、装修进行观察，对家长之间的关系进行观察，以及对家长平常教育孩子的方式和生活方式进行观察。

（3）**观察地点**：你打算在什么地方进行观察？这些地方有什么特点？为什么值得在这些地方实施观察？你与观察对象的距离有多远？如果你要观察某一所学校，学校有教室、活动室、餐厅、实验室、卫生间、家访室等地方，这么多地方你都要观察吗？可见，要提前做好观察地点的计划。

（4）**观察方法与手段**：你打算用什么方式进行观察，用参与型观察还是非参与型观察？实施观察是否需要辅助工具（比如录像机、录像笔等）？使用这些工具会有什么利弊？如果不能使用应该怎么办？比如，你需要考虑要以怎样的方式进入观察现场（比如家庭中），在观察中只用肉眼观察，还是需要通过录像机等工具辅助你观察学生的家庭生活？

（5）**观察时间安排**：你打算在什么时间进行观察？一次观察多久？两次观察间隔多久？你为什么要这样安排时间？比如，你需要考虑在什么时间去学生家庭中观察，隔多久去一次，一次观察多久，还要考虑这样的时间安排会不会给学生家庭带来一些困扰等。

（6）**效度**：观察中可能会出现哪些影响效度的问题？你打算如何处理这些问题？你计划采取什么措施获得比较准确的观察资料？

（7）**伦理道德问题**：观察中可能出现什么样的伦理道德问题？你打算如何处理这些问题？你如何使自己的研究尽量不影响观察对象的生活？如果需要，你怎样帮助观察对象解决生活中的困难？这么做对你的研究会有什么影响？

3. 设计观察提纲

在初步制订观察计划后，你便可以开始设计观察提纲了，从而将想要观察的内容进一步具体化。观察提纲应该针对那些可以观察得到的、对回答观察问题具有实际意义的事情来编制。你可以先确定想要观察的具体内容，然后将这些内容分类，分别列入观察提纲。一般来说，观察提纲应该包括但不限于以下6个方面的问题，也就是6W法[1]。

（1）**谁？**（有谁在场？有多少人在场？他们是什么人？他们是什么关系？这是一个什么样的群体？谁是群体中的负责人？谁是追随者？）

（2）**什么？**（发生了什么事情？在场的人有什么行为表现？他们说/做了什么？他们说话时做了哪些肢体动作？他们的互动是怎么开始的？哪些是常规行为？哪些是特殊表现？不同参与者在行为上有什么差异？他们行动的类型、性质、细节、产生与发展的过程是什么？在观察期间他们的行为是否有所变化？）

---

[1] GOETZ J, LECOMPTE M. Ethnography and qualitative design in educational research [M]. Orlando：Academic Press, 1984：235-237.

（3）何时？（你观察的相关行为是什么时候发生的？这些事件或行为持续了多久？出现的频率是多少？）

（4）何地？（你观察的事件或行为是在什么地方发生的？这个地方有什么特点？在其他地方是否也发生过类似的事件或行为？）

（5）如何？（这个事件或这种行为是如何发生的？这个事件的各个方面之间有什么关系？发生的各个事件或行为是否有所相同或不同？）

（6）为什么？（这个事件或这种行为为什么会发生，即是什么原因促使其发生？对于发生的事件或行为人们有哪些不同的看法？人们行为的目的、动机和态度是什么？）

通过上述6个问题，能够看出观察提纲具有一定的开放性和可变通性，观察提纲只提供了一定的框架，为观察活动提供一个大致的方向。当你进入研究现场进行观察时，你应该根据当时当地的具体情况对观察提纲进行调整。

除此之外，国内也有不少学者提出了课堂观察框架，例如崔允漷的"4要素20视角68观察点"课堂观察框架（见表4-1）[一]，以及夏雪梅的以学习为中心的课堂观察"五维框架"（见表4-2）[二]，都能为你的课堂观察提供良好的思路。

表4-1 崔允漷"4要素20视角68观察点"课堂观察框架

要素	视角	观察点举例
学生学习	准备 倾听 互动 自主 达成	以"准备"视角为例，有三个观察点： 学生课前准备了什么？是怎样准备的？ 准备得怎么样？有多少学生做了准备？ 学优生、学困生的准备习惯分别是什么样的？
教师教学	环节 呈示 对话 指导 机智	以"环节"视角为例，有三个观察点： 课堂由哪些环节构成？是否围绕教学目标展开？ 这些环节是否面向全体学生？ 不同环节的时间是如何分配的？
课程性质	目标 内容 实施 评价 资源	以"目标"视角为例，有三个观察点： 预设的学习目标是什么？ 目标是根据什么（课标/学生/教材）预设的？是否适合全体学生？ 在课堂教学中是否生成新的学习目标？
课堂文化	思考 民主 创新 关爱 特质	以"思考"视角为例，有三个观察点： 学习目标是否关注高级认知技能？ 教学是否由问题驱动？与学生的认知水平关系如何？ 怎样指导学生开展独立思考？

[一] 崔允漷. 论课堂观察LICC范式：一种专业的听评课 [J]. 教育研究, 2012, 33（5）: 79-83.
[二] 夏雪梅, 王枫. 融入学习基础素养的课堂观察与变革 [J]. 上海教育, 2020（16）: 62-65.

表4-2 夏雪梅以学习为中心的课堂观察"五维框架"

维度	观察单
学习目标的达成观察	观察单1：目标处理——表层分析单 观察单2：目标处理——深层分析单 观察单3：目标–教案环节一致性的观察简案 观察单4：目标–上课环节一致性的观察简案 观察单5：学生学习进步度的分层观察单 观察单6：关键学习点的观察纲要 观察单7：关键学习点的量规观察单 观察单8：关键学习点的执行观察单
个体学习过程观察	观察单9：迷思概念的白描和分析单 观察单10：观察学生认知水平的SOLO单[①] 观察单11：学生学习活动的观察编码清单 观察单12：课堂自主学习活动分类观察单 观察单13：学生作业观察单 观察单14：基于深度学习的课堂评分系统
群体合作学习观察	观察单15：基于合作要素的学生合作质量观察单 观察单16：合作学习的白描单 观察单17：合作学习的话语分析单 观察单18：合作学习中的教师适宜行为观察单
积极学科情感观察	观察单19：学生学科情感水平行为参照单 观察单20：积极课堂情感教师自评表
同伴社会关系观察	观察单21：师生课堂互动的微观政治分析 观察单22：社会关系量表 观察单23：不同社会关系的学生学习白描单

4.2.2 通过记录收集数据

就教师局部的教学行为而言，如果教师的观察是为了眼下的判断和立即要采取的教学行动，有些观察显然是不需要做记录的；而就教师全部的教学行为而言，观察应该是一种有目的、有计划的活动，因此记录观察到的内容是收集数据最重要的一个环节，也是必不可少的一个环节。首先，人的记忆是有限的，你不可能将所有观察到的内容都储存在大脑里。记录下来的内容至少可以为你事后分析问题提供基本的文本，总是比你凭空回忆要更加可靠一些。其次，有规律的记录和良好的记录工具，不但本身具有十分重要的意义，而且能够产生许多附带的、有时候是不期而至的效益。书面的记录比大脑的记忆，在客观性和真实性上更有保证，更不容易随着时间的推移而消退。通过逐字逐句地将自己观察到的内容记录下来，我们对这些内容会记忆得更加深刻。再次，记录是对

[①] SOLO（Structure of the Observed Learning Outcome）即"观察到的学生学习结果的结构"。

现象进行重新整理、在意识中进行澄清和思考的过程。在教师的记录中，这个思考的过程具有多方面的重大意义：记录能够规范、便利教师的观察，使观察成为一种习惯，保证有效、省时，它也会使教师在以后观察的时候更有方向性。最后，观察记录对教研活动、教师之间的合作交流以及家校信息沟通等起到媒介作用。它是教师个人档案库的重要部分，是其日后进行自我反思和专业提升的基础。

在实施观察活动时，除了通过眼睛、鼻子、耳朵等感觉器官进行观察外，也可以使用其他仪器设备（录像机、录音笔），还可以使用笔对观察的内容进行记录。下面介绍两种主要的课堂观察记录方式。

1. 结构化观察记录方式

结构化观察是一种非常系统的、量化的观察方法，能够使研究人员从观察中生成数据。表4-3是结构化课堂观察的一个示例。其中第一列代表7种师生互动对话的类型以及4种对话的性质，每行的20格的数量代表20个30秒时段的共10分钟内的情况。

表4-3 结构化课堂观察示例

		1	2	3	4	5	6	7	8	9	10	11	12	13	14	15	16	17	18	19	20
师生互动对话类型	一个学生对一个学生	/	/	/	/																
	一个学生对多个学生					/	/														
	一个学生对老师															/	/	/			
	多个学生对老师						/	/	/	/											
	老师对一个学生																	/	/		
	老师对多个学生																		/	/	/
	学生对自己																				
对话性质	手头任务					√	√							√	√	√	√	√	√	√	√
	过去任务							√	√	√	√	√									
	未来任务																				
	非任务	√	√	√	√																

注：/代表对话参与者，√代表对话性质。

> **小提示**
>
> 在做结构化观察的观察计划时应注意事项：
> （1）正式观察前需要决定观察的焦点（人和事件）、观察频率（每30 s、每60 s等）、观察期的长度（如1 h）以及在适当的类别中要输入的相应代码等。

（2）观察的类别应是全面具体且相互排斥的，不存在重叠的类别。

（3）观察计划的每列都有时间间隔，观察者必须在时间间隔内在相应单元格中输入数据。

（4）由于需要快速扫描类别，因此观察者需多加练习，直到能够熟练且一致地输入相关数据。

结构化观察会使你花费大量时间进行前期准备，但进行数据分析时应迅速处理。如果你想要进行更密切、更详细的观察，那么记录的间隔时间可能非常短；如果需要较少的细节，那么记录的间隔时间可能会较长。在此，我们将提供三种将数据输入结构化观察计划的方式[一]。

（1）**事件采样**。事件采样需要你将每次课堂观察到的每个语句都输入一个计数标记，见表4-4。

表4-4 事件采样计数标记

事件	计数标记
教师发言	/////
学生独立发言	//
学生群体讨论	//

你需要提前设计出能够提供研究问题所需的数据的陈述。通过事件采样，你可以找出观察到的情况或行为的频率或发生率，以便进行比较。然而，事件采样仅能够为你提供观察到的情况或行为的频率或发生率，却无法提供这些数据发生的准确时间顺序，这会影响到对情况或行为的准确理解。

（2）**瞬时采样**。如果你认为事件发生的时间顺序很重要，那么就有必要使用瞬时采样，瞬时采样也称为时间采样。瞬时采样要求以标准的时间间隔输入所观察到的内容，例如每30秒、每1分钟等。例如，假设采样是每30秒记录一次，数字1~9表示每30秒的间隔，见表4-5，因此在这个课堂情境中，你不仅能够记下270秒内发生的课堂互动，还能确定教师与学生互动的时间顺序。

表4-5 瞬时采样计数样例

事件	1	2	3	4	5	6	7	8	9
教师发言		/	/		/		/		/
学生独立发言				/				/	
学生群体讨论	/					/			

⊖ COHEN L, MANON L, MORRISON K. Research methods in education [M]. London: Taylor and Francis, 2002: 306-310.

（3）**评级量表**。这种方式要求观察者对观察到的事件做出一些推理与判断，并将结果输入评级量表中。在表4-6的样例中，观察者需要从低到高对课堂观察中观察到的事情做出推理与判断。

表4-6 评级量表样例

事件	1	2	3	4	5
教师及时鼓励			√		
学生积极表现	√				
教师干预不正当行为		√			

注：1=一点也不；2=很少；3=一点；4=很多；5=非常多。

使用评级量表需要注意的是，评级量表的方式强调观察者的推理与判断，因此这可能会使得观察结果带有一定的主观性。

2. 自然主义观察记录方式

自然主义观察通常采用质性的课堂观察记录方式。你可以根据观察的问题、内容、地点、时间等灵活选择质性观察记录方式。一般来说，在观察初期，你可以先就观察的现场画一张现场图，现场图是观察过程中十分有用的一个手段，能够对观察现场提供一个直观的、二维的、超越语言表述的展示图像。现场图（见图4-3）不仅应该包括现场的物质环境（比如教室的桌椅板凳的布置、墙上的图片和标语等），还应该包括观察现场的人文环境（比如学生就座的位置、教师活动的范围等）。在观察的过程中，如果你发现观察现场的某些物品的摆设或人员位置有变动，则可以随时画新的现场图。现场图画好后，你还应该在下面附上一段文字，这段文字不仅应该包括对观察现场的比较详细的说明，还应该包括观察者来到观察现场的第一印象。

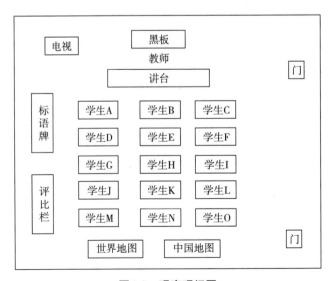

图4-3 观察现场图

（1）**根据结构性划分记录方式**。开放的日记式或轶事式记录常用于局部观察、随机观察，类似于日记或记叙文。这种记录常常是个案研究，或是对某一个特定问题的思考；它追求"质"，不保证"量"；它常常没有预先的结构，不对情境做人为的分解，而是尽可能地从某一个角度，保持情境、对象的真实和完整。对于特定事件的记录，无论是以事后还是现场的方式，都应当尽可能地包括以下要素：原始记录、记录者的观点和理解、完整的过程和场景。

案例4-1

下面是一位幼儿园老师对其幼儿园的某个孩子的轶事记录表，其中包含了他对当时的场景描绘、行为剖析以及行为跟进办法。

观察者：	观察目标：
观察时间：	观察地点：午睡室、教室

场景描绘：

现在已是下午2:05了，再过10分钟小朋友们就要预备起床了。我按例巡视了一圈儿，有的小朋友开始在床上动来动去，有的小朋友则睁着眼睛安静地躺在床上，只有包含小雪在内的少量幼儿还在熟睡中。

很快就到了下午2:15，我开灯让所有小朋友们起床、穿衣服，那些本来在熟睡中的小朋友也被邻床小朋友喊醒了，只有小雪一个人还在睡着。我走过去，悄悄地拍了拍他的被子，说道："小雪，起床啦！"如此重复几回，他总算悠悠地转醒。我看他醒了，就去协助其他小朋友叠被子。可没想到一直到下午2:30左右，其他小朋友基本上已坐下吃点心了，有的甚至已经吃完了，他还坐在床上。我过去敦促他，他仍是一副没有睡醒的姿态。在我的重复提醒下，他才慢悠悠地穿完衣服。

我去给几个女孩子梳头发。没想到小雪坐在地板上用极其缓慢的速度穿鞋子。在我的重复敦促下，他才慢吞吞地去自己的桌子前面坐下，一边吃点心一边跟其他小朋友说话，有时候还会发一瞬间呆。在我的不断提示下，小雪总算吃完了点心，果不其然，他是全班最慢的一个小朋友。

行为剖析：

小雪这个小朋友的状况比较特别。由于他父母的工作十分繁忙，所以他现在的饮食起居均由他的奶奶来照料。我也跟他的奶奶简略交谈过，并做了如下剖析：

首先，小朋友难免有点不适应，毕竟放假歇息在家的作息时刻和幼儿园的作息时刻不同。

其次，奶奶毕竟不像妈妈，尽管奶奶很关心小雪，但难免有所疏漏。

再次，家里很少有小朋友来玩，所以没有对比。

最后，这个年龄段的孩子集中注意力的时间很短，注意力很容易转移。

（续）

> **行为跟进办法：**
> （1）**多给小雪训练的机会**。比如，就算他很慢也要让他自己起床、穿衣服、穿鞋子。对这些作业熟练了，自然速度就快了。
> （2）**树立规则**。比如，要求小雪5分钟内吃完点心，超过时间就坚决收走食物。孩子为了不挨饿，就会快点儿用餐。
> （3）**竞赛法**。比如，可让小雪与其他小朋友进行吃饭竞赛、穿衣服竞赛、走路竞赛。小朋友好胜心很强，一定会加快速度的。

（2）**表格记录**。这种记录方式在整体观察、结构观察和实验观察中经常使用，它根据预先设计好的表格对场景中的内容进行反映和判断。表格记录根据观察的目的（常规性或问题性）、观察的时间跨度，观察表可以分为以下四种：常规性-长期性观察表，常规性-阶段性观察表，问题性-长期性观察表，问题性-阶段性观察表。

一般来说，我们对观察活动进行记录应按时序进行，所记的事情之间要有连续性，这有利于日后分析时的查找，也能够保留大量有关事件的细节，以便今后为建构理论提供具体的素材。在质性的课堂观察记录中，我们通常可以设计一个比较简单的观察表，包括时间、描述性事实以及解释性思考。"描述性事实"部分记录的是研究者在观察中看到和听到的"事实"，是可以感觉和知觉到的东西，如果这部分记录了被观察者所说的原话，应该用引号标识出来，以区别研究者的重述或说明。"解释性思考"部分记录的是研究者本人对观察内容的感受和解释，是对研究者的同步思考活动的一个现场记录，这一部分非常重要，应该及时记录下来，但要注意与"描述性事实"分开。表4-7是常用观察表的样例。

表4-7 常用观察表样例

时间	观察到的事实	观察者的解释和分析
8：00	教师走进教室，学生一起站起来，大声说："老师好！"	学生似乎已经形成一些固定的课堂规则
8：05	教师手捧课本，开始念书上的内容	教师似乎对教学内容不太熟悉
8：10	教师问了一个问题："秦始皇是什么时候统一六国的？"所有学生立刻翻书找答案	教师问的问题都是事实性问题，总需要学生从书中找答案
8：15	学生回答问题之前都先举手，等待教师点名	学生没有即兴回答问题的可能性，教师将课堂控制得很严

同样，你也可以设计一些更细致的观察记录表格。比如舒兹曼和施特劳斯将现场观察笔录分成四个部分[○]："实地笔记"，专门用来记录观察者看到和听到的事实性内容；

[○] SCHATZMAN L, STRAUSS A. Field research strategies for a natural sociology [M]. Englewood Cliffs, NJ: Prentice-Hall, 1973: 580.

"个人笔记",用来记录观察者个人在实地观察时的感受和想法;"方法笔记",记录观察者所使用的具体方法及作用;"理论笔记",用于记录观察者对观察资料进行的初步理论分析。

实地观察表样例见表4-8,从中可以看到舒兹曼和施特劳斯的记录方式是如何使用的。

表4-8 实地观察表样例

时间	实地笔记	个人笔记	方法笔记	理论笔记
8:00	教师走进教室,学生一起站起来,大声说:"老师好!"	我很久没有看到如此规矩的课堂了,着实吓了一跳	我坐在教室的前2/3处,没有看见所有学生的动作	该课堂似乎很重视规则的建立
8:05	教师手捧课本,开始念书上的内容	教师似乎对教学内容不太熟悉	这只是我的推测,也许教师另有原因才念课本	似乎教师授课内容都是根据考试内容来进行的
8:10	教师问了一个问题:"秦始皇是什么时候统一六国的?"所有学生立刻翻书找答案	……	……	……
8:15	学生回答问题之前都先举手,等待教师点名	……	……	……

(3)根据观察的时间划分。

1)现场记录:现场记录所获得的完全是第一手资料,相对而言容易保证局部和细节的真实性,缺点是它只能记录行为(广义)的片段,以及一些突出的或者有显著意义的行为,而不可能是全面的、完整的和连续的,尤其不容易注意到一些潜在的、次要的或场景外部的因素和影响,因为观察和记录同时进行,在时间和精力上得不到充分保障。当然,如果条件允许,除了在现场笔记中记录细节这种方式外,还有一种强大的记录手段——视听记录,全面的视听记录能够使上述困难得到一定程度的缓解。

> **小提示**
>
> 视听记录既能够减少对观察者先前解释的依赖,又能够减少只记录频繁发生的事件的可能性。然而需要注意的是,使用视听手段记录数据必须谨慎,因为现场的录像录音设备可能会使参与者具有选择性从而影响到观察者的观察结果。

2)事后回忆记录:这种方式用于开放的记录。采用事后回忆记录方式通常与以下因素有关:观察者采取深入的参与型观察,完全卷入当前的事件中去,不能分心做观察记录,或者为了避免对观察对象产生不必要的干扰,不得不采取事后回忆的记录方式;记录一个连续而完整的事件；人对环境的知觉是整体知觉，其间获得的大量信息都是本人没有意识到也不能意识到的，因此，在观察的过程中，现场没有意识到，事后却可能因为某种联想或触动而回忆起来，从而可以大大丰富记录内容的背景和细节。

3）**现场和事后回忆相结合**：在当前的社会科学中，在进行个案记录或深入访谈的时候，由于基本上不可能在现场记录完整的事件或行为，但又要保证第一手的、真实的和一些瞬间的信息得以记录，所以研究者经常采取现场记录和事后回忆记录相结合的方式。例如观察者用速记的方式或者借助录音和录像的手段记录下若干重要的片段，然后进行事后的整理和回忆，就可以得到一个完整的记录。

> **小提示**
>
> 实地观察做笔录时，如果有些细节记不下来，可以先使用一些代号或缩写形式，事后再找机会追记详情。
>
> 观察时尽可能地将所有事情都记下来。因为随着研究的深入，一些你在研究前期认为不重要的事情会在研究后期变得重要。
>
> 在对事物命名时，要考虑观察对象的文化背景，需要找到既可以比较确切地描述你所观察到的事情，又可以使读者确切理解你命名的意思。

4.2.3 实施一次观察

在做好观察前的准备工作以及了解观察记录方式后，你便可以进入观察现场进行实地观察了。观察的步骤一般是从开放到集中，先进行全方位的观察，然后逐步聚焦。在这个过程中，观察者都会面临如何选择观察内容、如何与观察对象互动以及如何进行观察的反思活动等问题。

1. 选择观察内容

无论是在观察前、观察中还是观察后，你都需要选择观察内容。你可能会反复问自己："我到底想要观察什么？什么内容值得我去观察？我观察的内容范围应该在多大？"比如，你在观察一所学校的操场时，看到许多学生在进行课外活动，你是否应该注意到这些学生呢？如果应该注意，你应该注意哪些方面呢？学生的数量、行为动作、穿着打扮、交谈内容、学生之间的互动方式，还是观察操场的环境、器材设备？很显然，无论怎样努力，你都不可能关注到所有的行为或事件。因此，你需要选择观察内容，而且要有意识地进行选择。

我们如何做到有意识地选择呢？有学者认为，无论对什么现象进行观察，我们都必须时刻牢记自己的研究问题。[1]只有研究问题明确了，才能确定观察的重点，然后才能对

---

[1] 陈向明. 质的研究方法与社会科学研究 [M]. 北京：教育科学出版社，2000：244.

所看到的事件进行选择。沿用上例，如果你的目的是了解操场的各种体育器材，那一定要观察这些器材的数量、类型、颜色、新旧程度等。但如果你观察的是学生在课外活动时的行为互动，当然应该注意学生的数量、行为动作和交谈内容。当然，如果你想要了解这些体育器材对学生课外活动的影响，那么就要观察学生使用器材的情况等。总之，你在选择观察的内容时，一定要首先明确你的研究问题。

研究问题决定观察内容，但是在一些情况下观察内容也可能会对研究问题产生影响。你可能事先已经准备好了研究问题，但是到达现场后，发现自己观察到的内容与原来的设计和计划不太一样，此时你也可以改变自己的研究问题。沿用上例，如果你想对校园文化进行研究，那么应重点观察学生在操场上的课外活动情况；结果却发现所在校园非常拥挤，根本没有操场，没有体育器材供学生使用，那么你完全可以将自己的研究问题改成对学生课间活动的研究，重点观察学生下课后在教室内或走廊上开展活动的情况。

2. 开放式观察与封闭式观察

一般来说，在观察初期我们会采用开放式观察，以一种开放的心态对研究现场进行全方位的、整体的、感受性的观察。你应该尽量使用你的所有感觉器官，包括视觉、听觉、触觉、嗅觉等，全身心去体会现场所发生的一切。在本章开始的"案例导引"中，小王老师想要研究幼儿园儿童之间的人际交往行为，他首先对两位儿童所处的环境有了比较完整的、全方位的了解，接下来很低调地观看两位儿童玩耍，直到他可以自然地融入两位儿童的娱乐活动中去，通过自己的亲身参与体会两位儿童的行为方式和日常活动规范。

在对观察现场获得整体性感受的同时，作为观察者，你还应该训练自己对周围事物的敏感和反思能力。在进入现场的那一刻，我们就应该问自己：这是一个什么地方？这个地方有什么特点？这个地方物品是如何摆设的？在场有多少人？他们都是什么角色？他们之间是什么关系？他们的年龄、性别、穿着和行为举止有什么特点？这些人在这里干什么？在询问这些问题的时候，我们不仅要了解在场有哪些人和物品，而且要知道这些人和物品所处的状态以及他们之间的关系。

封闭式观察是一种事先设定了角度和内容的观察方式，只对某一类行为进行观察，而且对观察到的内容进行量的计算。然而在观察初期，观察者应以开放式观察为主，观察记录应该全面、整体地进行描述，你要尽可能地记录下所有看到、听到和体会到的东西。如果研究现场对你而言是一个陌生的环境，那么你就会对周围事物有着敏锐的觉察力，你更应该及时将这些感觉记录下来。如果你已经非常熟悉研究现场了，那么你也应该保持开放的态度，也许这一次对现场的观察会有不一样的收获。

3. 聚焦观察内容

在观察初期，我们通过开放式观察对现场有了整体性的认识，之后便可以聚焦观察内容了。聚焦的程度取决于研究的问题、具体的观察对象以及研究的情境等因素。假如你想对初入学的一年级小学生的人际交往行为进行研究，你的研究问题是"刚入学的小学生相互之间是如何认识的"，那么你观察的焦点最终就需要落到学生相互交谈的具体内容和行为动作上面。而如果观察的问题是"刚入学的小学生是如何邀请对方一起玩游戏的"，那么你观察的焦点落到小学生的游戏内容和方式上就可以了。

要注意，即便是聚焦观察内容，也要注重观察的开放性和灵活性。虽然观察的内容聚焦了，但是仍然允许在观察过程中出现新线索，你应该对所有可能性抱有开放的态度。此外，观察的方式也应该保持灵活，应综合调动各种感官捕捉信息。

4. 观察反思活动

在观察中，你除了应该对自己所看到和听到的事实进行描述以外，还应该反思自己是如何看到和听到这些"事实"的，在观察的过程中你自己是如何思考的。这种反思活动可以在表4-8实地观察表中"个人笔记""方法笔记"和"理论笔记"部分记录，也可以通过事后写备忘录的方式加以记录。

在进行观察活动和做观察记录时，你可以从许多方面反思自己的思维方式和使用的方法，其中最重要的几个方面是：作为观察者，你进行推论的依据、本人的心情对观察的影响，以及你的叙述角度。⊖

（1）**观察者的推论**。从上述讨论可知，观察活动不是一个简单的感知活动，不可能不经过你的思考与推论。因此，在开启观察活动时，你需要理性思考，有意识地对自己的推论进行反思，避免将自己主观的前设带入客观的事实中去。比如，一位教师对班上小学生上室外体育课时的人际交往行为进行观察时做了如下记录："同学们一到自由活动时间就开始自己选择站位，大部分都选择和自己关系好的站在一起。"这个记录除了对学生的行为进行了描述以外，还夹杂了观察者本人对学生意图的推论。其实仅从这段记录所描述的学生的外显行为中，我们很难知道他们是在"选择"站位，也很难知道他们选择的伙伴是"关系好的"。很显然，这位教师在这段记录里加入了自己对学生的了解，对学生行为做了主观的判断与推论。因此，为了使那些不了解该班级情况的读者能够理解教师是如何得出这个推论的，教师可以在实地笔记部分写下"同学们一走进操场就左顾右盼，眼光从一个同学移向另一个同学；在30名同学中，有26名在站好之前或站好后与他们旁边的人说话、微笑或者拥抱"，然后在"个人笔记"部分写下"我想同学们是在自己选择站位，而且大部分都是选择和自己关系好的站在一起"。

如果你对自己的思维活动意识不足，在做观察时就很容易从自己看到的"事实"推出错误的结论。比如，一位教师在对学生的美术课进行观察时，看到很多女生都画了白雪公主，因此在笔记中写道："很多女生在纸上画了白雪公主，好像女生都喜欢白雪公主。"而画白雪公主和喜欢白雪公主也许并没有直接的因果关系。这些女生画白雪公

⊖ 陈向明. 质的研究方法与社会科学研究 [M]. 北京：教育科学出版社，2000：254.

主，也许是因为白雪公主比较好画，也许是看到其他同学都在画，也许是她们私下商量好的……这种假设可以一直进行下去。因此，你在写观察笔记时，一定要将事实与推论区分开来。更加重要的是，在进行推论时你应该给出相应的证据，仔细检查自己的前设。只有获得足够的证据，你才能比较自信地在观察的反思部分写下自己的初步推论。

（2）**观察者的心情**。除了观察者的推论外，观察者的心情也会影响观察的效果，也需要在反思部分进行记录。比如，在课堂中，一位教师对学生进行观察，在他得知某位学生是"调皮捣蛋"的"坏学生"后，他对这位学生产生了"不好"的感觉，认为他"太差""太捣蛋"，于是这位教师将观察的焦点转向了认真听课的"好学生"，放弃了对"坏学生"的仔细观察。这个例子表明，观察者的心情也会影响其观察行为与效果。因此，作为观察者，你需要密切注意自己的心情，并在"方法笔记"部分记下自己的情感反应。

（3）**观察者的叙述角度**。观察者在做实地记录时，一般需要保持第三人称的角度，对客观事实进行如实记录。因此，观察者的叙述角度也是很重要的反思部分，需要认真思考。比如，下面这段记录表现出观察者叙述角度的混淆："坐在我对面的小男孩在画一些东西，他看起来很难过。"这里，观察者认为小男孩"很难过"，事实上这是他的推断，也许那只是小男孩扮鬼脸的小表情。

> **小提示**
>
> 观察的注意事项：
> 1）反思自己观察的方法与叙述角度。
> 2）了解自己的观察习惯、价值倾向和前设。
> 3）明确自己的推理依据和过程。
> 4）观察者同时也是被观察对象。
> 5）如果可以，走近观察对象并且走进观察对象。

4.3 拓展阅读

[1] 陈向明.质的研究方法与社会科学研究[M].北京：教育科学出版社，2000.（可选择第15、16章阅读。）

[2] 夏雪梅.以学习为中心的课堂观察[M].北京：教育科学出版社，2012.

[3] 沈毅，崔允漷.课堂观察：走向专业的听评课[M].上海：华东师范大学出版社，2008.

第5章

用访谈更好地理解学生

【案例导引】

　　小王老师今天气呼呼地回到办公室，说他们班的捣乱鬼林东和李越总是在上课的时候故意扰乱秩序，今天因为一把尺子掉在地上，两个人就大呼小叫！小王老师很气愤，罚他们在午餐时站在教室后面反省。

　　小王老师的师傅张老师觉得这件事情处理得过于简单粗暴，随后她与小王老师和两位同学分别进行了访谈。她了解到小王老师作为年轻的新手老师总是担心压不住学生，怕自己的威信建立不起来。他的课堂秩序不是很好，特别是当林东和李越这两个学生有不当行为时，每次，小王老师都会惩罚他们，因为在他看来，林东和李越是一群捣乱学生的"小头目"，惩罚他们也是为了给其他学生做个警示。然而，林东和李越对这一事件有不同的看法。尽管对老师的惩罚有点担心，但他们还是会故意惹老师生气。他们的解释是：班上同学都不喜欢小王老师，因为他太严厉了，经常对琐碎的事情吹毛求疵；通过与小王老师较量，他们二人在其他同学眼中赢得了英雄地位，偶尔耽误一点午餐时间不过是小小的代价而已。

　　张老师的访谈揭示了不同人对同一事件的不同看法。小王老师和学生都认为自己在这种经常性的对抗中取得了胜利：小王老师觉得因为他惩罚了林东和李越的不当行为，所以课堂上的不当行为会停止或减轻一段时间；而学生觉得他们挑战了老师的权威，这提高了他们在同龄人眼中的地位。由于双方都认为这种交互体现了自己的成功，因此他们都认为这种互动模式应该继续下去……基于访谈获得的这一发现，张老师判断这样的互动模式是无法解决问题的。

　　资料来源：*An Introduction to Classroom Observation*.2nd ed. 有改编。

5.1 一种特殊的交流：访谈

日常生活中你每天都在和别人交谈，而作为研究者，你也可以通过交谈来收集研究的资料。在本章的"案例导引"中，张老师通过与小王老师以及林东和李越的访谈，获得了他们对于自己行为的经验和解释，发现了师生间的互动实际上是无效的。这样的发现往往无法通过观察等方式获得，而这正是访谈特别是深度访谈的优势，"你可以了解你无法用眼睛看到的东西，也可以对你用眼睛看到的事情寻求另一种解释的方式。在被你的问题所激发的谈话中，你可能会在意想不到的交谈中获得出乎意料的收获"。㊀

访谈可以在一个访谈者与一个受访者之间进行，这样的访谈常被称为一对一的访谈；也可以是一个或多个访谈者对多个受访者，这样的访谈被称为焦点团体访谈。传统的访谈多半是面对面的访谈，而在线访谈也正在成为一种可行的访谈方式，特别是在访谈者不容易接触到受访者的时候，比如你要访谈因为生病而居家学习的学生，那么在线访谈就是一个可行的方式。当然，在线访谈可能损失一些面对面访谈中才有的线索，比如与受访者的眼神接触、受访者的身体动作等。

访谈一般是由问题引导的，由访谈者提出问题。根据提问的方式，访谈又常分为三种：结构化访谈、半结构化访谈和无结构化访谈。所谓结构化访谈，是指访谈的问题在访谈之前已经拟定好，不会随着访谈的进行而有所改变。半结构化访谈的问题也可以事先拟定，但往往只是一个初步的访谈提纲，聚焦于一些访谈者关心的领域或话题。随着访谈的进行，新的问题可能从访谈中产生，访谈者可以随时增加、删减、修改访谈提纲，甚至从根本上改变原有问题的方向。无结构化访谈是最为开放的一种访谈形式，访谈者没有拟定的提纲，交谈的双方从一个很宽泛的话题开始，访谈者根据受访者的讲述随时即兴地提问。

访谈是质性研究中一种重要的资料收集方式。你可以通过访谈了解那些你看不到的事情。比如，你想了解一个特级教师的成长历程，或者参加冬奥会开幕式合唱的乡村小学学生的参与过程，这时访谈可以大显身手。你也可以围绕某个主题，了解教师和学生的感知和态度。例如：义务教育课程方案和课程标准（2022年版）发布了，你可以通过访谈了解新课标对教师的工作有什么影响，他们认为新课标的实施在教学上会遇到什么障碍；你也可以研究学生对新的课程内容有什么体验。访谈在质性研究中也可以和其他数据收集方法共同使用，比如，先通过课堂观察发现一些特殊的事件、现象等，然后再对当事人进行访谈，正如"案例导引"中的例子，通过深入地访谈了解当事人的不同解释。

访谈并不是质性研究独有的资料收集方法，调查研究等量化研究也可以使用访谈。

㊀ GLESNE C Becoming qualitative researchers：an introduction [M]. 5th ed. Boston：Pearson Education，2014：97.

例如，如果你想对学生玩电子游戏进行调查研究，但你只有成人玩游戏的一些经验，那么你编制的工具或者开发的量表就不一定适合儿童和青少年，这时你可以先找一些调查对象进行访谈，对你感兴趣的现象进行深入的了解，以此为后续的问卷和工具开发提供基础。

5.2 准备一次访谈

迈克尔·奎恩·巴顿（Michael Quinn Patton）用表5-1描述了结构化访谈、半结构化访谈和无结构化访谈的特征、优势与劣势。无结构化访谈往往用在民族志/人种志的研究中，这里不再详述。下面我们主要讨论半结构化和结构化访谈，这样的访谈需要事先做一些准备，诸如设计访谈问题，安排访谈的时间、地点等。

表5-1 三种类型访谈的特征、优势与劣势[①]

访谈类型	特征	优势	劣势
非正式交谈式访谈	问题从即时的情境中浮现出来，也是在自然的过程中被提出来的，没有事先确定的问题主题或措辞	它增加了问题的显著性和相关性；访谈是在观察的基础上建立和浮现的；访谈是和受访者以及环境非常契合的	不同的信息是通过不同的问题、从不同的人那里获得的。如果确定的问题不能自然地生发出来，它总是缺乏系统性和全面性的。数据的组织和分析是非常困难的
访谈指南方式	用大纲的方式事先设定好了要覆盖的话题和问题，在访谈的过程中，访谈者决定问题的顺序和措辞	大纲提高了数据的全面性，而且对每个受访者的数据收集增强了系统性。数据中逻辑上的差距是可以预见和被弥补的，访谈者仍然保持相当的对话性和情境性	重要和突出的话题可能会在无意中被忽略。访谈者在访谈问题的顺序和措辞上的灵活性可以获得来自不同视角的不同回应，因此可能降低受访者回应的可比性
标准化开放式访谈	问题的措辞以及顺序在事先确定好了。所有的访谈者都以同样的顺序询问同样的基本问题。所提问题都是开放性的	受访者回答同样的问题，因此提高了比较的可能性。每个受访者对访谈中所涉及的话题都有完整的数据。当有多名访谈者时，会减少访谈者对访谈的影响和偏见	在将访谈与特别的受访者和情境相关联方面缺乏灵活性。问题的标准化措辞可能约束和限制了问题和回答的自然性和相关性

注：非正式交谈式访谈即无结构化访谈，访谈指南方式即半结构化访谈，标准化开放式访谈即结构化访谈。

5.2.1 准备访谈提纲

访谈是为研究问题收集资料的方法，但是访谈问题并不完全等同于研究问题。"你的研究问题阐述了你想要理解的东西；你的访谈问题是你要从受访者那里获得理解的问题。设计好的访谈问题和观察策略需要创造力和洞察力，而不是把研究问题机械地转换成访谈提纲或观察时间表，这从根本上取决于你对研究情境的理解（也包括受访者对此

[①] PATTON M Q. Qualitative research & evaluation methods: integrating theory and practice [M]. 4th ed. Thousand Oaks: SAGE Publications, 2014: 643.

的定义），以及访谈问题和观察策略在实践中的实际效果。"①所以，假如你的研究问题是想探究如何设计有效的数学综合实践活动，那么你的访谈问题不能仅仅是"你喜欢数学综合实践活动吗？你觉得数学综合实践活动怎么开展比较好？"，你需要更具创造力的、更从学生角度思考问题的设计。

1. 用开放式问题来访谈

现在你可以和一个同伴体验一下这个游戏：你让同伴在心中想一个东西，由你来猜，你可以问任何问题，但你的同伴只能回答"是"或者"不是"。

怎么样？你问了多少个问题？用了多长时间猜对了答案？你觉得这样来猜测同伴心中所想容易吗？当你的同伴只能回答"是"或者"不是"的时候，估计你提问的句式是这样的："那个东西是……吗？"通常，如果我们的提问只能获得"是"或者"不是"，"能"或者"不能"，"好"或者"不好"，"喜欢"或者"不喜欢"，"有3个"等类型的答案，那么这样的提问就是封闭式提问，所提的问题称为封闭式问题。封闭式问题在访谈中不能算是好问题。你的研究是希望了解受访者对于某件事情的观点、态度、信念，或者是他如何处理某件事情、如何行动、如何解释他的行动，抑或是了解某件事情的来龙去脉、事件中人的体验等，这比猜测同伴心中想的某个东西要复杂得多，而封闭式问题可获得的信息太少了！同时，那些你提供了有限备选项的封闭式问题又常常带着你个人的假设或者观点。比如："你感觉你今天的公开课与以往相比，上得好些还是差些？"这种"好"和"差"的备选项有时会限制受访者的思路，甚至可能让受访者感觉访谈者有自己的观点，从而影响了受访者吐露真实的想法。

所以，在访谈问题的设计上，要注意多采用开放式问题。开放式问题可以促使受访者打开话匣子，提供思考的空间，自由表达其观点。回到前面那个游戏，如果你想知道同伴心中所想的那个东西，你可以用开放性问题提问，你也可以说："请给我描述一下你心中的那个东西吧！"

2. 处理"为什么"的问题

或许你经常这样提问："你喜欢我们这次的数学综合实践活动吗？为什么？"虽然第一个问题是个封闭式问题，学生只需要回答"喜欢"或者"不喜欢"，但是第二个"为什么"的问题是开放式的，那么，你的问题是否能得到圆满解答呢？

有学者认为"为什么"的问题过于抽象。其答案可能有几十甚至上百个，受访者也许无法表述得那么清楚，甚至由于情绪等原因根本不想说那么多②。现实生活中人们做决定又是基于刺激、习惯、传统或者其他非理性因素的过程，因此受访者无法给出理性

---

① MAXWELL. J A Qualitative research design: an interactive approach (applied social research methods) [M]. 3th ed. Thousand Oaks: SAGE Publications, 2013: 137.
② RUBIN H J, RUBIN. I S Qualitative interviewing: the art of hearing data [M]. 3th ed. Thousand Oaks: SAGE Publications, 2011: 167.

的、恰当的答案。另外，"为什么"问题很尖锐，容易让受访者产生对抗或者自卫的心理倾向。虽然你想知道为什么，但是直接询问并不是一个好的方法。

保罗·拉扎斯菲尔德（Paul Lazarsfeld）认为人们在回答"为什么"这类问题的时候会有两种类型的答案：一种是某些"影响"促成了行动，即影响式答案；另一种是行动希望得到某些"特征"，即特征式答案。比如："你为什么去了动物园？"影响式答案可能是："因为我孩子特别想去。"特征式答案可能是："因为我很想去看白鲸。"基于此，对于"为什么"的问题，你可以把它拆解成不同的类型。例如："是什么促使（影响、引起、使得）你去动物园的？"——影响式问题；"你特别喜欢动物园的什么？"——特征式问题。①针对上面那个你为什么喜欢或者不喜欢这次数学综合实践活动的问题，你可以这样提问："是什么促使你喜欢/不喜欢本次的数学综合实践活动？""这次数学综合实践活动的什么内容/项目特别吸引/不吸引你？"

3. 使用更贴近受访者的问题

贴近受访者的问题首先是他们易于理解的问题。比如，各类信息技术在学校教学中的应用被研究者称为"教育信息化"，而很多学校的老师则称之为"信课整合"，所以，当研究者询问老师"你们学校的教育信息化是如何实施的？"，老师可能就不知如何回答。同样，当你想了解学生在数学综合实践活动课程上的体验是怎样的，"数学综合实践活动"这个词对于学生而言也许就不那么清楚，而"体验"对于低年级的学生而言也过于抽象，你需要寻找合适的措辞来描述你的访谈问题。

贴近受访者的问题还意味着让受访者更多地讲述他们自己的经历与观点。因此，不要让访谈者问题中的预设窄化了受访者。例如："你觉得你的班主任对你通常是公平的吗？"这种问题一般你只会得到是或不是的简单答复，但这种人际关系往往会随着时间或者不同的事件而有所不同，所以最好改为更加宽泛的提问方式："请描述一下你平时和班主任是如何打交道的。"另外，也要避免询问受访者有关别人的想法与感受。比如："对于老师留的这个希望父母参与的家庭作业，你父母有什么想法？"学生无法亲身体验父母的想法，因此无法回答或无法准确回答。但是你或许可以询问当学生在场的时候，他们父母对某件事情是如何反应的。比如："当你和父母共同完成这个家庭作业的时候，他们是如何做的？"这些是学生们知道和可以描述的。②

4. 巴顿的6种通用问题类型③

巴顿总结了6类可以向人们提出的问题，它们对于各种研究主题都适用。区分不同类

---

① 克鲁杰，凯西.焦点团体：应用研究实践指南[M].林小英，译.重庆：重庆大学出版社，2007：49.
② RUBIN H J，RUBIN I S. Qualitative interviewing：the art of hearing data [M]. 3th ed. Thousand Oaks：SAGE Publications，2011：132-133.
③ PATTON M Q. Qualitative research & evaluation methods：integrating theory and practice [M]. 4th ed. Thousand Oaks：SAGE Publications，2014：651-653.

型的问题会迫使作为访谈者的你弄清楚不同的问题都在询问什么，而且也可以帮助受访者做出恰当的回应。

（1）**与经历和行为相关的问题**。关于人们做了什么的这类问题旨在引出受访者的行为、经历、行动以及活动等，如果有观察者在场，这些都是可以观察到的。比如："如果我周四参加了你们的陶艺课，我会看到你们开展的什么活动？""假如我周六跟着你一天，我会看到你做些什么？"当然，你也可以直接询问："请描述一下你们小组在做这个物理实验的时候，你都做了哪些事情。""请说说在这次课堂的冲突中你都看见了什么。"

（2）**与观点和价值相关的问题**。询问观点、判断和价值观的这类问题旨在理解人们认知和解释的过程。这类问题关注的是"头脑"而不是行为与行动。从这类问题的答案中我们可以了解人们对一些经历或问题是如何思考的。受访者会描述他们的目标、意图、愿望和期待等。比如："对于教学这件事情，你相信什么？""对于学校要改进对手机的管理，你有什么期待？""你认为＿＿＿＿＿＿？""对于＿＿＿＿＿＿你的看法是什么？"

（3）**与情感相关的问题**。大脑中负责情感的区域与负责认知的区域是不同的。与情感相关的问题旨在激发人们对自己的经历和想法的情感反应。这类问题挖掘人们生活中的情感维度，访谈者希望获得与愤怒、高兴、害怕、担心、胆怯、激动等情感相关的回答，因此，要注意不要让受访者将这类问题与前面的"观点"类问题相混淆，你可以选择"＿＿＿＿＿＿你的心情是怎样的？"这类表述来提出这类问题。

（4）**与知识相关的问题**。知识类的问题询问受访者事实性的信息。这里的"事实"指的是那些确定的事情。比如："学校关于手机的明文规定是什么？"这些问题不是询问个人的观点或情感，它们也不是要让受访者回答诸如"中国的首都是哪里？""牛顿第一定律是什么？"等知识，知识类问题询问的是围绕研究主题受访者所知道的那些确定的事情。比如：你想了解学生对"走班制"的看法，你设计的知识类问题可以是"学校提供了哪些课程供你们选择？""××课程对选课的学生有什么要求？""选课的方式是怎样的？"等。

（5）**与感官相关的问题**。感官类问题会询问受访者看到、听到、嗅到、尝到、触摸到什么。受访者通过描述所经历的那些感官刺激，可以将访谈者代入其感官体验中。比如，你想知道课堂上某个特殊事件是怎么发生的，你可以问学生"你当时在座位上看到了什么？""你听到××是怎么说的？"等。实际上，感官数据也是一种经验数据，捕捉的是感官经验。但是，巴顿认为收集这类数据时所提问题有其独特性，所以需要把它们单独归为一类。

（6）**与背景/人口统计学相关的问题**。年龄、家庭情况、受教育经历等问题经常在调查问卷中出现。在前面关于封闭式与开放式问题的讨论中也提到过，如果你只是问"您的年龄是多少？""你父母是做什么工作的？"这类比较封闭的问题，那么你获得的信息量会很少。因此，可以尝试用比较开放的问题，比如，你去访谈一位教师，你可以问"您觉得您的年龄在学校里处在一个什么状态？"这时，你获得的回答可能是"我们是疲惫的中年人，上有老下有小，课时又多，非常辛苦，很想躺平了"，也可能是"我虽然快到退休年龄了，但是我觉得我的心态还很年轻，我经常让年轻老师教我点儿新东西！"。提出开放式问题可以让你理解受访者是如何对自己进行分类的。

案例5-1

下面是两个访谈提纲的节选，它们都是新手第一次设计的访谈提纲，其中可以看到设计中容易出现的一些问题。

访谈提纲一

研究问题：在家中线上教学对学生有怎样的影响

访谈对象：中学生、小学生

访谈内容	简单评述
1. 在家里学习时，你所用的桌椅、身边环境（声音、光线、温度、通风等）与学校相比有什么变化？哪个环境让你更舒服？	研究者本意是想探究环境对学习的影响，但问题1却落在"哪个更舒服"上，不切题。他预设的"环境"与在线学习关联不紧密
2. 在家里学习时，你的复习、预习和做笔记是变多了还是变少了？	问题2太封闭，像是在做选择题，只能获得"多/少"的有限信息。
3. 在家里学习时，你对学习内容的思考和提问有没有变化？	问题3比较抽象，中小学生可能不知如何回答
4. 在家里学习时会经常走神吗？跟在学校时比有什么区别？	研究者可能预设居家学习会更容易"走神"，但问题4却无法问出是什么原因让学生走神
5. 你觉得你以后会用到学习到的知识吗？这跟你去年的想法一样吗？ ……	研究者想追踪受访者的观点随时间的变化，是个不错的想法！但是他在问题5中设定了"去年"作为一个时间点，会限制受访者的思路

(续)

访谈提纲二

研究问题：大学生网络学习焦虑的原因是什么

访谈对象：大学生

访谈内容	简单评述
1. 在网络学习的过程中，您有多大把握能够较好地完成学习任务？您认为您对自我效能感的评估（高或低）会导致您产生学习焦虑吗？ 2. 在网络学习的过程中，您的学习动机主要体现在哪些方面（内部动机/外部动机）？您觉得学习动机的类型、强弱会影响您的学习焦虑水平吗？ 3. 您认为您是哪种类型的学习风格者（场依存型/场独立型）？作为这种类型的学习风格者，您对学习环境、学习方式有哪些偏好？这种特质是否会影响您的学习焦虑水平？ 4. 您觉得在网络环境下，您的自我调节能力水平、适应性如何？当您感到对环境变化的不适且难以调节时，您会产生焦虑情绪吗？ 5. 当您因为网络无法连接等外部客观因素而在网络上无法有效完成学习任务时，您会产生学习焦虑吗？能举例说明吗？ 6. 在以往的网络学习经历中，您和您的同学在学习上的联系是否紧密？缺乏与同伴群体的交流、归属感、支持，会影响您的学习焦虑水平吗？ 7. 您觉得还有哪些因素可能会导致您产生网络环境下的学习焦虑？ ……	从这份访谈提纲中看出研究者对问题1"网络学习焦虑"已经做了一些文献调研，所以计划从"自我效能感""学习动机""学习风格"等维度进行探究。但是，在访谈中，这样的提问并不十分有效。"自我效能感"等都是学术名词，受访者可能感到陌生和抽象，受访者对这些概念的理解可能和研究者有所差异。比较好的方式是研究者用更加通俗的方式提问，例如"你想要在这门课上学到什么（学习动机）？你学习的时候有什么偏好（学习风格）？"等。在访谈时，针对某个问题直接提问，如问题2，或者问"你的学习动机是什么？"，未必是一种好的方式，好的方式是研究者和受访者交谈后，可以从受访者的话语和行动中分析出其学习动机！ 问题5中"能举例说明吗？"是一个比较好的提问策略，让受访者举例，可以获得生动且有细节的资料 问题7比较开放，特别是这样的提问可以弥补研究者没有考虑到，但是受访者可能觉得比较重要的事情！

> **小提示**
>
> 在设计访谈提纲的时候,可以尝试从受访者的角度回答所设计的问题,或者请别人先帮你审阅一下,看看哪些问题难以回答,哪些问题不太清楚,等等。
>
> 访谈提纲不宜过长,一般1小时的访谈,将问题限定在10个以下比较合适。

5.2.2 访谈事务准备

1. 知情同意书

也许作为教师,你会觉得找几个学生来谈谈话是一件很容易的事情,但是当你成为一名研究者,研究中的伦理问题是你需要注意的事宜。研究伦理是研究者在研究设计、实施和呈现结果的时候都需要关注的。在很多国家,大学等研究机构都设立专门机构来审查研究项目的伦理问题,它们遵循以下5个方面的指导原则[1]。

(1)研究主体必须有足够的信息来做出参与一个研究的决定。

(2)受访者必须在研究的任何阶段都能够退出,而不会受到惩罚。

(3)必须排除对受访者的所有不必要的风险。

(4)对受访者和社会的益处,必须超过所有潜在的风险。

(5)实验应该由有资格的研究者来进行。

伦理问题涉及受访者是否知情、自愿,权利与责任,隐私保护,等等。在调查研究中,往往会在问卷的开始部分提及这些问题。而通过访谈收集数据的时候,一般会请受访者签署知情同意书。下面列出了一份知情同意书的主要内容。

知情同意书

简介:
受访者被邀请参与的是一项什么研究。
出于什么原因邀请受访者参与。
研究的目的是什么。

研究过程:
受访者在研究过程中要做什么,例如参与多少次访谈,每次访谈多长时间,等等。
访谈过程如何被记录,例如访谈是否被录音、录像等。

受访风险:
受访者参与研究可能有或者没有的风险是什么。

保密原则:
访谈所获得的资料,其存储、访问的原则是什么。如何保护受访者的身份信息。

---

[1] 格莱斯.质性研究方法导论[M].王中会,李芳英,译.4版.北京:中国人民大学出版社,2013:107.

（续）

受访者的权利：
受访者有什么权利，例如，是否自愿参与、能否拒绝回答某些问题、能否中途退出研究等。

受益：
受访者是否会获得好处，例如小礼物馈赠等。

联系人：
受访者在研究中有任何问题，可以联系的人员姓名、电话、邮件等。

知情声明：
我阅读了（或者别人给我朗读了）本知情同意书的内容，并被允许提出问题，我提出的问题得到了解答。我同意参加此研究，我已经获得了一份知情同意书的副本。

受访人（签名）＿＿＿＿＿＿＿＿＿＿＿＿＿
研究者代表（签名）＿＿＿＿＿＿＿＿＿＿＿＿＿

2. 确定访谈的地点

在学校中，老师的办公室并不是一个理想的访谈地点。大部分学校中，教师办公室都是多位教师公用的。尽管每位教师有自己的办公桌，甚至有挡板相互隔开，但是办公室可能有其他教师进出、谈话等，这些都不利于访谈进行，有可能干扰受访者的思路，也有可能让受访者有所顾忌。教师办公室本身就有可能使某些学生紧张和有压迫感，不利于学生敞开心扉。

一些公共区域，例如花园、操场、食堂等也不适合访谈，一方面环境可能过于嘈杂，另一方面很多东西容易吸引学生的视线，也许不一会他们就"身在曹营心在汉"，无法集中注意力和你一起探究研究主题了。

访谈的地点应该是既安全又安静的地方。所谓安全，是指受访者在这里不用对自己的言行担心，可以坦诚地表达自己的观点、讲述事情的过程、流露真情实感。安静则是为了保证访谈过程尽量不受干扰。因此，你可以想想你们学校的什么地方比较合适作为访谈地点，图书馆、阅览室的某个僻静之处，或者某个空闲的活动教室都是不错的选择。

5.3　实施一次访谈

用于研究的访谈不等同于一般性闲谈，也不是校长来征求意见，或者老师找学生谈话。在研究中，访谈的目的是收集资料用于研究。访谈者不是权威，无权评判受访者的观点或者行动的对错；访谈者也不是专家，不能向受访者提供帮助和解决问题的办法。

访谈者和受访者是平等的,是研究中的合作伙伴!访谈是技术,需要学习和练习;访谈也是艺术,它建立在人际关系之上。

5.3.1 访谈追求什么

赫伯特·J.鲁宾(Herbert J. Rubin)和艾琳·S.鲁宾(Irene S. Rubin)在《质性访谈方法:聆听与提问的艺术》一书中指出,访谈要追求细节、生动、深度、微妙、丰富的回答。[1]

(1)**细节**。追求细节就是要让受访者描述更加细致的情节、特征、过程等。比如,当你想了解初中学生喜欢什么风格的老师,他们也许会回答"××老师很酷"。那你就需要进一步问问:"他/她在哪些方面很酷?"这时,你最好让学生举一些具体的例子。学生可能回答:老师骑着山地车上班"很酷";老师替男生的一次小违规抱打不平"很酷";老师是玩"王者荣耀"的高手,所以"很酷";等等。那么,你就可以知道学生所说的"酷"有什么具体特征。同样,如果你想了解学生对某个课程、活动、事件的看法,你也要让他们更多地提及过程、活动的具体环节、事情发展的先后顺序等。

(2)**生动**。追求生动就是让受访者讲出那些鲜活的、有情感的故事或者例子。生动的描述肯定离不开细节,事情发生的过程、言语交流的情感等都是十分重要的。例如:如果你想了解学生在家里和家长的互动方式,让学生讲述家长对他/她那些宠溺的、欢喜的、生气的、气急败坏的故事,无疑是不错的选择。要求更多的背景信息、对关键事件的刻画等都是追求生动的方法。

(3)**深度**。追求深度是指不仅仅停留在受访者的表面回答、第一反应,还要促使其提供更深入的解释。还以"××老师很酷"为例,从学生描述的细节中你也许会发现,学生是在老师的身上寻找自己被认可的元素(玩游戏、年轻气盛等)。一旦你发现这一点,就可以知道"酷老师"的真正含义了。这时你可以向学生追问:"与他们哥们儿相称、打成一片是不是很酷呢?"随后你可以引导他们对师生关系做更多的思考和解释。可以看到,深度往往与细节有紧密联系,但是深度又不等同于细节,深度是追求受访者在意义的层次上,从不同的经验和视角进行解释。

(4)**微妙**。追求微妙实际上是在关注复杂性。很多事情不是非黑即白的,所以受访者的回答也不应该只是"是/否""对/错""喜欢/不喜欢"。从黑到白是一个连续谱,微妙就是其中细微的差别。当某个学生告诉你"化学张老师和王老师的课都挺好",你可以追问:"张老师的课好在哪里?"回答是:"张老师特别幽默,讲课特别有趣。"你还要问"王老师的课又是怎样的呢?"回答是:"王老师没有张老师幽默,所以讲课不是很好玩儿,但是王老师经常让我到黑板上展示解题过程,我觉得自信心提高了!"

---

[1] 鲁宾 H. J., 鲁宾 I. S.. 质性访谈方法:聆听与提问的艺术 [M]. 卢晖临, 译. 重庆:重庆大学出版社, 2010: 114-119.

通过这样的问答，你可以理解学生对"好课"的不同理解。因此，当受访者所谈过于笼统、抽象的时候，你可以通过追问寻求微妙的差异。同样，如果受访者回答得过于片面，你也可以提出质疑。比如，有学生说"我数学不好"，可以确定的是，这位同学的数学肯定不是一无是处的，那你就可以进一步提问。有时，受访者会用"总是""经常"之类的词汇，你也可以针对这些词汇提问："'总是'等于每一次吗？""'经常'有多频繁？"这样做都是为了获得更加微妙的理解。

（5）**丰富**。追求细节、生动、深度和微妙都是获得丰富访谈资料的途径。丰富的回答可以提供多样的观点、新的概念、值得关注的主题，甚至是你意料之外的东西，让你能够深入探索"他人世界的复杂性"。

5.3.2　访谈的实用技巧

访谈是一个双方互动的过程，它不同于闲聊，而是一种"研究中的谈话"。在这个过程中，访谈者如何提问、追问、过渡、回应？巴顿列出了10条访谈的原则与技巧，见表5-2。

表5-2　访谈的原则与技巧[1]

原则与技巧	说明示例
询问开放式问题。提出相关的、有意义的开放式问题，这些问题会引起受访者深思熟虑的、深入的回答，这些回答反映出受访者关注的是什么	好：高一那年给你留下深刻印象的事情是什么？ 不好：在高中你有什么印象深刻的事情吗？
要清晰。问题要清晰、聚焦、可理解、可回答	好：你的经历对你来说最重要的是什么？ 不好：你会记住它、运用它，并且把它告诉别人，而且至少你现在觉得使这个活动有效的重要的东西是什么？
倾听。仔细地关注回答。让受访者知道他们被倾听。对你听到的事情适当地做出回应	这非常有帮助。你已经对为什么这些对你很重要解释得非常清楚了
恰当地追问。在受访者回答之后适当地追问，受访者会知道你通过追问试图让访谈达到的深度与细节	关于这件事你如果能再多说一些会对我更有帮助。再具体说说这件事是怎么发生的、你是怎么做的吧
观察。观察受访者以引导访谈的过程。搞清楚正在发生什么。根据受访者的反应，适当调整访谈内容。每次访谈也是一次观察	我看到这个问题引发了你的强烈情绪，不用着急；如果你愿意，我们可以先换一个主题，一会儿我们再回来谈论它
既要有同情心又要保持中立。表现出兴趣并给予非评判式鼓励：共情的中立	我很感激你愿意分享你的故事。每个故事都是独一无二的，我们听到过各种各样的事情。对于这些问题的回答没有对错之分。重要的是这是你的故事
过渡。帮助和引导受访者完成访谈过程	你已经描述了你是如何参加这个项目的，下面这个问题是在项目中你都经历了什么

---

[1] PATTON MQ. Qualitative research & evaluation methods：integrating theory and practice [M]. 4th ed. Thousand Oaks：SAGE Publications，2014：631.

（续）

原则与技巧	说明示例
区分不同类型的问题。将那些纯粹描述性的问题与涉及解释和判断的问题分开。区分行为的、态度的、知识的和情感的问题	描述性行为问题：在艺术教室中你们都做些什么？ 观点解释性问题：你认为这个课的优点和缺点是什么？
准备迎接意外。访谈过程中可能会发生意想不到的事情，要保持灵活和随时响应	尽管约定是两小时的访谈，但可能只有半小时是有效的。要充分利用时间，各种打扰时常发生，会有些意想不到的事情需要花费更多的时间
全程在场。受访者是能够知道什么时候访谈者注意力不集中、不经心或者不感兴趣的	常常查看时间，不时瞥一眼你准备的资料，四处张望而不是关注受访者的谈话，这些都会被受访者注意到

5.3.3 研究者的角色定位

在访谈中，你如何定位自己的角色？特别是当你作为老师去访谈学生，你有没有想过如何处理你和受访者之间的关系？

科瑞恩·格莱斯（Corrine Glesne）认为研究者在访谈中不是专家，而是"学习者""知识寻求者"㊀。基于个人的经验和知识，你可能对自己的研究主题已经有了一些认识，形成了一些假设，但是不要让这些认识和假设阻碍你进一步探究。研究者应该搁置前见、偏见、刻板印象、假设，全身心地倾听受访者说什么，让他们讲出更多的东西——他们的经历、想法、行动、解释。特别是当你和学生在一起的时候，表现出你的好奇、你对他们所说的内容感兴趣，鼓励他们再多举一些例子、再多解释一下他们的想法。作为"学习者"，你要追求来自受访者的丰富资料。

当你去找学生访谈时，不可避免地，你们之间存在着权力和等级关系，哪怕你只是想了解某个博物馆活动中学生的体验，或者他们对小组合作的观点等非"高利害"的主题。学生可能会认为你在对他们进行考试，因此害怕自己回答得不正确；也有可能因敬畏老师的权威，而极力寻找令你满意的答案……要解决这类问题，首先可以让学生对你的研究有充分的认识：让学生了解你在做的研究是什么，你的研究目的是什么，他们的权利和义务是什么，等等，所以"知情同意书"是与学生建立恰当研究关系的有效工具。其次，在访谈过程中，你要转变角色成为一个"学习者"，对学生的世界充满好奇，鼓励他们更多地表达，你可以说："这个很有意思！""这些我还不知道呀！""关于这点我还不太明白，你再多举个例子吧！"你还可以更多地倾听，用"嗯""哦"而不是"这点你说得很对"等带有评价色彩的话语做回应。在访谈中，你

㊀ 格莱斯. 质性研究方法导论 [M]. 王中会，李芳英，译. 4版. 北京：中国人民大学出版社，2013：79.

应该让学生感受到无威胁，而且他们的讲述对你的研究是有帮助的。通常在访谈结束的时候，研究者会赠予受访者小礼物以表达谢意，你也可以通过小礼物等表达对学生参与研究的感谢，以此拉近你和学生之间的距离。你的感谢可以让学生感受到被尊重、对研究有贡献，这会让他们日后更愿意参与到研究中来。

> **案例5-2**
>
> 下面是一个访谈转录稿的节选，其中暴露了访谈者在访谈过程中的一些问题。
>
> 研究问题：线上教学对学生有怎样的影响
> 访谈对象：中学生
>
> | 访谈内容 | 简单评述 |
> | --- | --- |
> | 问：今年不是改成线上教学了嘛，你在家里学习的时候，觉得所处的学习环境跟学校相比有什么区别？
答：比学校惬意一点。 | |
> | 问：就是家里更舒服是吧？桌椅、声音、光线各方面都比学校更舒服是吗？
答：对。 | 应该追问受访者"惬意"是什么意思，而不是由研究者直接自行解读 |
> | 问：是因为自己可以调节，不像在学校是自己不可控的情况。
答：嗯。 | 这里仍然全部是研究者的主观想法 |
> | 问：在家里学习的话，跟父母的交流可能会多一些，跟老师、朋友的交流可能会少一些。你感觉这些会对你有什么影响吗？
答：会让我感觉比较陌生，以后如果上学的话。 | 访谈者既可以追问"陌生"的感觉是如何形成的，也可以追问"对以后上学的影响"，但是访谈者没有继续这个话题 |
> | 问：因为这些条件变化了嘛。你觉得线上学习的效果如何呢？
答：学习效果挺好。
问：比在学校还好，是吗？你觉得为什么会比在学校效果还好？ | 这里的回答似乎有点出乎访谈者的意外，所以他急切地询问"为什么" |

（续）

访谈内容	简单评述
答：上课的效率肯定没有学校那会儿好了，自己没法那么自律，所以没有在学校时效果那么好；听课状态应该会比较好；课后的复习，我觉得会差一点。 **问**：就是说在家里反而听课效果会好，你觉得这是为什么呢？ **答**：因为家里光线都比较舒适。 **问**：在学校有时候听着听着会走神、犯困是吧？ **答**：对。 ……	受访者提到"上课的效率""听课状态"，访谈者似乎认为自己明白它们是什么意思，所以没有和受访者深入讨论，而是换成了"听课效果"，继续问"为什么"。从受访者的回答可以看出他对"为什么"的理解是"是什么使得效果好" 访谈者没有理会"光线"问题，他又抛出了自己的想法"听着听着会走神、犯困"
问：学习的时候会感觉心情不好，甚至讨厌学习吗？ **答**：不是，不能算吧。比如有的时候坐久了会有些烦躁。 **问**：你觉得在线学习和在学校学习相比，哪个会出现更多一些这种烦躁的情绪？ **答**：当然是在学校比较多，因为在学校的时候，有些人老跟你作对。 **问**：呵呵。这些人包括同学和老师是吧？ **答**：可能感觉老师比较少，就说有些同学，怎么说呢，不好听的就叫素质低下。 **问**：在家里反而没有他们打扰，听课效率就会更高是吧？ **答**：对。有的同学老是说，就老笑话你。	这里可以问："坐久了"是多久？"烦躁"什么？ 做对比，是不错的提问方式！ 访谈者再一次用主观猜测代替了追问 访谈者没有感受到被访者的情绪词汇"素质低下"，直接回到"听课效率"上。但显然，受访者意犹未尽。其实，访谈者可以让受访者谈得更多些，然而他后续更换了话题
问：你觉得学习对你来说是非常重要的事吗？ **答**：是。 **问**：它对你来说，重要体现在哪？ **答**：体现在……我也不知道。	访谈者问了一个可能是受访者以前没有仔细思考过的问题，所以受访者回答"不知道"。访谈者接下去虽然做了适当引导，但是其实还可以引导得更加宽泛一些

(续)

访谈内容	简单评述
问：比如说你可能觉得学习的目的是获得知识吗？ 答：对。 问：你觉得获得这些知识对你以后的人生有帮助，还是仅仅为了通过考试？ 答：对以后人生是有些帮助的，但是目前来说我还是比较喜欢先赶紧把眼前的事干好，再考虑以后的事。 问：现在，对于你来说，学习的主要目的还是通过考试。 答：对，然后慢慢来。	要避免一次抛出好几个问题。访谈者在这里的提问有点像是"选择题" 访谈者把"眼前的事干好"解读为"通过考试"，虽然得到受访者认可，但可能把受访者的意思简单化了
问：你觉得怎样才算是学习比较成功，是考试成绩比较好，还是说可以自如地处理生活当中的各种事情？ 答：当然是自如地处理事情，因为没有处理事情的能力就会不太好。 问：在这些想法当中，哪些是今年线上学习的经历使你产生的新想法？ 答：新想法就是说那啥，新想法，我也没啥新想法。 问：感觉今年线上学习只是听课效率高一些，环境舒适一些，但是没有让你产生对学习的一些新想法，是吧？ 答：对，没有什么新想法。 问：你感觉本质上跟在学校差不多，进度也没有太落下，也没有让你感觉到不适之类的。 答：对。 问：好的，访谈就到此结束。	访谈者在这里的提问比较模糊，导致受访者不知如何回答 访谈者并没有解释"新想法"是什么意思，而是简单地总结了受访者提供的一些信息，然后快速结束了访谈

> **小提示**
>
> 访谈不是一问一答。访谈是抛出一个话题，让受访者尽量滔滔不绝地讲述。
>
> 当受访者说得太少，作为访谈者，你需要思考是不是你的问题太封闭，或者是受访者不理解你的问题，抑或是他们对你的问题不感兴趣。
>
> 当受访者跑题，你可以在适当的时候打断，礼貌地道歉，然后把话题重新拉回到访谈的主题上。如果你可以巧妙地结合受访者已经谈论到的一些内容继续发问，会让他们觉得被尊重，同时也不至于使他们思路转变太大。当然，你也需要警惕是不是受访者误以为你只对某些事情感兴趣，从而投其所好地讲述他们认为你感兴趣的事情。

5.4 拓展阅读

[1] 陈向明.质的研究方法与社会科学研究[M].北京：教育科学出版社，2000.（可选择第10~13章阅读。）

[2] 鲁宾 H. J.，鲁宾 I. S.. 质性访谈方法：聆听与提问的艺术[M].卢晖临，译.重庆：重庆大学出版社，2010.（可选择第5~8章阅读.）

[3] 格莱斯. 质性研究方法导论[M]. 王中会，李芳英，译. 4版. 北京：中国人民大学出版社，2013.（可选择第4、6章阅读。）

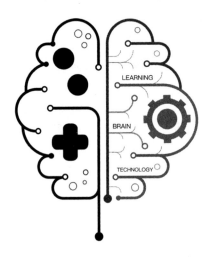

第6章

用焦点团体访谈对课程进行评估

【案例导引】

为了了解患有多发性硬化的孩子在学校生活中的需要，研究人员邀请了6位8岁的孩子进行焦点团体访谈。孩子们是在吃点心的时间接受访谈的。他们一进来就对录音设备产生了兴趣，纷纷录制自己的声音，然后播放，孩子们开心地尖叫和大笑着。等他们安静下来，研究人员一边陪他们吃点心，一边和他们谈论起凯蒂——一位患有多发性硬化的同学。研究人员问，有这样的同学在班上他们是什么感觉？他们有什么不同的做法？一个口齿清晰的女孩称她比其他人更了解凯蒂，因为她们去年在一起上课。她说凯蒂做事情总是比别人需要更多的时间，并详细描述了凯蒂是怎样经常性地把蜡笔盒打翻的。但女孩认为这都没有关系，因为"凯蒂就是这样。没什么大不了的"。研究人员所收集的数据呈现了一个将满足凯蒂的需求作为日常生活的一部分的真正的全纳课堂，是具有说服力的。

资料来源：*Learning in the field*：*an introduction to qualitative research*[1].有改编。

6.1 焦点团体访谈的特征

顾名思义，焦点团体访谈是一种群体访谈，它与我们前一章所介绍的一对一访谈有所不同。它是一种"就研究者确定的主题通过小组互动收集数据的研究技术"。[2] "焦点访谈"这个词最早是由著名社会学家默顿提出的，在第二次世界大战期间，他们采用这种方法来研究那些用于鼓舞士气的海报、广播、电影等大众传媒对士兵心理的影响。参

---

[1] ROSSMAN G B, RALLIS S F. Learning in the field：an introduction to qualitative research [M]. 4th ed. Thousand Oaks：SAGE Publications，2016：325.
[2] MORGAN D. Focus groups [J]. Annual Review of Sociology，1996，22（1）：129–152.

与"焦点访谈"的受访者都曾经看过某个电影、听过某个广播节目,或者读过某个小册子、某本书等,研究者通过一组访谈问题来指导受访者谈出他们的体验。研究者要看这些受访者的主观体验是否验证了假设,或者可以促使产生新假设。[1]焦点团体访谈现在已经在市场研究、评估研究等很多领域被广泛使用。

焦点团体访谈是邀请一群具有某些特征的人,参与一个集中的讨论,帮助研究者理解某个感兴趣的主题。这样的讨论旨在倾听与收集信息,从而更好地理解人们对某个主题的主观体验和思考。[2]例如,如果你想了解学生对学校"文化节"举办方式的体验和观点,家长们对学校让每个学生购买计算机从而推进信息技术和课程整合的举措的观点等,焦点团体访谈便是一种有效的收集信息的方式。这种方式之所以被认为有效是因为作为社会人,我们的很多观点是在社会群体中形成和维持的。把数据收集作为参与者的一种社会体验可以提高研究结果的意义和有效性。或许有些人不习惯一对一地与访谈者交流,焦点团体访谈就适合他们,因为访谈是在一种轻松、安全的群体氛围中进行的。受访者可以发表自己的观点,讲述自己的体验,还可以听完别人的讲述后补充自己的观点,或者发表不同的观点,等等。这种讨论不必在群体中达成共识,而是相互激发,每个人都能充分表达自己。通过这样的讨论,研究者可以在社会环境中获得丰富的、高质量的数据信息,可以对比不同人、不同亚文化群体的观点和体验,而参与者也可以在他人观点中思考自己的想法。[3]

6.2 准备与实施焦点团体访谈

红星中学进行信息技术和课程整合项目已经5年了。该学校要求本校7年级及以上年级所有学生配备计算机,每天带计算机上学,各个学科的老师会根据教学需要,将信息技术融入教学之中。现在该学校计划评估这个项目对学生产生的影响,如果采用焦点团体作为收集数据的一种方式,需要如何准备和开展焦点团体访谈呢?

6.2.1 确定焦点团体的参与者

邀请哪些人加入焦点团体呢?首先,作为研究者,你要邀请那些可以提供丰富信息的人来参与。既然是评估项目对学生产生的影响,自然要请学生来加入。你还需要考虑:是邀请刚刚入学、购买了计算机的7年级学生,还是已经在学校整合信息技术环境中学习了一段时间的8年级或者9年级的学生?那些已经毕业的学生是不是也是你的目标

---

[1] MERTON R K, KENDALL P L. The focused interview [J]. American Journal of Sociology,1946,51(6):541-557.
[2] 克鲁杰,凯西.焦点团体:应用研究实践指南[M].林小英,译.重庆:重庆大学出版社,2007:7.
[3] PATTON M Q. Qualitative research & evaluation methods:integrating theory and practice [M]. 4th ed. Thousand Oaks:SAGE Publications,2014:643.

人群？男生和女生的学习体验会有差别吗？成绩优异的和有学习困难的学生对这个项目的看法会不同吗？尽管访谈学生可以获得他们的直接体验和观点，但是家长、老师的观察与感受也可以提供丰富的信息吧？毕业生所升入学校的老师是不是也可以作为信息提供者？选择哪些人组成焦点团体既和你的研究目的相关，也和你的研究规模、经费等相关。在设计焦点团体的类型时，根据具体需要，你既可以限定某种类型的群体，例如只访谈红星中学的在校生，也可以访谈多种类型群体，例如学生、家长、教师，还可以是多种类型的组合，例如先将人群分为在校生和毕业生两类，再根据学生、家长、教师继续划分子类。

焦点团体的规模有多大呢？一般的焦点团体访谈人数控制在10人以下，6~8人较好。超过10个人的团体访谈有点难以控制，容易形成相邻受访者开小会的状况。更重要的是，受访者可能没有机会充分展示自己的观点或者讲述自己的体验等。4~6人的小规模焦点团体也很常见，特别是当你要访谈家长等，他们有很多需要分享的内容，或者对讨论主题有过深刻的体验，小一点儿规模的焦点团体会让他们觉得更加舒适，可以更充分地表达。但是焦点团体规模过小，则有可能限制收集数据的信息量。正如默顿所建议的："焦点团体的规模显然应该由两个因素决定……不应太大，因为会难以操作或妨碍大多数成员的充分参与，也不应太小，因为会无法提供比与一个人的访谈更大的覆盖面。"⊖

为了实现研究目标，要访谈多少组焦点团体呢？一般认为，对一种类型的参与者，要访谈3~4组焦点团体。当你发现新的焦点团体还在不断地提供新的信息，或许你还需要访谈得更多一些。

> **小提示**
>
> 请注意是针对同一类型的参与者访谈3~4组。如果你的焦点团体中包含不同类型的人，比如学生和家长，那么学生和家长都需要各访谈3~4组。当然，如果学生和家长中还有更加细致的分类，那么焦点团体的组数就会继续增加！

焦点团体的成员以同质性为特征！这里的同质性是指他们具有共同的、研究者认为比较重要的属性，比如：他们都在红星学校就读，都是7年级的，都是男生或者女生，都来自低收入家庭，都是老师眼中的"优等生"或者"捣蛋鬼"，等等。克鲁杰（Krueger）等人认为焦点团体中的同质性可以满足分析的目的。⊖如果这个团体中都是支持让学生使用计算机学习的家长，那么分析起来就容易得多，因此如果你希望看到不同

⊖ MERTON R K, FISKE M, KENDALL P L. The focused interview: a manual of problems and procedures [M]. 2nd ed. London: Collier MacMillan, 1990: 137.
⊖ 克鲁杰, 凯西. 焦点团体：应用研究实践指南[M]. 林小英, 译. 重庆：重庆大学出版社, 2007: 60-61.

类型的家长对于信息技术和课程整合的观点的异同，就要把他们分成不同的组来进行访谈。每种类型也要访谈3~4组甚至更多，因为你很难从一组焦点团体的信息中确定这个类型家长的倾向。参与者的同质性也可以使他们觉得比较舒服。比如：学习好的学生和有学习困难的学生，他们对于课程学习难易、作业任务量多少等的理解是不一样的；家庭经济状况好的与经济状况差的家长对购买计算机的考虑也是不同的。将不同质的人混合在一起，可能会造成一些群体类型的参与者无法表达自己的观点，感到压抑或者顺从那些更有话语权的人。

6.2.2 设计访谈问题流程

与第5章介绍的一对一访谈不同，焦点团体访谈类似于集体讨论，为了让这样的讨论能够更好地产出与研究目的相符的、有用的信息，在开展焦点团体访谈之前，研究者需要很好地设计访谈的流程，将所提问题按照一定的逻辑顺序安排。

莫妮克·M. 汉宁克（Monique M. Henninke）用图6-1所示的沙漏模型来说明焦点团体访谈的问题设计原则。其核心就是首先以比较宽泛的问题引入，为参与者创造轻松愉快的交流环境；然后进入焦点讨论的一些关键问题，为研究目的收集信息；最后再次回到比较宽泛的问题，以结束讨论。每个阶段的问题都具有不同目的。

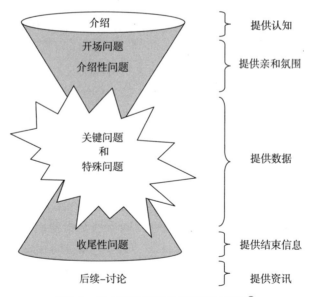

图6-1 焦点团体访谈的问题设计原则

典型的焦点团体访谈提纲基本上包含以下几个部分。

（1）介绍部分。

---

① HENNINKE M M. Focus group discussions [M]. New York：Oxford University Press，2014：51.

（2）一个开场问题。

（3）几个简短的介绍性问题。

（4）过渡性的话语或者说明性话语。

（5）与关键主题相关的专门问题，即关键问题和特殊问题。

（6）收尾性问题。

收尾性问题之后，可能还会有一些后续活动，比如让参与者填写个人信息，或者回答一个简短的调查问卷等。通常而言，2小时的焦点团体访谈准备约12个的问题比较适宜。

汉宁克在*Focus group discussions*一书中用一个超重青少年夏令营营员的焦点团体访谈作为例子，展示访谈提纲各个部分的设计（见表6-1）。

表6-1 焦点团体访谈提纲实例[①]

焦点团体访谈提纲实例	说明
介绍 谢谢大家今天的光临。我叫……（协调员），这位是……（记录员）。我们帮助……（健康机构）了解你们在这个夏令营的体验以及你们希望如何改进夏令营活动。要想了解夏令营体验的最好方法是与参加夏令营的人交谈，因此我们本周会在夏令营与男孩和女孩们举行多场这样的讨论。在今天的讨论中，我们希望你们谈谈在这个夏令营中的经历，你们在这里做了什么，学到了什么，喜欢什么和不喜欢什么——所有这些都是为了帮助今后的夏令营能够办得更好。	**介绍部分** 自我介绍 介绍研究的目的，以便参与者了解什么信息是有用的
我们不是夏令营的组织者，我们只是收集信息，所以希望你们能放心地与我们分享对这个夏令营的真实想法。请不要害羞，我们希望听到在场所有人讲述是如何在这里度过这段时光的。你们是专家，因为这一周你们都在夏令营里，我们来这里是向你们学习的。答案没有对错之分，我们只是想听听你们的想法和建议。我们有一些问题要问你们，你们也可以随意补充一些认为重要的事情。	消除参与者顾虑 强调主持人的角色
在我们的讨论过程中，记录员会做笔记，并在我可能遗漏什么的时候提醒我，但他/她不能记下我们说的每一个字，因此我们希望对讨论录音（录像），这样我们就不会错过你们所说的任何内容。请不要担心，我们会对讨论的内容保密，只有研究团队才会听录音（看录像）。夏令营的领导是不会听到录音（看到录像）的。**在座的每个人都同意我们把讨论内容记录下来吗？**	达到知情同意
在我们的讨论中，请每个人都分享自己的观点，但一次只能有一个人发言，以便录音清晰。我们无法针对每个问题让大家逐一发言，所以当你有话要说的时候，就请直接加入讨论中。请记住，我们希望听到你的所有观点。如果你有不同的看法，你可以表达不同意别人的观点，但也请尊重别人的观点。此外，你今天听到的一切都应该是保密的，不能告诉今天这个小组之外的人。这次讨论将持续大约一个小时，桌子上的点心请大家随意享用。**在我们开始之前你们还有什么问题吗？**	强调访谈中的伦理问题

---

① HENNINKE M M. Focus group discussions [M]. New York：Oxford University Press，2014：53-55.

(续)

焦点团体访谈提纲实例	说明
下面，我们来开始自我介绍…… （1）请每个人介绍自己的姓名，以及你来自哪里。 （2）你以前参加过什么夏令营？（追问：有哪些活动，地点。）	过渡语 开场问题 营造轻松舒适的环境，让每个人都参与
对夏令营的期待 首先，我想了解一下你们来这个夏令营之前对它有什么期待…… （3）是什么让你选择了这个夏令营？（追问：父母、朋友、活动、费用。） （4）你来之前，你对这个夏令营有什么期待？（追问：参与的人、活动、课程。） 　　1）你觉得最令你激动的是什么？ 　　2）你觉得最令你担心的是什么？ （5）夏令营与你的期待有什么不同？	过渡语 介绍性问题 这类问题相对简单，但是已经开始把大家的注意力集中在所要研究的问题上了。可以包含几个问题。协调员也可以即兴提问
健康生活方式课程的学习 现在让我们聚焦在你在夏令营中做了什么、学到了什么…… （6）关于健康生活方式，你在夏令营中学到的新东西是什么？（追问：夏令营中的4节生活方式课。） （7）哪些在夏令营中养成的健康生活习惯在你回到家后仍然可以继续保持？（追问：原因。） （8）哪些健康生活习惯今后在家中难以保持？（追问：原因。）	过渡语 关键问题 围绕核心研究问题设置的，追问比其他部分的问题要多
对夏令营的评估 现在让我们来谈谈在夏令营中所有你们喜欢的事情和不喜欢的事情…… （9）对于这个夏令营，你<u>最喜欢</u>它什么？（追问：活动、参与的人、夏令营的领导者。） （10）有哪些是你<u>不喜欢</u>的？（追问：原因是什么。）在未来的夏令营中，这些事情应该如何改变？ （11）这一周你经历的<u>最艰难</u>的事情是什么？（追问：体育锻炼、节制饮食、没有手机。）	过渡语 关键问题 至少要分配一半以上的时间给关键问题
总结和结束 我最后还有几个问题…… （12）怎么做能让更多的人参加这个夏令营？ （13）如果你的朋友在考虑是否参加这个夏令营，你会和他/她说些什么？ （14）在我们今天讨论的所有事情中，<u>哪三件</u>对改善这个夏令营是<u>最重要</u>的？ 在我们结束之前，你们还有想要和我们分享的其他事情吗？ 感谢今天与我们分享你们的观点！	过渡语 收尾性问题 收尾时要让参与者确认本次讨论的一些重要观点，本例中采用排序的方式。还可以由协调员简要总结讨论的主要问题，让参与者确认、澄清，以便不遗漏讨论过的重要问题等

焦点团体访谈提纲的问题设计原则可以参考第5章的相关原则，好的问题应该是可以引起大家讨论的、使用贴近参与者语言的、简短而清晰的、概念内涵单一的、问题是开放的。[①]访谈提纲可以帮助访谈者把握访谈节奏，更重要的是在讨论进程中平衡研究目标和团体议题之间的关系，使得主持人既关注研究重点，又不忽略团体感兴趣的议题。所以，提纲并不是静态的，访谈主持人仍然需要根据现场的实际情况随时调整问题以及即兴发问。

6.2.3　如何做好焦点团体访谈的协调员

与一对一访谈不同，焦点团体访谈参与者人数较多，在保持讨论有效进行的同时，还要鼓励大家投入和畅所欲言，既遵循计划又随机应变，这对于访谈者是不小的挑战！焦点团体访谈中组织访谈活动一般至少需要两个人，一个人负责主持整个讨论，另一个人负责辅助记录、录音、录像等事务。

在英文文献中，负责主持整个焦点团体访谈进程的人被称为"协调员"（Moderator），他/她兼具提问以及鼓励讨论的双重职责。这样的称谓又体现了一种平等性，协调员不是专家，而是信息的收集员和讨论的协调者，讨论的各位参与者才是焦点问题的真正专家。

作为协调员，你首先要为焦点团体创造轻松和舒适的氛围。焦点团体虽然一般是同质的，具有一些共同的属性，但是参与者可能彼此并不认识，例如，他们可能是来自不同的班级的学生，或者是彼此不熟悉的学生家长等。也可能有些参与者比较拘谨，或者因为不熟悉这样的活动而惴惴不安。因此，作为协调员，你需要帮助团体"破冰"。这时，适当的开场问题或者小游戏等可以让大家彼此熟络起来。在开始的环节让每一位参与者都发言是有好处的，因为"一个人在小组中保持沉默的时间越长，他们就越不愿意在以后的讨论中做出贡献"。[②]当然，你也需要根据参与者的特质来决定采用什么问题和活动。比如，小游戏虽然能够很好地调动学生，但是年龄稍小的学生可能会长时间地沉浸在游戏之中，难以快速进入正式的讨论中。而对于家长群体，简单的自我介绍可能不足以消除成人的拘谨，或许轻松的小游戏会比较奏效。

由于焦点团体的成员要在讨论中讲述自己的经历，阐明自己的观点，因此需要一个安全的、无威胁的环境。作为协调员，在开始做简短介绍的时候就应该让大家重视内容保密、尊重他人等研究伦理问题。焦点团体的成员往往并不具有这方面的意识与素养，所以越早提醒越好。前面已经谈到每个焦点团体的成员都是同质的，有共同属性的人在一起往往更愿意袒露自己的看法，相互激发观点，产生共鸣。比如：认同"鸡娃"有益

[①] 克鲁杰，凯西. 焦点团体：应用研究实践指南 [M]. 林小英，译. 重庆：重庆大学出版社，2007：32-34.
[②] HENNINKE M M. Focus group discussions [M]. New York：Oxford University Press，2014：56.

的家长聚在一起，讨论如何培养孩子的时候，可能更容易"谈到一起"。那么作为协调员，可以在开始就告诉他们大家的共性是什么，以便营造更加宽松、适宜的环境。同时，在焦点团体讨论的过程中，协调员应该避免对各种观点进行判断、评论，表达同意或者反对等，要扮演好信息收集员的角色，鼓励所有人参与讨论，不要让参与者担心会受到你的评判或批评。当你是在对学生进行焦点团体访谈时，需要加倍注意。

协调员的核心任务是组织参与者就主题进行富有成效的讨论，产生有用的数据，以实现研究目标。因此，你需要仔细倾听讨论，跟进相关的观点做恰当的追问，让发言者在深度、细节和清晰度等方面做进一步的阐释。你需要对研究目标、访谈提纲中每个问题的目的都非常清楚，这样你才能够随时判断出哪些讨论值得进一步跟进，哪些是新激发出来的有价值的观点，讨论的进程是不是正常的，什么时候需要引导讨论重新回到原来的计划中……优秀的协调员还应该很好地把控自己的情绪，不会因为听到批评而心中不悦，也不会因为这一次的焦点团体成员没有贡献新的观点而感到烦躁。

与一对一访谈不同，焦点团体访谈在产生之初就希望达成一种"非指导性访谈"，也就是从访谈者主导的数据收集转向通过团体成员的积极讨论，让信息、观点在讨论过程中涌现出来，从而获得比访谈者直接提问更具团体成员自发性的信息。图6-2显示了不同类型的讨论模式。作为焦点团体访谈的协调员，你需要营造适于团体投入的氛围，保持团体动力。除了在开始阶段让大家熟络起来，感受到轻松、安全的氛围外，在讨论的过程中，你还需要细心地观察：哪位成员比较疏离于讨论之外？哪位是"话霸"，占据了过多的话语权？尽管成员都是同质的，但是团体交流中有没有形成一些独特的互动模式？你不应该主导讨论，但是你需要在适当的时候穿针引线，让成员互相解释观点、提供理由、澄清歧义、举例说明等。参与者之间有效的讨论使研究人员能够"达到其他方

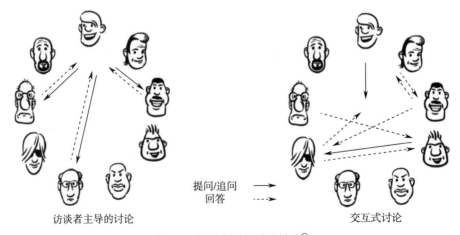

图6-2　不同类型的讨论模式[⊖]

⊖ HENNINKE M M. Focus group discussions [M]. New York：Oxford University Press，2014：73.

法无法达到的部分——揭示理解的维度,而这些维度往往是更传统的一对一访谈或问卷调查难以实现的。"[1]

> **小提示**
>
> 在中小学的学生中进行焦点团体访谈时,要注意以下几点。[2]
> (1)用经过培训的、与学生年龄更加接近的年轻老师、在校大学生、高年级学生作为协调员可能会更成功。他们可能更加贴近被访的学生。
> (2)同一个焦点团体中学生的年龄差距不要超过两岁。年龄差距太大,其关注点、经历可能相差较大。
> (3)避免几个"好朋友"在一个焦点团体中。他们可能会听从某个"小领导"的话。
> (4)鼓励学生们自由表达,可以通过艺术、戏剧、音乐、图画等多种方式表达。
> (5)询问符合他们年龄的问题,避免那些可能让他们觉得会在同伴面前丢脸的问题。
> (6)适当缩短访谈时间和减少问题,设置1小时、6~8个问题比较适宜。
> (7)准备小零食、小点心。
> (8)找个适宜的地方,与学生们围坐成一个圈而不是坐在桌子旁,会让他们感觉谈话是轻松随意的。
> (9)保持幽默感,表现出尊重,并做好即兴发挥的准备。

6.3 丰富的焦点团体访谈方式

为了让焦点团体访谈的气氛轻松,成员们愿意投入,围绕焦点畅所欲言,产出更多有效的信息,除了设计良好的问题外,还可以通过各种活动来实现这一目标。网上有很多营造轻松氛围、鼓励参与的"破冰"活动介绍,不少微信小程序也可以充当"破冰"活动的工具,这样的活动更具有数字时代的特征。其他一些活动也有利于产出丰富的信息,比如让参与者列清单、排等级、做分类、绘画、用中介物等。

---

[1] KITZINGER J The methodology of focus groups:the importance of interaction between research participants [J]. Sociology of Health and Illness,1994,16(1):103-121.
[2] KRUEGER R A,CASEY M A. Focus groups:a practical guide for applied research [M]. 5th ed. Thousand Oaks:SAGE Publications,2014:420-444.

6.3.1 列清单

"请列举10个老师在课堂上让你们使用计算机的场景""根据您的观察,请列举几个孩子在家中为完成作业而使用计算机的场景"……这类问题采用让参与者列清单的方式,有利于收集信息。如果想让所有人都参与,你可以准备好纸和笔,让每个人都写下他们的清单。在每个人写好之后,你可以在黑板或者大白纸上对大家写的内容做汇总、分类。这样的过程,一方面有利于个体单独思考,另一方面,在汇总分类的时候,参与者可以相互启发,有可能产出更多的信息。当然,如果访谈时间比较紧张,让焦点团体成员共同列一个清单也是可行的方案。在这种情况下,你可以放手让成员们自己产出清单,而不必参与其中,以免破坏团体成员之间的讨论。有的时候,成员在清单上只是写出几个简要的短语,他们可能会口头解释更多。短语的信息含量比较少,后续整理资料的时候也容易产生歧义,因此应该鼓励成员们写得具体一些,当然也要注意记录他们的口头解释。

> **🔒 案例6-1**   **哮喘的"好"与"坏"**[⊖]
>
>   7~11岁有哮喘经历的孩子被招募来做焦点团体访谈。研究人员鼓励孩子们用彩笔和两张大纸在地板上书写或画出哮喘的"好"和"坏"。这让他们有机会反思自己的想法,而无须立即回答问题。几乎所有参与者都满怀热情地参与了这项活动。一些年幼的孩子对写作没有信心,因此研究人员鼓励他们画画(有时由协调员在小组结束后进行注释)。
>
>   孩子们写下的清单被用作进一步小组讨论的基础。这包括刺激孩子回忆具体事件,引出人物和地点的细节,以及他们当时的感受。

6.3.2 排等级

可以让焦点团体成员根据一定的标准对某些事物进行等级划分,比如:"请将老师们常用的这几款APP按照对你学习有用性的高低来划分等级"。分级的标准可以是研究人员给出的,这时需要让成员们讨论为什么他们的划分是符合这个标准的;也可以让成员们共同讨论出一个标准,然后再按照此标准来分级,这样可以了解焦点团体的成员在对某些事物进行评价时看中的是什么。在进行这类活动的时候,研究人员需要注意的是讨论的重要性,无论是成员们产生的评价标准还是评价结果,每个成员都需要说明他们是

⊖ MORGAN M, GIBBS S, MAXWELL K, et al. Hearing children's voices: methodological issues in conducting focus groups with children aged 7-11 years [J]. Qualitative Research, 2002, 2 (1): 5-20.

怎样思考的。如果只是排个顺序，定个等级，那就不如在访谈最后让参与者填个问卷更有效率了。

> **案例6-2　　　　　给学校制作一份成绩单**⊖
>
> 　　大家都很熟悉学校各科成绩的表示方法，比如英语、历史和代数，它们常用A、B、C、D和F等来表示。今天我们希望你为学校制作一份成绩单。作为学校，它的哪些方面对你而言是非常重要的？它们可能是关于人、建筑物、活动或与学校有关的任何事物，请把它们写下来。对于这些项目，你觉得学校可以得到一个什么分数？请用从A到F的等级来打分。所以，请每人拿一张卡片，开始为这所学校做一份成绩单吧。
>
> 　　在学生们完成学校成绩单之后，请他们分享自己的项目清单和成绩，并记录在黑板或大白纸上。然后，先让学生们挑出并讨论那些正在上升快要达到等级A的项目，再让他们选择那些等级是F的项目，并让学生们分析如何改进这些等级F的项目。

6.3.3　做分类

　　曾经有发展心理学家做过一个实验，让美国和中国的儿童对鸡、牛和草的图片进行分类，结果发现，美国儿童喜欢将鸡和牛分为一组，因为他们属于"分类学"范畴，而中国儿童则会将牛和草分为一组，因为"牛会吃草"，他们更喜欢根据关系对物体进行分组。这个分类实验折射了有趣的东西方思维差异。⊖你也可以运用这种对图片、词语、事物做分类的活动，从参与者对他们分类的解释中，获得人们对于事物的理解方式和思维方式。在焦点团体访谈中，有两种做分类的活动方式，一种称为结构化分类，另一种称为非结构化分类。结构化分类是由协调员提供一些东西，例如图片、词语卡片、物件等，让焦点团体成员按照他们认为有意义的方式，根据其共同的属性进行分类。非结构化分类则是先给出特定问题，焦点团体成员自由地列出他们能够想到的条目，然后再对其进行分类。两种分类方式都需要焦点团体成员描述他们分类的意义是什么。⊜

⊖ KRUEGER R A, CASEY M A. Focus groups: a practical guide for applied research [M]. 5th ed. Thousand Oaks: SAGE Publications, 2014: 138.
⊖ NISBETT R E. The geography of thought: how Asians and Westerners think differently and why [M]. New York: The Free Press, 2004: 140.
⊜ QUINTILIANI L, CAMPBELL M K, HAINES P S et al. The use of the pile sort method in identifying groups of healthful lifestyle behaviors among female community college students [J]. Journal of the American Dietetic Association, 2008, 108（9）: 1503-1507.

> **案例6-3** 健康的生活方式[1]
>
> "请你思考一种在营养和锻炼方面有助于健康生活的方式。在每张卡片上写下你认为重要的健康生活方式的一个组成部分。"在尽可能多的卡片上写下相关项目后,参与者根据这些项目的一些共同特征将他们的卡片分为一堆或几堆。针对为什么这样分类进行讨论,然后收集卡片。接下来,参与者根据协调员的半结构化访谈提纲讨论几个主题,包括他们之前的营养教育经验,了解癌症预防知识的深度,以及有哪些障碍影响了他们改变营养和锻炼习惯等。

6.3.4 绘画

绘画也是研究中常用来收集资料的一种方法。维果茨基(Vygotsky)指出,从大约7岁开始,儿童就掌握了绘画的象征意义。与符号和语言一样,绘画可以作为一种文化工具,用于中介和传递经验。[2]一些研究让年龄比较小的孩子用绘画来表达他们的意思,比如让小孩子画出他们喜欢的老师的样子。相较于语言,绘画可以收集到更加丰富的信息。对于青少年而言,绘画也是一种有效的收集资料方式。当然,这些图画往往也需要绘制者进一步解释他们想表达的意思,或者请绘画的一些成员参与到对图画进行编码和意义解释的活动中。

> **案例6-4** 一个理想的公共医疗卫生服务机构是什么样的?[3]
>
> 这个活动的参与者是加拿大一群所谓的"问题青少年"。活动协调员给的一张大白纸上包含了一个正方形的盒子,要求参与者把它变形为一个理想的公共医疗卫生服务机构。协调员提供了钢笔、颜料、彩色记号笔等,尽可能地留出空间让参与者激发他们的创作灵感,让他们在一个没有结构的空间——一张大纸上回答研究问题。有一个参与者绘制的图画中包括了拥有电视和计算机的候诊室,另一个参与者画了医疗服务人员礼貌和接受的态度。当大多数参与者选择通过文字来表达的时候,独特的"街道"文化艺术也出现了。例如,一种画有特殊的涂鸦字体的火车显

---

[1] QUINTILIANI L, CAMPBELL M K, HAINES P S, et al. The use of the pile sort method in identifying groups of healthful lifestyle behaviors among female community college students [J]. Journal of the American Dietetic Association,2008,108(9):1504.
[2] VEALE A. Creative methodologies in participatory research with children [M]//GREENE S, HOGAN G. Researching children's experience: approaches and methods. London: Sage Publications,2005:261-262.
[3] AMSDEN J, VANWYNSBERGHE R. Community mapping as a research tool with youth [J]. Action Research,2005,3(4):357-381.

示了理想公共医疗卫生服务机构的不同特性——拥有舞厅和游泳池。还有参与者用一幅"泡泡屋"的图画来表示希望的公共医疗卫生服务机构的特性。这些图像的特性说明了绘画活动有益于识别青少年希望在公共医疗卫生服务机构中获得哪些实际的资源。

在后续的环节中，研究者和绘画的参与者共同对他们所创造的丰富而令人无法抗拒的图画进行意义解释。首先把每个图画中的图像和文字用便签条注解的方式进行编码，在注解上尽量准确地用浓缩或者小尺寸重画或者重写这些图像或文字。随后，每张图上得到的大量的粉色或者黄色的注解便签再被归类到各个类目中，这个过程基于扎根理论，各个类目是从数据中浮现出来的，而不是按照事先的假设预设的。

6.3.5 用中介物

焦点团体访谈中经常会采用一些中介物来激发成员的讨论，比如一段动画片、一段视频、一则新闻报道等。这些中介物既可以作为话题，引起参与者的思考和讨论，也可以作为场景，把参与者带入具体情境，对主题进行深入探讨。

案例6-5　　　　　　　　　泡泡对话框[①]

主要针对小学生收集他们对于利用信息技术学习的看法。研究人员设计了一幅图来激发小学生关于学习的讨论，如图6-3所示。可以看出图中是一个正在上课的

图6-3　用"泡泡对话框"激发小学生讨论

[①] WALL K, HIGGINS S, SMITH H. 'The visual helps me understand the complicated things': pupil views of teaching and learning with interactive whiteboards [J]. British Journal of Educational Technology, 2005, 36 (5): 851-867.

情景，学生们可以在图上的计算机和交互式白板上画出他们最喜欢的课程，可以向老师和学生的脸上添加表情。云团的部分代表图中的学生正在想什么，而矩形框代表学生可能会说些什么。

🔒 案例6-6　　　　　　你怎么看待口腔问题[①]

小场景："罗西塔和她的朋友维克多住在同一个西班牙社区的同一栋楼里。他们在当地社区非常活跃。罗西塔经常与维克多争论，因为据她说，维克多似乎不太注意自己的嘴巴，因为他总是不戴假牙。罗西塔不断地提醒维克多要戴假牙以便'看起来更好'。甚至在吃饭的时候，维克多有时也不戴假牙。他经常不戴假牙去社区中心，似乎对此也不觉得有什么不适。但罗西塔不这样认为！她从来没有不戴假牙就出门。现在，罗西塔在外面已经避开与维克多在一起了。"

这个研究关注老年人口腔健康问题。研究者开发了上面这个用文字描述的小场景，用于提示参与者探索其口腔健康价值观和信念与文化、社会和婚姻状况、环境和性别的关系。在焦点团体中，协调员给老年人发了印有这个小场景的纸，并朗读了一遍，以确保老年人都了解情景，明白其中的意思。之后，协调员提出了开放式问题，以促进大家对口腔健康定义和认知的讨论，并征求与口腔健康有关的价值观、信念和行为。这段文字所描述的小场景特别提请大家注意人们是如何适应和应对牙科问题的，以及社会文化环境对口腔健康的影响。在整个讨论过程中，主持人不断地针对参与者所提出的话题进行追问，以获得更多信息，以及让参与者更多地澄清他们的观点。

除了上述几种类型的活动外，还可以尝试其他更贴近研究对象、更能够产出丰富的高质量信息的活动形式。当然，任何活动都应该围绕研究展开，为此汉尼克建议在设计焦点团体访谈活动的时候可以考虑以下问题。[②]

（1）**活动的目的是什么？**
（2）**活动将如何促进参与者之间的互动和讨论？**
（3）**将生成什么类型的数据？**
（4）**如何记录数据（书面或口头）？**
（5）**协调员在活动中的角色是什么？**

[①] BRONDANI M A, MACENTEE M I, BRYANT S R, et al. Using written vignettes in focus groups among older adults to discuss oral health as a sensitive topic [J]. Qualitative Health Research，2008，18（8）：1145-1153．
[②] HENNINKE M M. Focus group discussions [M]. New York：Oxford University Press，2014：63．

（6）协调员需要如何听取参与者在活动中的简要汇报？
（7）活动应该在什么时候进行（例如，在开始还是在中间）？
（8）活动需要多少时间？
（9）需要什么设备（记号笔、卡片、纸张等）？
（10）这项活动可以事先测试吗？
（11）包括一项活动将如何影响要讨论的其他主题？

> **小提示**
> 在焦点团体进行活动的时候，重要的是保持原来团体不变，不要再将其拆分成更小的小组！因为活动本身就是为了促进团体成员之间的讨论，分割成更小的小组会使记录工作变得更加困难，容易丢失有价值的数据○。

6.4 拓展阅读

[1] 克鲁杰，凯西.焦点团体：应用研究实践指南 [M]. 林小英，译. 重庆：重庆大学出版社，2007.
[2] 巴伯.焦点小组：第二版 [M].杨蕊辰，译. 上海：格致出版社，2022.

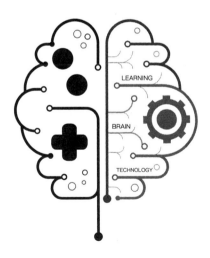

○ HENNINKE M M. Focus group discussions [M]. New York：Oxford University Press，2014：62-63.

第7章

用视频分析研究教与学

【案例导引】

海特被多个任课老师认为是"问题学生"。他在课堂上经常无所事事,躲避老师的目光,从未举过手,也不积极回答问题,作业也是拖拖拉拉,甚至不交。但他擅长与同龄人开玩笑,与其他学生相处融洽。

老师们为了更细致地了解海特,他们对海特等男孩组成的学习小组进行了一次基于视频的研究。这个学习小组在为期3周的数学综合实践活动中要共同完成一个数学项目,即为南极洲的科学家团队设计科考站,建设供热系统,并最终计算科考站建设费用。老师们对3周的学习小组活动进行了录像。

通过视频分析发现,在南极洲项目中,海特富有成效地完成了自己的分工任务,在学习小组中发挥着关键作用。在学习小组成员协作过程中,海特成为建模软件专家,绘制平面图,并与另一个同学一起在平面图上进行数学计算,花费了大量时间建模与修改,该小组的大部分工作都基于海特的模型。然而,在最终的小组成果汇报中,海特却在旁边搞怪,逗同学们大笑,或是让演示频频出错,搞得演示同学很窘迫,从而让老师们和同学认为他表现不佳。

老师们通过分析长达3周的学习小组活动录像,发现了海特所做的贡献,也明白了海特在项目实施过程中说的"删除我的工作"意味着什么。通过视频分析,研究者捕捉到现场观察者看不到的学生参与模式,让互动变得可见。老师们也意识到在仅以小组汇报为标准的评估体系中,老师因无法看见海特的学习成果,最终将其归为问题学生。

资料来源:*Staying the Course with Video Analysis*. 有改编.

7.1 什么是视频分析

随着手持摄像机、外置手机镜头、无人机、鱼眼镜头等拍摄设备和技术的飞速发展，视频录像被越来越广泛地应用在教育教学研究与实践中。相比传统的文字记录，视频录像可以更为全面、生动地记录教育现场中的教学和学习过程（例如人际互动、动作变换、眼神交流以及姿态转换等），同时，视频记录的内容也方便人们随时对其进行再检查和再分析，因此近年来备受教育研究者和教学一线实践者的青睐。

视频分析（Video Analysis），也被称为"视频图像分析"，是将记录教学和学习过程的视频录像作为重要数据，对教学和学习过程本身进行深入分析，并对不同环境中的教学和学习进行描述与解释。[1]此方法能够帮助教师一边"观看"视频录像，一边丰富、更新课堂教学的知识内容和教学形式，同时培养、发展教师分析视频录像的眼光、立场和思维方式。[2]

该方法最早起源于美国，后在世界各地得到了广泛应用。1965年，斯坦福大学教师教育项目最先使用摄像机记录教师的课堂教学，并借助课堂录像对教学进行诊断，并将其命名为"微格教学"。自此，课堂视频分析走上教育研究的舞台。课堂视频分析于20世纪80年代进入我国，最初采用"微格教学"的形式，由于视频录像的可再现、可重复、可对照分析和易保存的优势，迅速成为我国教师的重要教育手段。我国学者对国内外视频分析在教育中的四种取向及其实践应用进行了总结[3][4]，详细内容见表7-1。

表7-1 视频分析在教育中的四种取向及其实践应用

四种取向	分析要义	应用主体	应用方面
课堂教辅工具	对课堂中的教育现象进行再认识，探索教学的规律	一线教师 课程开发者	具体学科的课堂教学，如地理、物理、生物等
教学改进技术	分析教学干预带来的影响和变化，改进教学策略和方法，对教学和学习环境进行再设计	一线教师 学校管理者 教育研究人员	改进课堂教学方法、课堂互动、课堂教学模式、教师专业发展等
教育研究方法	作为一种适切、有效的研究方法，在教育研究及实践中创造方法价值	教育研究人员	指向具体研究问题的某种教育研究，如运用视频分析研究课堂的语言结构

---

[1] GOLDMAN R, PEA R, BARRON B, et al. Video research in the learning science [M]. New York and London：Routledge, 2007：ix.

[2] 张蕊, 李政涛. 我国近二十年教育视频分析的回顾与展望 [J]. 首都师范大学学报（社会科学版）, 2022（3）：179-188.

[3] 郑太年, 仝玉婷. 课堂视频分析：理论进路、方法与应用 [J]. 华东师范大学学报（教育科学版）, 2017, 35（3）：126-133；172-173.

[4] 姚鹏飞, 屈曼祺, 李宝敏. 课堂视频分析研究六十年：脉络、热点与发展趋势 [J]. 全球教育展望, 2022, 51（3）：61-77.

（续）

四种取向	分析要义	应用主体	应用方面
教育研究方法论	作为一种理解方式、解读视角，对视频分析本身进行深层次的认识	教育研究人员	基本理论层面的元研究，如理论建构、认知更新、知识来源等

第一种取向是将视频分析作为课堂教辅工具，对课堂中的教育现象进行再认识和对教学规律进行探索。在这种取向下，视频分析的独特性体现在需要情境性、过程性资源的课堂教学中，例如地理、生物、物理等具体学科的教学。随着人工智能技术的发展，可以借助人工智能技术对视频录像中的课堂问题进行识别、跟踪与结构化理解，进而对课堂教学进行更加实时、高效、基于证据的评价，这是视频分析作为课堂教辅工具的新的内涵要义所在。

第二种取向是将视频分析作为教学改进技术，通过探究教学干预带给学习的影响与变化[1]，改进课堂教学并对教学环境进行再设计。例如，借助课堂视频，教师集体分析特定教学活动对学生学习成绩的影响，从而判定哪些活动属于高效的教学活动。此外，眼动仪、脑电仪等设备所采集的视频数据成为判断学生认知投入情况、注意力集中情况的重要依据，分析这些数据不仅能帮助教师做出更加精准的教学决策[2]，还能辅助教师对教学环境进行有效设计。

第三种取向是将视频分析作为一种教育研究方法，让其在教育研究及实践中创造方法价值。视频分析本质上是一种适切、有效的研究方法，既可以作为一种独立的研究方法，也可以与访谈法、观察法等方法结合，以探究具体的教育研究问题。近年来，广泛应用视频分析的教育研究主题有教学及学习过程分析、课堂行为分析、教学评价、课堂教学结构（语言结构、互动结构等）的变革以及教师专业发展等。

第四种取向是将视频分析作为一种教育研究方法论。换言之，为认识、理解视频分析本身提供视角，用来突破视频作为辅助工具的局限，从认识论和本体论层面探讨视频分析对人们认识教育、认识自己、认识世界的作用和意义。基于这种取向的视频分析主要被用来建构与课堂教学相关的新理论。举例来说，由于课堂视频不仅包含师生言语交互，还包括了身体、时间、空间、物质等维度，因此可以说课堂视频本身就是一个微型的课堂社会，这使得现象学、人类学、社会学等学科理论可以迁移应用。

---

[1] GOLDMAN R, ZAHN G, DERRY S J. Frontiers of digital video research in the learning sciences: mapping the terrain[M]// SAWYER R K. The Cambridge handbook of the learning sciences. 2nd ed. New York: Cambridge University Press, 2014: 213-232.

[2] SCHOOLER J W, REICHLE E D, HALPERN D V. Zoning out wile reading: evidence for dissociations between experience and metaconsciousness[M]//LEVIN D T. Thinking and seeing visual meta-cognition in adults and children (a bradford book). Cambridge, MA: MIT Press, 2004: 203-226.

7.2 视频录像用于教育研究的优势

与教育教学研究中的文本记录和音频记录不同,视频录像有其特征和优势。这些特征和优势使得视频分析受到了国内外教育研究者与实践者的广泛关注和应用,主要体现在三个方面,分别为:①视频录像能够实时连续地记录教学过程;②视频录像能够相对全面且细粒度地记录教与学本身;③视频录像易保存、可共享、可重复观看且可对照分析。

7.2.1 视频录像能够实时连续地记录教学过程

视频录像能够实时、连续且高质量地记录课堂教学过程中的交互特征和顺序结构,从而向观看者传达课堂互动及教学过程的复杂性。换言之,视频录像会按照话语及事件的时间顺序,对课堂教学中自然发生的事件进行详细记录,并向观看者直观地呈现真实且复杂的教学过程。如果没有视频录像,课堂话语及相关事件的时间尺度就会有一定程度的信息丢失。

这里的时间尺度即年、月、日、周、时、分等。这些时间尺度有助于教师将与教学相关的困惑、冲突、问题、经验等聚焦到课堂教学相关事件中,尤其聚焦到那些饱含话语信息、环境信息和情境信息的关键位置点上,为系统化地探究课堂教学提供审视视角和探究基础。这种基于时间尺度的高质量的记录形式,在弥补了书面记录的时间模糊性和事件模糊性的同时,既使研究者及教师可以从不同的角度对课堂教学进行跨时间尺度的探究,也使得打开"教"与"学"的暗箱成为可能。

> **案例7-1**
>
> 科尔多瓦先生的学生在三、四年级跟他学习两年科学课程后,纷纷表示收获很大。为清楚了解"学生们在科尔多瓦先生的课堂上获得了哪些学习科学的机会""相关的科学学习事件发生在什么时候"以及"学生们花时间做了什么"等问题,研究者以学年、月、日为时间尺度,绘制了在两年的科学学习过程中,学生们参与科学学习的事件地图。基于此事件地图,研究者对科尔多瓦先生高效的科学教学模式和教学策略进行了梳理,并对高效的科学教学所需的问题情境和话语结构进行了分析。
>
> 这项研究中基于时间尺度绘制事件地图的步骤如下:

⊖ GREEN J, SKUKAUSKAITE A, DIXON C, et al. Epistemological issues in the analysis of video records: interactional ethnography as a logic of inquiry [M] // GOLDMAN R, PEA R, BARRON B, et al. Video research in the learning sciences. New York: Routledge, 2007: 115-132.

> 首先，观看、审阅科尔多瓦先生的教学视频录像、教师教案和现场记录文件，以"学生们都把时间花在了什么上？科学学习是什么时候出现的？"为指导问题，捕捉关键的课堂教学事件。
>
> 然后，回顾与关键课堂教学事件相关的视频录像，分析关键课堂教学事件之间的联系和相互作用关系。
>
> 接着，利用这些有目的且有理论意义的抽样事件，基于学年、月、日三个时间尺度，展开分析，探究相关事件中学生学习、掌握科学知识与相关能力的过程。
>
> 由于文字无法清晰地记录时间和事件的边界，如果没有视频录像，课堂教学中的时间尺度就很容易丢失信息。相应地，分析与课堂教学事件相关的知识构建、身份构建、课堂生活的社会建构等过程，都会受到很大的限制。因此，这种运用时间尺度锚定关键教学事件的方法，能够帮助研究者及一线教师更进一步认识、理解课堂教学中的多重现象和关系。

7.2.2 视频录像能够相对全面且细粒度地分析教与学本身

无论在课堂内还是课堂外，视频录像都能相对全面地记录教育现场中的动作、手势、神情、互动以及微妙语境等，从而对具体事件进行生动形象的"厚"描述。相比传统的书面记录或口头交流，视频录像的"厚"描述能够给观看者提供丰富、多层次且贴近现实的故事，更能呈现教与学及二者互动的复杂性，在解释教育现象方面更具说服力。借助视频录像的这一优势，研究者或观看者不仅可以进一步捕捉课堂教学中的各种行为和交互，还能结合相关的话语情境对视频内容进行深层次的解读。由此，视频录像有助于研究者和教师系统、全面地分析教与学本身。在本章的"案例导引"中，海特有意回避评估，这是教师在日常教学中很难发现的。视频录像的细粒度记录和"厚"描述帮助教师"延展"了视域，为认识、分析课堂内的教与学提供了新的洞见。

7.2.3 视频录像易保存、可共享、可重复观看且可对照分析

作为数字化的记录工具，视频录像可以根据实践或研究的需要，加快、放慢或暂停部分教学过程的录制，用一种新的方式呈现自然发生的事件。与之相对应，在观看视频录像的过程中，观看者也可以借助加速、放慢或暂停等功能，详细、反复地审视视频录像，从而揭示视频录像所记录的各种细节。由于能够捕捉时间尺度、人际交互和话语结构的特征，视频录像成为记录并审视教育现象的主要工具之一。此外，由于视频录像易保存、易传递且可共享，观看者不仅可以与别人一起观看，对相关视频内容进行对照分

析，还可以同别人分享自己观看的内容。这样的共享性为研究人员和观看者提供了从不同视角讨论、分析、解释视频录像中教育现象的机会。

> **案例7-2**
>
> 为解决"为什么学校教育所教的知识常为惰性知识，在日常学习生活中，学生无法主动、自觉地应用它们"的问题，美国华盛顿大学教育学院相关学者在其学习平台开发了集快放、慢放、停顿、注解等于一体的视频标注功能，以此来帮助学生高效地学习。有一个实例是这样的：一名师范生在实习过程中发现，一位小学生一直只做自己的事情，不和同学交流，也不听老师讲课。为了辨识这一现象是否是问题现象并寻找解决方案，这名师范生将相关情境用视频记录下来，并借助上述功能在视频中标注了她的困惑。然后，她将带有标注的视频片段分别发给了她的大学指导老师和小学实习带教老师，并咨询他们对于这一现象的认识和理解。从两位老师的回复中，这名师范生找到了解决问题的方案，并在之后的实习中与那位小学生一起尝试了新的合作方式。

相比以往仅从个体学习的角度来理解教育问题，视频录像能够为认识、分析教育现象提供更为复杂、全面的解释。在这个解释中，分析教育问题的单元不再是教学或学习的个体，而是由教师、学生、研究者、管理者等组成的、协同发挥作用的教育共同体[2]。这种教育共同体构建了趋于全貌的教育情境，让不同的参与者均能从中获得积极的学习成果。

7.3 如何获取高质量的视频录像

视频录像能相对全面且生动地记录真实发生的教育现象，但是，如何在真实的教育情境中获取高质量的视频录像呢？这是选择视频分析时第一步需要考虑的问题。

虽然视频拍摄工具越来越便捷、高效，但收集高质量的视频录像仍面临诸多挑战。例如，如何让视频录像呈现出整体的复杂性？为保证视频录像的质量，一台摄像机是否足够，是否需要更多？视频录像中没有捕获到的辅助材料该如何补足？等等。本节将收集高质量视频录像所面临的挑战总结为五点，分别为：①如何拍摄；②如何随时间和环

---

[1] BEARDSLEY L V, COGNA-DREW D, OLIVERO F. Video paper: bridging research and practice for preservice and experienced teachers [M] // GOLDMAN R, PEA R, BARRON B, et al. Video research in the learning sciences. New York: Routledge, 2007: 479-493.

[2] GOLDMAN S, MCDERMOTT R. Staying the course with video analysis [M] // GOLDMAN R, PEA R, BARRON B, et al. Video research in the learning sciences. Mahwah, NJ: Erlbaum, 2007: 101-113.

境的变化持续拍摄高质量的视频；③如何避免摄像机的存在对被拍摄者的影响；④如何保证拍摄现场的声音质量；⑤拍摄前如何获得被拍摄者的知情同意。

7.3.1 如何拍摄

如何拍摄高质量的视频是视频分析面临的挑战之一。在拍摄过程中，有些研究者喜欢借助手持摄像机进行拍摄，认为这样可以通过操控摄像机放大并捕捉有趣的事件；有些研究者喜欢将摄像机固定在三脚架上进行拍摄，认为这样可以产生较长的拍摄序列并保证拍摄画面的清晰度，方便拍摄期间不在场的人员参与分析。无论是哪种拍摄方式，摄像机总会因景深有限及设备本身其他诸多限制，错过一些肉眼可跟踪观察的细微信息。因此，视频研究领域的专家学者指出，目前仍不存在理想的视频拍摄方式。为了尽可能地保证视频录像的质量，拍摄者需要在拍摄之前实地考察拍摄环境，了解拍摄环境中普遍发生的事件，明确拍摄什么、在哪里拍摄、什么时候拍摄以及如何拍摄等问题，以便在拍摄过程中更好地捕捉关键内容和典型事件。表7-2总结了拍摄教育视频时的拍摄策略和注意事项。

表7-2 拍摄教育视频时的拍摄策略和注意事项

	课堂教学和教师学习	同伴、家庭和非正式学习
明确拍摄场景		
明确拍摄内容	教师知识点教学、师生互动、学生小组合作学习、课堂冲突处理、班级管理等	博物馆、展览馆等非正式学习环境中的知识学习、意义建构；家庭中的同伴学习、家长指导等
准备拍摄工具	鱼眼相机/手持摄像机+无线麦克风 固定摄像机+三脚架+手持摄像机+无线麦克风（+耳机） 无论准备哪套拍摄工具，都需要携带充电设备、电池、摄像机包以及胶带（用来固定无线麦克）等。相关设备的携带数量取决于研究问题、现场拍摄要求，以及拍摄者的拍摄水平和设备等。拍摄课堂教学视频时，建议携带一台固定广角摄像机、两台手持摄像机、两个或两个以上无线麦克风	
明确拍摄方法	用一个固定/手持摄像机进行拍摄，并运用缩放功能捕捉关键场景和现象 将固定摄像机固定在三脚架上或房间高处的一个位置，无线麦克风放在被拍摄者身上或交互发生的中心位置，摄像机操作员操控手持摄像机以捕捉有趣或关键现象 注：固定摄像机一般用广角镜头，手持摄像机一般用特写镜头	

拍摄注意事项	视频拍摄取样
	  明确要拍摄的内容，与拍摄内容相关的背景、目的、原因，拍摄现象的有序模式、拍摄的视频类型等
	  制订详细的拍摄计划，注明具体的视频拍摄策略和记录规则，包括明确摄像机的放置位置、拍摄角度等
	  把自己当作拍摄设备，在尽量捕捉正在发生事情的同时，写下观察性记录和部分分析注释
	  关注视频质量的同时，也重视视频的美学品质，捕捉教育现象中的时空美学和交互美学
	  权衡好广角镜头和特写镜头之间的比重，避免广角镜头占主导地位和特写镜头不足的问题	

拍摄注意事项	拍摄视频的真实性 　　视频也无法拍摄到所有现象，可以根据具体研究的需要，在拍摄后对现场的学生、老师等进行访谈或调查，以补充相关资料 　　摄像机的"侵入"可能会对被拍摄者的行为产生影响，从而挑战所收集视频数据的真实性。拍摄者需要通过隐藏摄像机或其他方式，尝试与被拍摄者建立信任关系，以减少摄像机对真实情境的影响 视频拍摄的伦理 　　拍摄要获得被拍摄者的知情同意，后续因分析或报告需要共享视频数据时，需要遮盖被拍摄者的面部并转化其声音，保证其身份不被泄露

7.3.2 如何随时间和环境的变化持续拍摄高质量的视频

在教育教学环境中，要拍摄高质量的视频往往需要镜头跟随教与学的发生发展过程移动。但移动拍摄镜头往往会对参与者的行为捕捉和声音捕获造成一定影响。为应对这一挑战，将摄像机放置在固定位置进行拍摄是一种备受欢迎的选择。可是，无法否认，教育现象是动态的，固定位置拍摄会在很大程度上限制肉眼看到的内容。那么，如何随着时间和环境的变化，持续拍摄出高质量的视频呢？

对此，有研究者指出，可以组合使用无线麦克风、固定式摄像机和手持式摄像机，用无线麦克风捕捉动态变化的声音，用手持式摄像机捕捉固定式摄像机拍摄不到的现象和关键事件。也有研究者指出，可以运用无线头戴式摄像机等新型视频拍摄工具，最大限度地克服固定式和手持式摄像机的拍摄局限，保证拍摄的持续性和录制视频的质量。截至目前，前一种方式已在视频拍摄实践中得到了广泛应用，后一种方式仍在探索中[⊖]。

> **小提示**
>
> 随时间和环境变化，持续拍摄高质量视频时有以下注意事项。
>
> **掌握拍摄时间：** 拍摄动态影像时，为方便观众了解所拍摄的现象，转拍另一个画面前，最好让镜头停留几秒钟的时间。如一个镜头的时间太短，则图像不易看明白，看得很累；反之，如果一个镜头的时间太长，则影响观看的热情，看得很烦。一般来说，特写镜头以2~3秒、中近景以3~4秒、中景以5~6秒、全景以6~7秒、大全景以6~11秒、一般镜头拍摄以4~6秒为宜。
>
> **移动镜头要有规律：** 镜头移动要有规律，例如，从左到右、从右到左、从上到下、从下到上等，进退也要有迹可循。镜头移动会迫使观看者改变视觉空间，因

⊖ 知乎用户LfoXZs.视频拍摄的十大要点[EB/OL].（2020-04-01）[2023-04-23]. https：//zhuanlan. zhihu. com/p/122310362.

此，有规律的镜头移动有助于观看者适应新拍摄画面中的空间和景象，进而捕捉到关键的信息和图景。

移动镜头要平稳：进行移动拍摄时，拍摄镜头一定要平稳移动。保持移动镜头平稳的方法有：①使用可移动的三脚架，保持拍摄画面的稳定性；②如果用手持摄像机，基本的拍摄姿势为将两脚分开约50cm站立，脚尖稍微朝外成八字形，然后移动腰部进行拍摄。拍摄过程中，移动要平稳滑顺，切忌忽快忽慢，中间无停顿。

7.3.3 如何避免摄像机的存在对被拍摄者的影响

摄像机是一种外在干预形式，其存在必然会对拍摄的场景和被拍摄者产生一定的影响。尤其是当有人在操作摄像机进行拍摄时，干预产生的影响会更加明显，会在较大程度上限制被拍摄者的自然反应和互动交际。由此，摄像机的存在可能会在无意中降低视频录像的质量。那么，如果避免摄像机的存在对被拍摄者的影响呢？

贾樟柯导演在北京零频道公司主办的纪录片训练营上，曾通过讲解如何拍摄制作纪录片，回答过这个问题。关于如何让被拍摄者不在意拍摄者及摄像机的存在，他分享了三个拍摄经验。

经验1：在前期就和被拍摄者以拍摄的方式相处，让被拍摄者熟悉镜头，不再因为摄像机的存在而改变自己日常的行为和反应。

经验2：事先用直接或间接的方式与被拍摄者充分沟通、交流，让被拍摄者认可并相信拍摄环境及拍摄记录的未来用途是可靠且安全的。

经验3：进入拍摄现场的人应尽量少，除了核心人员外，相关人员尽量不要介入拍摄空间里面。

7.3.4 如何保证拍摄现场的声音质量

在教育教学环境中捕获高质量的音频也是一项挑战。课堂环境作为典型的教育教学环境，其中往往充斥着多人在狭窄空间里的说话声、桌椅的刮擦声、纸张的窸窣声以及窗外马路上的汽车轰鸣声等，这些声音常常使课堂视频的拍摄陷入困难的局面。即使是曾经在各种困难情况下进行拍摄的专业摄制组，也评论说课堂拍摄比战区拍摄面临更大的挑战。[①]面对这个挑战，如何保证拍摄现场的声音质量呢？

目前常用的解决方法是，拍摄者运用无线麦克风或收音耳机来提高拍摄声音的质

---

① BARRON B. Video as a tool to advance understanding of learning and development in peer, family, and other informal learning contexts [M] // GOLDMAN R, PEA R, BARRON B, et al. Video research in the learning sciences. Mahwah, NJ: Erlbaum, 2007: 159-187.

量。在运用无线麦克风时，通常会将无线麦克风藏在说话者的衣领下或者胸口，并在麦克风的外面贴上一层黑胶布以避免衣服的摩擦声。

7.3.5 拍摄前如何获得被拍摄者的知情同意

获得参与者的知情同意是开展教育研究必须遵守的伦理。目前，由于视频拍摄与传输技术越来越普及、便捷，视频拍摄在生活中无处不在，视频共享也越来越方便。这就涉及被拍摄者是否知情且同意被拍摄的问题，简称为知情同意。这里的知情同意是指被拍摄者确认自愿并同意参加视频拍摄，同意的方式可以是口头同意，也可以是在写明同意事项及日期的知情同意书上签字同意。

一般来说，知情同意书上会写明视频拍摄的目的、拍摄的过程、潜在利益和风险、中断和退出研究的自由、保密程度以及拍摄视频的限制性用途和潜在用途等事项，并对每一事项内含的注意要点进行详细说明（有关知情同意书的详细内容可参考本书第5章）。例如：在说明拍摄视频的限制性用途时，会说明限制视频的访问权限，只有研究人员或相关工作人员才可以访问；在需要共享视频时，需要遮挡视频中被拍摄者的面部，对声音进行处理，并模糊拍摄视频的具体日期和地点；保证视频储存和分享的安全性等。⊖此外，由于视频拍摄所面向的对象通常为集体，获取知情同意时可能会面临集体中并非所有人都同意拍摄的挑战，以及拍摄中途有人选择中断或退出拍摄的挑战。这些挑战都是知情同意获取过程中常常会遇到的问题，这些也是被拍摄者的权利，拍摄者需要给予尊重。

7.4 应对视频分析过程中的挑战

细粒度、"厚"描述、可反复观看的视频录像在为观看者提供丰富信息的同时，也为研究者分析视频、捕捉视频中的有效信息带来了诸多挑战。这些挑战包括：①如何处理庞大的视频数据量？②如何在复杂且丰富的视频录像中获得恰当的理解？③如何高质量地转录视频录像？④如何全面且细致地报告视频中的交互？⑤如何避免被视频录像的生动性和普遍性所诱惑？⑥如何进行基于视频的课堂分析？

7.4.1 如何处理庞大的视频数据量

开展视频分析面临的第一个严峻挑战就是如何处理庞大的视频数据量。由于人类的感官能力和认知能力有限：一方面，面对庞大的数据量，研究者往往会陷入无从下手的

⊖ DERRY S J. Guidelines for video research in education: recommendations from an expert panel [R]. NORC at University of Chicago: Data Research and Development Center, 2007: 65-66.

困境；另一方面，面对视频中接连不断的信息流，研究者也很容易被信息细节淹没，不知如何在实时查看视频的过程中解析视频。尤其是在分析课程教学视频时，由于录制的视频可能涉及不同的教学内容、不同的教学班级、不同的教学时段等，庞大数据量带给研究者的挑战尤为严峻。面对这样的挑战，一些研究者在收集、录制视频之前，就开发出一些基本的分析方法，对视频中发生的事件进行分类和标注，以此减轻庞大数据量所引发的茫然和无措。基本的视频分类和标注方法如下几种。

（1）**从引导性问题开始**。良好的引导性问题能够为研究者提供收集数据的方向，同时也为研究者指明分析的方向，让其在分析过程中保持自己的观点，并保持解析数据的敏锐度。例如：以"学生对科学知识的学习是什么时候发生的？"为引导性问题，研究者在分析视频录像时，就会更有针对性地锚定关键信息和事件。

（2）**关注意料之外的现象**。在基于引导性问题开展特定方向的分析时，也要特别留意和关注一些意料之外的现象。例如，本章最开始的"案例导引"中，海特一直被老师认为是"问题学生"。可是，经过视频观察和分析后，老师进一步发现，海特在小组中表现积极，作用很大。这样意料之外的现象让老师进一步探究，发现了海特"删除我的工作"的含义，即他刻意回避在传统评价方式中做出好的表现。这些意料之外的发现对于老师洞察课堂教学是非常重要的。

（3）**以多种方式观看和审视视频录像**。视频录像作为数据来源的一个优点是，可以用不同的方式、由不同的人、在研究中的不同时间甚至由不同的研究小组多次查看。观看和审视视频录像的方式有多种：

1）让同研究小组和（或）不同小组的人来观看，以获取与最初假设或预测一致或不一致的数据。

2）以比正常速度更快或更慢的方式观看视频，或以只听音频不看图像，或以只看图像不听音频的方式，让研究者将注意力集中在其感兴趣的特定方面。

3）邀请被拍摄者和研究人员及教师一起观看视频，观看过程中，邀请他们解释正在发生的事情。

7.4.2 如何在复杂且丰富的视频录像中获得恰当的理解

庞大的数据量带来的另一个挑战是如何恰当地理解这些视频。视频的分析者经常可能会出现如下曲解视频内容观点的情况：

第一，不同分析者在观看视频时会因背景、经验、期望等的不同，带有各种不同的视角，这些视角会影响他们对视频内容的解读，甚至让他们忽视视频中的隐形文化。例如，在一段加拿大某小学老师指导一个学生学习的教学视频中，教师从始至终都保持同样的音量进行教学，显得语气平淡，并在教学过程中较少与学生互动。对此，有分析者就指出视频中的教师看起来与学生没有情感交流，只是例行公事。殊不知，当地社区的文化中，说话时改变音量或音调是不礼貌的行为，而且老师避免与学生互动是因为她本人患有心肺疾病，并不适合过多谈话。[1]这个例子说明了分析者的视角可能会让他们对视频产生误读。

第二，时间尺度不同，也会影响对视频的理解。例如，对于一段视频，有分析者发现老师在课堂教学中重复使用一个术语，但多次出现发音错误。于是分析者反复观看视频，寻找教师出现错误的地方。可是，当将观看的时间尺度放在整堂课，甚至这位老师的所有课程教学上时，可能会发现：这样的失误无伤大雅，对学生的学习并没有不好的影响。过于聚焦细节，对研究问题而言可能并无意义，甚至可能偏离了研究焦点。

面对这两个问题，以及由庞大的视频数据量带来的较难聚焦的问题，相关研究者提出了以下可参考的应对策略。[2]

（1）**掌握视频录像的背景情境和信息**，以便深入、全面地理解视频所呈现的内容。

（2）**根据具体的分析问题**，从微观、中观和宏观三种不同的时间尺度审视视频，寻找真正的焦点并建构意义。

（3）**借助视频本身的技术供给性**，在关闭声音的情况下观看视频，或关闭图像只聆听视频声音，从而改变人的感知立场，以选择关注的焦点并获取更多的信息。

（4）**创建视频数据索引**。视频数据索引包括时间索引、事件索引等，常用索引结构示例见表7-3。创建这些索引旨在为深入分析视频数据提供简要的引导性信息，方便后续快速筛选和详细分析。

表7-3 常用索引结构示例

索引类型	索引结构	示例
时间索引	时间-事件（话语主题）	14：30 教师和学生同时看向窗外
事件索引	事件-视频编号	学生质疑老师——视频1，视频3，视频4

7.4.3 如何高质量地转录视频录像

转录音频或转录视频由于需要较高的时间和人力成本，因而本身就是一项挑战。当有两个或两个以上的人交谈并重叠发言时，转录的挑战会被无限放大。一般来说，转录一对一交谈音频的时间比例约为3:1，即转录1小时的交谈音频需要转录者花费3小时的时

---

[1] Erickson F. Ways of seeing video: toward a phenomenology of viewing minimally edited footage [M] // GOLDMAN R, PEA R, BARRON B, et al. Video research in the learning sciences. Mahwah, NJ: Erlbaum, 2007: 145-155.

[2] Erickson F. Audiovisual records as a primary data source [J]. Sociological Methods & Research, 1982, 11 (2): 213-232.

间；转录三个及以上人对话的时间比例约在5∶1到10∶1之间，具体花费的时间取决于音频的质量、语言的重叠程度以及转录所需的细节等。这还只是转录音频的时间估计值。视频录像中，除了音频以外，还有眼神、手势、姿态、情绪表达和具体动作等非语言行为，这些非语言行为并非孤立存在的，而是彼此关联、彼此影响的。这就需要分析者转录视频时在转录什么内容、何时转录、如何转录非语言行为等方面做出艰难的选择，同时要做好花费较长时间的准备。虽然技术的发展在一定程度上减轻了转录视频的困难，但是转录视频的交互性仍然面临巨大的挑战。

对于这一挑战，目前还没有比较系统的应对方法。分析者可以借助NVivo、MAXQDA等软件对视频图像本身进行编码，也可以参考社会学、人类学等领域的图解标注、符号标注等方式对视频的交互性进行转录。表7-4总结了目前一些视频内容及其常用的转录形式。[一]

表7-4 视频内容及其常用的转录形式

视频内容	转录形式
不同特征的话语	未完成的话语，例"我-" 不流利的话语，例"嗯……" 拉长的话语，例"不：：：那么好" 强调话语：高亮/加粗/加下划线 话语的语气，例[兴奋][悲伤]
不确定的内容	不清楚的内容：（不清楚的内容） 没听到的内容：[没听到的内容]
话语的语调	"，"：表示有起伏的语调 "？"：表示上升的语调 "。"：表示下降的语调
停顿	相对于说话者的语速来说，更短到更长停顿的转录形式："（.）""（..）"和"（…）" 特定时间长度的停顿："[1.2秒停顿]"或"（1.2s）"
重叠话语	"/重叠话语/"或"{重叠话语}"
行为动作	直接插入屏幕截图 自行绘制线条图示 用语言描述动作，例"[上下摇摆]"

学者肖思汉在其论文《如何呈现一堂课堂互动》中提出视频转录的3种方式：①一言一语对话的常规转录；②基于杰弗森转录规则（Jefferson Transcription System）的转录；③多模态呈现的转录。[二]下面的3个案例展示了这3种转录方式，以及肖思汉对于不同方式的分析。

[一] DERRY S J. Guidelines for video research in education: recommendations from an expert panel [R]. NORC at University of Chicago: Data Research and Development Center, 2007: 79-80.
[二] 肖思汉. 如何呈现一场课堂互动 [J]. 全球教育展望, 2020, 49（12）: 13-26.

案例7-3 一言一语对话的常规转录案例（片段）

01 02 03	李老师：	身体健康，我们可以做些什么？我们做些什么，可以让我们自己维持在身体健康的状态下？或者不够健康的，我们恢复到健康状态下？心理健康，我们可以做些什么，让自己处于一种比较良好的心理健康状态下？
04	学生1：	多看一些对我们身体有益的东西。
05	李老师：	多看一些对身体有益的东西，能具体说吗？多看课文？
06	学生2：	鲁迅小说。
07	李老师：	多读鲁迅小说对健康有益。
08	学生3：	多读鲁迅。
09 10 ……	李老师：	好，除了读鲁迅能让自己健康以外，我们还可以做些什么，让自己尽可能多地保持在这样的状态下？ ……

肖思汉认为这样的转录与呈现方式十分常见，研究者通过文本分析也能回答研究问题，但是却忽略了声音、语气、时序等的很多信息。仅仅从文本分析，窄化了研究者的视野和思路。

案例7-4 基于杰弗森转录规则的转录案例

杰弗森转录规则是一种用于注释对话的规则系统，它对互动中的语气、语音、语调、停顿等都予以详细标注。㊀图7-1中，括号内代表停顿时间，各种符号代表了语气、衔接等。肖思汉从这样细致的资料中发现了"思维的建构与律动"。

```
01    李老师：好，（0.6）还有吗？
02    生某  ：shui-
03    生8  ：°睡觉°。
04    李老师：嗯？=
05    生某  ：=睡觉。=
06    生9  ：=睡午觉。
07    李老师：睡午觉。
08           （1.0）
09    生10  ：多睡[觉。
10    李老师：    [多睡午觉，
11           （1.4）
12    李老师：哦，多睡午觉。
```

图7-1 基于杰弗森转录规则的文本的转录样例

㊀ MOORE R J. Automated transcription and conversation analysis [J]. Research on Language and Social Interaction, 2015, 48（3）: 253-270.

案例7-5　多模态呈现的转录案例

在图7-2所示的这种转录和呈现中，学生们的非语言行为，例如眼神、表情、手势等也被捕捉与呈现出来。肖思汉对"沉默和喧闹"中的学生体态、目光等进行了更细致的分析，发现虽然沉默和喧闹在以往被认为是课堂中的消极表现，但是在这节课中，学生们实际上在积极地投入学习。

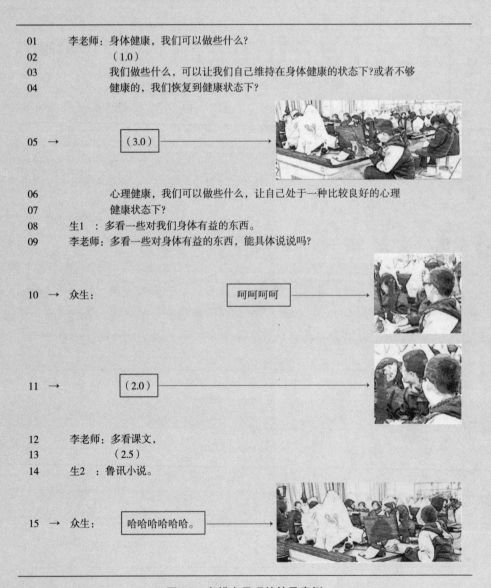

```
01        李老师：身体健康，我们可以做些什么？
02               （1.0）
03               我们做些什么，可以让我们自己维持在身体健康的状态下？或者不够
04               健康的，我们恢复到健康状态下？

05  →            （3.0）

06               心理健康，我们可以做些什么，让自己处于一种比较良好的心理
07               健康状态下？
08        生1 ：多看一些对我们身体有益的东西。
09        李老师：多看一些对身体有益的东西，能具体说说吗？

10  →     众生： 呵呵呵呵

11  →            （2.0）

12        李老师：多看课文，
13               （2.5）
14        生2 ：鲁迅小说。

15  →     众生： 哈哈哈哈哈哈。
```

图7-2　多模态呈现的转录案例

7.4.4 如何全面且细致地报告视频中的交互

随着网络技术和阅读终端的不断发展，数字化期刊、数字化教材等作为顺应时代发展的出版形式，逐渐成为出版、传播领域的新的主流形态。国内外均有一些期刊尝试将视频、动画、可计算数据、可运行实验等作为出版物的一部分，以便使报告、论文的发布形式更加灵活，且满足跨媒体出版的需求。但是，受到原有纸质期刊整本出版模式的限制以及视频交互性呈现的限制，目前，出版界仍普遍认为报告视频内容需要附有清晰的文本分析。在报告阶段，视频录像本身通常会被忽视，报告者只需要借助精心设计的方法将视频内容及分析所得结果呈现出来即可。不可否认，这样的报告形式会在很大程度上限制视频的交互性。

对于这一挑战，有研究人员使用图示形式来总结视频记录中的复杂交互。例如，在一项调查马拉玛雅地区母亲和儿童完成拼图的活动模式的研究中，研究人员用图示的方式总结了视频记录中的交互模式，包括多方参与、任务分工、母亲指导孩子和不协调参与[1]，相关图示如图7-3所示。

图7-3中，a图为多方参与的互动模式图示，所表示的互动情境为：母亲（A）在放一块拼图的时候，她的三个孩子（1、2和3）正准备帮她放下一块拼图。b图为任务分工的互动模式图示，其所呈现的互动情境为：母亲（A）和孩子2在一起拼拼图的正面，孩子1从桌子上寻找了一块拼图，正在自己从头开始拼，孩子3在做拼图的背面。c图为母亲指导孩子的互动模式图示，在该模式中，母亲（A）向孩子们描述拼图的结构，单方面指导他们寻找碎片完成拼图，但不与他们协商。d图为不协调参与的互动模式图示，在该模式中，虽然所有成员都参与拼拼图，但一些个人（例如孩子1）或双人组在工作时没有与他人联系。

此外，哈佛大学学者布里吉·巴伦（Brigid Barron）指出，可以组合使用多种方法来呈现和报告视频的交互性。[2]下面是他组合使用多种方法呈现和报告视频交互复杂性的一个示例，有三个步骤。

第一步：先用文字来记录视频中的关键对话。

第二步：对视频中的行为进行描述，以呈现互动的各个方面，例如短时间内出现的面部表情、语气、手势等。

---

[1] ANGELILLO C, ROGOFF B, CHAVAJAY P. Examining shared endeavors by abstracting video coding schemes with fidelity to cases [M] // GOLDMAN R, PEA R, BARRON B, et al. Video research in the learning sciences. Mahwah, NJ: Erlbaum, 2007: 189-206.

[2] BARRON B. Video as a tool to advance understanding of learning and development in peer, family, and other informal learning contexts[M]// GOLDMAN R, PEA R, BARRON B, et al. Video research in the learning sciences. Mahwah, NJ: Erlbaum, 2007: 159-187.

第三步：截取静止帧，以此来说明参与互动的学生在关键点时的身体姿态及位置。

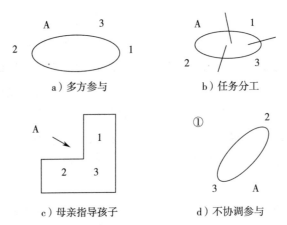

图7-3 家庭拼图活动中的互动模式图示

注：上述互动模式图中，A表示母亲，1为年龄最大的孩子，2为中间年龄的孩子，3为年龄最小的孩子。

当然，无论是图示形式还是这种组合方法，它们都还比较初步，为了尽量高质量地呈现和报告视频的交互性，仍需要进一步探索更具创造性的方法。

7.4.5 如何避免被视频录像的生动性和普遍性所诱惑

视频录像备受欢迎的一个原因是它能够生动、形象地再现被拍摄的场景和现象，这种生动性往往会吸引人的注意。这种吸引性会使分析者专注于一个案例片段，投入大量时间进行分析。虽然引人入胜的视频情节可以让我们多方位地解析视频中的现象。但是，受到视频案例生动性的吸引，分析者可能会无限放大并不重要但生动的事件。那么，如何避免视频的生动性和普遍性所带来的诱惑呢？

可用的方法之一是对相关视频案例进行对比分析。这里的对比分析不只是比较相关案例之间的异同，还需要寻找相似案例之间的不同，以及不同案例之间的联系[二]，从而探查视频中现象背后的规律，并基于规律总结、归纳视频所呈现案例的本质。

寻找相似案例之间不同的一个典型示例如图7-3所示，通过对比分析制作拼图过程中不同家庭的母亲与三个孩子之间的互动，研究者总结了四种不同的互动模式，并发现母亲的受教育程度越高，在互动中越倾向于任务分工的互动模式（b图）。[二]

在科尔多瓦先生历时两年的科学课堂中，对不同教学主题下关键教学事件的梳理和

[一] HOFMANN R. RUTHVEN K. Operational，interpersonal, discussional and ideational dimensions of classroom norms for dialogic practice in school mathematics [J]. British Educational Research Journal，2018，44(3): 496-514.

[二] ANGELILLO C，ROGOFF B，CHAVAJAY P. Examining shared endeavors by abstracting video coding schemes with fidelity to cases[M]//GOLDMAN R, PEA R，BARRON B, et al. Video research in the learning sciences. Mahwah, NJ: Erlbaum，2007:189-206.

分析是探索不同案例之间联系的一个典型示例。①研究者对科尔多瓦先生历时两年的科学课的教学视频进行了分析,梳理了不同教学主题下的关键教学事件。基于学年、月、日三个不同的时间尺度,该研究从两个相互关联的视角对关键教学事件进行了分析。一个视角聚焦于集体话语,着重分析集体的社会行动、成就和成果产出,另一个视角关注个体,侧重分析个体如何参与(或不参与)集体行动,从而更全面地呈现了在科学课堂中,学生集体学习和个人学习之间的相互关系,以及个体在班级内的发展过程。

还有一种方法是对视频相关内容进行宏观编码。宏观编码的关键是标记视频录像中的重大事件和有关特定主题的交互。重大事件的选择有4个标准:①它们具有可识别的开始和结束;②它们有持续的对话片段;③它们整合了不同来源的知识;④它们涉及探究策略,例如提问、推断和预测。②例如,在一项针对参观博物馆的家庭成员之间互动的研究中,多丽丝·爱什(Doris Ash)借助流程图从头到尾记录了每一个家庭的博物馆参观流程和相关事件,以此来比较同一家庭在不同时间参观博物馆时的对话特点,以及不同家庭在参观博物馆同一展览时的对话特点。多丽丝·爱什基于流程图的宏观编码示例见表7-5。

表7-5 基于流程图的宏观编码示例(片段)

家庭J:妈妈,爸爸,女儿(Eva,10岁),儿子(8岁),儿子(Ricardo,5岁)
研究者(EB)
2001年6月14日

时间	事件	参观概述	内容主题
0-30:00	参观前的访谈	充实的访谈。妈妈分享得最多。这个家庭在美国已经住了10年	经常去博物馆的家庭,家庭所有成员都有最喜欢的动物
30:01-33:00	家庭走进博物馆	Eva是带领者,家人紧随其后。Eva是会双语的女孩	Eva指着天花板上的鲸鱼,非常兴奋
33:01-34:50	所有家庭成员看着水獭	讨论着水獭的行为,谈论或由爸爸主导,或由孩子们主导	在水獭池边——水獭是睡着了吗?——你怎么知道的?
……	……	……	……

7.4.6 如何进行基于视频的课堂分析

S-T(Student-Teacher)分析法是一种常见的课堂行为分析方法,现阶段常被用来对

---

① GREEN J, SKUKAUSKAITE A, DIXON C, et al. Epistemological issues in the analysis of video records: interactional ethnography as a logic of inquiry[M]//GOLDMAN R, PEA R, BARRON B, et al. Video research in the learning sciences. Mahwah, NJ: Erlbaum, 2007: 115-132.

② ASH D. Using video data to capture discontinuous science meaning making in non-school settings [M] // GOLDMAN R, PEA R, BARRON B, et al. Video research in the learning sciences. Mahwah, NJ: Erlbaum, 2007: 207-226.

基于视频的课堂进行分析。这种方法作为一种图形化的教学分析方法，能够将课堂教学中的行为分为学生（S）行为和教师（T）行为，并基于具体的行为对教学过程进行定量分析，由此降低了课堂观察过程中行为分类的模糊性，增强了分析的客观性。[1]在实践应用这一方法的过程中，首先需要录制并收集课堂教学视频，然后借助观察，以一定的采样频率对课堂教学视频进行采样，并根据采样点中师生的具体行为类别以符号S或T进行记录（具体记录方式见表7-6）[2]，由此形成S-T数据序列。之后，基于该数据序列绘制S-T曲线图，进行教学过程分析和教学模式分析。在教学分析中，c表示教师（T）行为的个数，g表示相同行为连续出现的次数（相同行为连续出现两次，g为2，连续出现3次，g为3），R_t表示课堂教学中教师行为的占有率，C_h表示师生行为的转化率。$R_t=c/$总个数；$C_h=(g-1)/$总个数。最后，得到（R_t，C_h）点后，可根据Rt-Ch图区分4种不同的教学模式（见表7-7）：①以学生练习活动为主，师生活动的互动频率较低的练习型教学模式；②以讲授教学活动为主，其他师生活动的互动频率较低的讲授型教学模式；③师生活动比例相当，且师生活动的互动频率较高的对话型教学模式；④师生活动比例相当，但师生活动的互动频率较低的混合型教学模式。

表7-6 T行为和S行为的具体表现形式

类别	编号	表现形式	类别	编号	表现形式
T行为	1	解说	S行为	1	学生的发言
	2	示范		2	学生的思考、计算
	3	板书		3	学生记笔记
	4	利用各种媒体进行提示		4	学生做实验或完成作业
	5	提问与点名		5	沉默
	6	评价、反馈		6	其他

表7-7 教学模式及其标准条件

教学模式	标准条件
练习型	$R_t \leq 0.3$
讲授型	$R_t \geq 0.7$
对话型	$C_h \geq 0.6$
混合型	$0.5<R_t<0.7$，$C_h<0.6$

S-T分析法在国内教学分析中得到了广泛应用。尤其首都师范大学王陆教授带领的教师在线实践社区项目（简称COP）中，基于大数据的课堂教学行为分析研究侧重运用S-T

---

[1] 周鹏霄, 邓伟, 郭培育, 等.课堂教学视频中的S-T行为智能识别研究[J].现代教育技术, 2018, 28（6）: 54-59.
[2] 程云, 刘清堂, 王锋, 等.基于视频的改进型S-T分析法的应用研究[J].电化教育研究, 2016, 37（6）: 90-96.

分析法。例如，为分析不同教师群体教学行为的差异，王陆教授团队对COP项目中62所项目学校174位教师的203节课堂视频样本进行了S-T分析，并基于（R_t，C_h）值对课堂中教师的有效提问与回应、对话深度等进行了可视化分析。①研究发现，新手教师、胜任教师、成熟教师群体组间及组内均存在不同维度的教学行为差异。例如，在新手教师群体内，女性教师群体的管理性问题、机械性问题均高于男性教师群体；成熟教师的课堂教师行为占有率（R_t）高于新手教师的等。由此，该研究通过揭示不同教师群体的行为差异性，为未来教育教学研究如何利用差异性完善教师教学行为、促进教师专业发展和师范生培养提供参考。

此外，课堂互动还有很多系统化的分析模型。其中，弗兰德斯课堂互动分析系统（Flanders Interaction Analysis System，FIAS）是一种典型的课堂分析模型。该模型侧重分析课堂中师生的语言互动过程。该模型将课堂互动行为分为教师语言、学生语言、安静或混乱3个类别，共包含10项互动行为，见表7-8。在使用该模型的过程中，观察者每隔3s就要记下目前课堂内师生的互动状态，并按照表7-8所示的编码，判断此时此刻的师生言语属于哪种类别，赋予观察内容一个编码，作为观察记录，以此来判断不同课堂中师生的互动情况。若一堂课按45min计，运用FIAS进行课堂分析就需要记录约900个编码。由于此分析系统非常笼统、不够具体，国内学者在FIAS的基础上进行了一些改进。顾小清等人为了凸显信息技术对课堂互动的作用，构建了基于信息技术的互动分析系统（ITIAS）②。方海光等人重塑了支持数字化课堂分析的互动分析系统，构建了改进型的弗兰德斯互动分析系统（iFIAS），并开发了iFIAS应用支持工具集。③温雪等人将师生与学历案的互动融入课堂互动分析系统，构建了基于学历案的课堂互动分析模型。④

表7-8 弗兰德斯课堂互动分析系统

	分类	编码	内容
教师语言	间接影响	1	表达情感
		2	鼓励表扬
		3	采纳意见
		4	提问
	直接影响	5	讲授
		6	指令
		7	批评

---

① 乔爱玲，王陆，李瑶，等.不同教师群体教学行为的差异性研究 [J]. 电化教育研究，2018, 39（4）：93-100；108.
② 顾小清，王炜.支持教师专业发展的课堂分析技术新探索 [J]. 中国电化教育，2004（7）：18-21.
③ 方海光，高辰柱，陈佳.改进型弗兰德斯互动分析系统及其应用 [J]. 中国电化教育，2012（10）：109-113.
④ 温雪，崔允漷.基于学历案的课堂互动研究：弗兰德斯互动分析系统的改进与应用 [J]. 教育发展研究，2016, 36（Z2）：62-68.

（续）

分类	编码	内容
学生语言	8	应答
	9	主动
安静或混乱	10	无有效语言

与FIAS相关的分析模型也在国内外的课堂教学分析中得到了广泛应用，且常会结合S-T分析法及其他课堂分析方法进行整合运用。例如，王陆教授团队针对COP项目中85节项目学校的课堂视频样本，结合S-T分析法进行了FIAS编码分析，分析发现：教师的间接影响小于直接影响，说明课堂上教师的控制作用比较强；新手教师在该项变量上的得分显著高于骨干教师，说明新手教师比较好地接受了新课改的理念；学生言语主动发起比例较低，即COP的教师课堂中，学生在课堂主动发起对话的比例不够，教师需要在课堂民主及教学设计方面注重改进现有教学行为。○

除了上述典型的S-T分析法和FIAS分析模型外，课堂中以提问、回答、讲授、讨论、质疑、发表见解、朗读等形式发生在师生之间的功能性对话○，也常被用来呈现课堂教学的规律和实质。这样的分析方法是课堂话语分析，旨在通过仔细研究课堂上的互动，重新安排对话以带来更有成效且更具包容性的互动○。课堂话语分析主要以课堂回音为分析焦点，着重分析教师提出问题引发学生回答之后，教师如何就学生的回答提供知识反馈和情感支持○。在教育教学实践中，最常见的课堂话语分析模式是"问—答—评"（Initiation-Response-Evaluation，IRE）分析模式，即由教师提问（Initiation）、学生回答（Response）、教师评价（Evaluation）三个话步组成的话语结构分析模式。借助这种结构，教师不仅可以了解学生对所学知识的理解和掌握程度，还可以借助学生的回答，逐步调整自己的语言，使其更具可理解性。IRE分析模式也不断在完善与改进。例如，顾若楠对IRE结构中的"E"（教师评价）进行了挑战和改革，指出应该通过追问、讨论、沉默、肢体语言等方式改进教师评价，实现对传统"E"的突破○。

在进行课堂话语分析时，所有课堂话语都可以转化为文字，转录方式在7.4.3节中已经介绍。对转录所得到的丰富的文本或多模态资料，除了IRE分析模式外，还可以开展其他分析，具体的分析方法可参考本书第9章。

○ 王陆. 教师在线实践社区COP的绩效评估方法与技术 [J]. 中国电化教育，2012（1）：61-72.
○ 钟启泉. "课堂话语分析"刍议 [J]. 全球教育展望，2013，42（11）：10-20.
○ RYMES B R. Classroom discourse analysis: a tool for critical reflection (Discourse and Social Processes) [M]. NJ: Hampton Press, 2009: 8.
○ 刘良华. 课程改革与校本教研的三个方向 [J]. 全球教育展望，2022，51（5）：117-128.
○ 顾若楠. 传统课堂话语IRE结构中"E"的突破 [J]. 教育科学论坛，2011（8）：14-16.

总体来看，视频分析的目的主要是基于视频录像，探究相关教育现象的规律和本质，进而揭示意料之外的教育现象，为认识和理解教育问题提供新的启示和洞见。在进行视频分析时，相关人员需要明确引导分析的驱动问题。良好的驱动问题有助于分析者在分析视频的过程中保持自己的观点，避免迷失在生动的视频细节中。与此同时，分析者需要明确在分析过程中报告和呈现视频内容的形式，并保持开放的心态，时刻关注意料之外的可能现象。此外，由于视频录像本身的复杂性和丰富性，视频分析者也需要做好开展多轮分析的准备和计划。多轮分析的进行离不开对视频录像的转录。转录后的文本可以作为质性资料，具体的分析方法可以参见本书第9章。在具体的课堂视频分析的过程中，分析者也可以借助S-T分析法、FIAS分析模型等，对课堂视频中师生的话语和行为进行深入的统计分析和质性分析。

7.5 拓展阅读

[1] 魏戈.成为研究型教师的8个锦囊 [M].上海：华东师范大学出版社，2022.（可选择第2章阅读。）

[2] SOEFFNER H G，KNOBLAUCH H，SCHNETTLER B，et al. Video analysis：methodology and methods qualitative audiovisual data analysis in sociology [M]. New York：Peter Lang，2012.

[3] NASSAUER A，LEGEWIE N. Video data analysis：how to use 21st century video in the social sciences [M]. Los Angeles：SAGE Publications，2022.

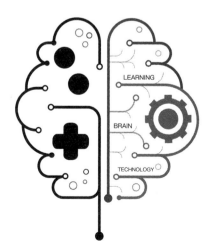

第8章

教育研究的新途径

【案例导引】

今天，刚参加工作的小王老师经历了点儿新鲜事。研究人员邀请她佩戴着一个特殊的眼镜——眼动仪——上了一堂课。这个眼动仪看起来与普通的眼镜差别不大，还可以根据她近视的度数调节镜片。刚开始她班上的孩子们对她佩戴的眼镜还有点儿好奇，盯着她的眼镜看，不过随着教学开始，孩子们投入学习当中，也就没有什么人注意她的眼镜了；小王老师一堂课下来也没觉得眼动仪对她有太大干扰。研究人员告诉小王老师，眼动仪可以追踪她眼球的运动，注视点的移动等，这让小王老师对这台仪器有点儿小期待。以前，其他老师来听课的时候提的建议都比较宏观，借助这台眼动仪的记录，她就可以知道在这堂课上她是不是很好地分配了注意力，是不是关注到了每个学生……

科技进步使得教育领域的研究发展出了很多新的途径。通过对学生海量的学习数据的挖掘，大数据技术力图建构学习者特征、领域知识和行为预测等模型；通过眼动追踪、脑电测量、可穿戴设备等方式，学习者的学习过程数据被记录并分析。教育领域中新的技术与研究的广泛应用，使得"人是如何学习"的黑箱正被慢慢揭开，也使得向学习者提供更具个性化的学习方案具有了更大的可能性。当然，本章所介绍的新途径可能还无法用于教师自己进行的研究中，但是教师作为这些领域研究学者的合作伙伴，在发现研究现象、实施研究过程和解释研究发现等方面发挥着重要的作用，了解这些新技术所带来的新研究途径也是十分必要和有益的。

8.1 大数据时代的学习分析

8.1.1 数据挖掘方法在教育研究中的应用

随着信息技术的高速发展,数据在社会和人们的日常生活中扮演了越来越重要的角色。教学中积累的行为、评价数据是教师开展学习科学研究的宝贵资料。在信息时代以前,研究者普遍采用的定量研究路径是:首先对现象进行观察,然后根据已有文献以及自身经验提出假设,再通过设计实验或开展调查对假设进行验证。我们将这种研究路径称为"自上而下"的研究,其特点是对某几个假设进行检验,以验证理论推测的结果。在当今的信息时代,随着数据的大量积累,研究者可以从数据中直接观察到新的现象,发现新的规律,并且生成理论——就像植物学家和昆虫学家的早期研究那样,直接从观察中得到新的启示。这种研究可以被称为"自下而上"的研究,或者"数据驱动"的研究。但是人的能力始终是有限的,如何从海量的数据中发现新的现象和规律是摆在研究者面前的难题,数据挖掘技术就应运而生了。

数据挖掘就是从大量的、不完全的、有噪音的数据中发现有用的信息和知识的过程。聚类分析、关联分析是学习科学研究中常见的数据分析方法。我们首先介绍聚类分析,聚类分析可以被通俗地理解为将数据中表现出相似性的样本归为一类,并发现其中的规律。例如:一些鸢尾花的花瓣长度和宽度都不一样,我们如何对它们进行分类呢?如果在一个二维平面上用每个点代表一朵花,点的横坐标代表花瓣的宽度,纵坐标代表花瓣的长度,那么我们就能从视觉上发现,在这个二维平面上这些花朵的分布聚成三簇(见图8-1)。因此我们认为这些花朵是来自3个不同品种的鸢尾花。

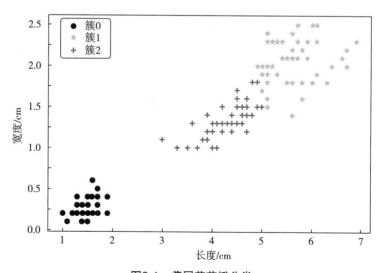

图8-1 鸢尾花花瓣分类

在学习科学研究中，我们也可以对学习者的特征或者行为进行相似的处理，来发现其中可能存在的几类学习者。接下来看一个实际研究的案例。

> **案例8-1**[○]
>
> 牟智佳、武法提从慕课网站edX上的一门MOOC课程"Introduction to Engineering and Engineering Mathematics"的学习者行为数据中，提取了包括视频学习时长、视频学习次数、文本学习时长、文本学习次数、互动参与时长、互动参与次数、评价参与时长、评价参与次数、论坛发帖数、主题发起数、回复数、点赞数等，并对其进行分析。使用k均值进行聚类后发现学习者群体大致可以分为3类：①以视频学习和学习评价为主、以互动交流为辅的学习者群体；②以视频学习和文本学习为主、以评价参与为辅的学习者群体；③以文本学习和学习评价为主、以互动交流为辅的学习者群体。可以看出，不同的学习者群体侧重不同的学习模块，这些学习偏好在一定程度上反映了学习者不同的学习风格。

聚类分析作为一种数据挖掘方法在定量研究中已经得到较为普遍的使用，SPSS中也提供了聚类分析的功能，如果你感兴趣可以查看10.5.7节的操作步骤，自己尝试使用一下聚类分析的方法。

下面介绍另一种重要的大数据研究方法——关联分析。你有没有听说过"啤酒和尿布"的案例？一些超市经常会将婴儿的尿布和啤酒放在一起售卖，因为根据数据分析发现尿布和啤酒常常出现在同一张购物小票上，经过调查发现，这是因为买尿布的家长以父亲居多，而他们在购物时通常会顺便买一些啤酒。这就是大数据中关联分析的应用。关联分析也是教育大数据研究中常用的方法，通过挖掘学习者的行为、认知状态之间的关联性，我们可以发现学习者的学习规律以及特点。我们可以通过学习者的日志、视频等数据发现学习者在一次学习中各种行为之间的规律，以便更好地理解学习的发生。

> **案例8-2**[○]
>
> 乐惠骁、范逸洲、贾积有和汪琼对中国大学慕课平台上《翻转课堂教学法》课

[○] 牟智佳，武法提. MOOC学习结果预测指标探索与学习群体特征分析 [J]. 现代远程教育研究，2017（3）：58-66；93.
[○] 乐惠骁，范逸洲，贾积有，等. 优秀的慕课学习者如何学习：慕课学习行为模式挖掘 [J]. 中国电化教育，2019（2）：72-79.

程的学习者行为日志数据进行了分析。他们采用了一些有意义的标签对学习者的页面访问记录进行分类，标签主要包括以下几类：学习者学习新内容、复习旧内容、浏览和回答提问、浏览和参与论坛讨论、参与课程考核、把握全局、寻求帮助、中断或走神以及寻找资源的行为。他们还将学习者按照成绩分组，通过关联分析观察不同成绩学习者的学习行为模式，即在一次线上学习中，哪些行为可能会共同出现。该研究发现优秀的慕课学习者每次上线学习的主题更为突出，而且其学习新内容的行为更倾向于独立发生，不会与其他行为共同出现在一次学习中，因此他们每次登录网站的学习主题更加明确。此外，关联分析还发现了所有学习者的共性特征：学习者在参加复习、测验、浏览公告和在论坛求助时有很大概率发生走神和在页面间迷航的行为。

8.1.2 基于观察数据的因果推断在教育研究中的应用

回忆一下你在定量研究部分学到的内容：随机对照实验是定量研究的"黄金标准"，也是研究者们常用的研究设计。但是你有没有想过，在不能进行实验的时候，我们该如何在数据中进行因果关系的识别呢？在当今时代，大量数据的累积给我们提供了丰富的、可用于识别因果关系的资料，这些数据是在没有任何实验设计的真实情境中产生的，因此具有很高的研究价值。但是同时我们也会发现，在这样的观察数据中进行因果推断其实并不容易，因为这些数据不是随机干预的产物，而是受到现实情境中许多因素交织在一起的互相影响，使得我们的研究往往只能止步于对相关性的描述。即便如此，我们仍有办法从观察数据中识别到一些因果作用，这些方法有时也被称作"准实验"或者"自然实验"。因果推断方法是当前社会科学实证方法的最前沿，2021年诺贝尔经济学奖的授予分为两半，一半授予戴维·卡德（David Card），表彰他"对劳动经济学实证研究性的贡献"，另一半授予乔舒亚·D.安格里斯特（Joshua D. Angrist）和吉多·W. 因本斯（Guido W. Imbens），表彰他们"对因果关系分析的方法学贡献"。事实上，三人都在因果推断方法论的提出和实践上做出了卓越贡献，因为实证研究和因果关系方法论本就是相辅相成的。20世纪90年代，卡德便致力于在劳动经济学领域运用自然实验的方法识别因果关系，而安格里斯特和因本斯则论证了自然实验方法论对因果推断的准确性。常见的因果推断方法包括双重差分（Difference-in-Differences）、工具变量（Instrumental Variable）、断点回归（Regression Discontinuity Design）、倾向性得分匹配（Propensity Score Matching，也称倾向评分匹配）等，我们在这里简单介绍断点回归的案例和倾向性得分匹配的案例。

1. 断点回归

什么是断点回归呢？当一项干预是基于某一变量的一个数值来进行分组的指派时，就可以使用断点回归的方法。比如，在中高考的录取分数线上下很小范围内的学生，他们之间微小的分数差异或许并不能代表个体存在巨大的系统性差异，这种情况极有可能是因为一些随机事件带来的（例如学生因病考试而发挥失常），但是却决定了这两组学生后续接受教育的不同。此时，录取分数线以下的学生没能进入录取分数线以上的学校，因此可以被研究者用来作为"反事实组"。在断点回归设计中，学生进入实验组或者控制组并非是由研究者指派的，却被视作形成了随机分组。

> **案例8-3**[①]
>
> 王骏和孙志军利用断点回归设计研究了读重点高中能否提高学生的学业成绩：你可能会关注或者好奇，重点高中的学生通常成绩优异，除了"学苗"好，即招收的学生本身素质基础好以外，是否还有重点高中在学业上为学生带来的"增值"？学校资源的配置问题在理论上和模型上可以归结为教育生产函数。该研究使用了某县两届高中学生的全样本数据，研究普通高中招生录取方式对学生能否进入重点高中所产生的外生影响，根据断点回归设计的原理，考察了重点高中对学生学业成绩的影响。研究结果表明：就理科生来看，重点高中学生的高考总成绩，包括单科目的数学、语文成绩都高于普通高中的学生成绩，但在数值上差异不大；就文科生来看，重点高中与普通高中学生的成绩无显著差异。因此，作者认为重点高中对学生的学业成绩仅产生了微弱的正面影响。作者还进行了不同学科类别、学校内部资源配置的不同偏好、男生和女生、城市学生和农村学生的异质性分析，并指出了其中存在的差异。
>
> 在重点高中严格按照分数线录取的情况下，学生上重点高中的概率会在录取线处发生一个由0到1的跳跃。例如，在理想情况下若录取分数为400分，则分数为400的学生被录取的概率为1，分数为399的学生被录取的概率则为0。但是现实中，还可能存在高于录取线的学生由于个人偏好、误填志愿等原因没能进入重点高中，也有少量低于录取线的学生由于"特长生""照顾生"进入重点高中。统招线与择校线之分也会让严格录取机制在一定范围内失效。综上所述，学生上重点高中的录取数据在录取分数线附近不连续性或者跳跃的可能并不表现为0至1的改变，而是录取线附近高于录取线的学生上重点高中的概率要明显高于那些低于录取线

[①] 王骏, 孙志军. 重点高中能否提高学生的学业成绩：基于F县普通高中的一个断点回归设计研究 [J]. 北京大学教育评论, 2015, 13（4）：82-109; 186.

的学生。具有这种特征的断点估计被称为模糊断点回归设计（Fuzzy Regression Discontinuity，FRD），该研究正是采用了这种估计策略。

2. 倾向性得分匹配

接下来我们来看倾向性得分匹配的方法。倾向性得分匹配，即人为地在观察数据中构造出一组对照组和实验组，这两组数据除了在我们关心的自变量上有差别之外，在其他属性上都不存在显著的系统性差异，我们可以用"倾向性得分"来描述两组数据的总体特征，并确定除了自变量外两组样本是否存在显著差异。

> **案例8-4**
>
> 在我国中学班级规模缩小以及"小班化教学"试点的背景下，班级规模对学生成绩的影响尚不明确。究竟是小规模的班级，还是大规模的班级更有利于教学的开展？在这一背景下，郑琦和杨钋利用2015年PISA（国际学生评估项目）数据验证了班级规模与学生学业成绩的关系。可以发现，这是一个典型的需要处理混淆变量的观察研究。如果我们直接比较已有小规模班级和大规模班级中学生的学习效果，我们无法得到班级规模对教学效果的"干净"的效应——在我们观察到的数据中有许多变量会混淆我们想研究的效应。例如小班教学往往在教育资源丰富的地区开展，这些地区的学生平时在校外也能接触到丰富的教学资源，学习成绩会更好，因此我们很难确定教学效果的差异是否是班级规模带来的。
>
> 该研究的解决办法是采用了泛精确匹配方法（Coarsened Exact Matching，CEM）对样本进行预处理，研究选定的用于匹配的特征变量包括学生年龄、家庭父母最高受教育年限、家庭财富指数和父母最高职业地位指数，从观察数据中构造出了"对照组"和"实验组"。这两个组除了在班级规模上有所差异外，其余特征均没有显著差异，因此可以通过比较"对照组"和"实验组"在教学效果上的差异，论证班级规模是否会影响教学效果。
>
> 研究发现，个人和家庭特征与学生的班级选择显著相关，初中阶段"大班"学生成绩显著更低，高中阶段"大班"成绩更好。分样本回归（将总样本按照一定规则分成分样本后进行回归分析）进一步发现了城市和乡镇中学存在异质性，乡镇的"小班"成绩更差。

---

① 郑琦，杨钋. 班级规模与学生学业成绩：基于2015年PISA数据的研究 [J]. 北京大学教育评论，2018，16（4）：105-127；186-187.

8.2 数据可视化作为数据分析的新途径

近年来，随着统计软件的普及和计算机数据处理能力的增强，用计算机绘图来呈现数据和结论成为研究者普遍的做法。在这里我们向大家介绍数据可视化方法在研究中的应用。严格地说，数据可视化方法并不能直接给出研究结论，但是通常数据可视化方法可以与其他研究方法结合使用，以便研究者从大量的数据关系中发现规律，得出研究结论。

> **案例8-5**
>
> 认知网络分析（Epistemic Network Analysis，ENA）解决了学习者认知特征难以呈现和分析的问题。由于研究者对学习者认知特征进行测量的方式多样，学习者的认知结构也较为复杂，因此将一个学习者的认知结构完全呈现出来需要一个高维的空间，而研究者往往无法全面地理解这种复杂的结构。认知网络分析将在高维空间呈现的认知结构降维呈现到二维平面空间中，并且尽可能地保留了学习者认知特征之间关系的相关信息，以便让研究者直观地观察不同的认知结构。
>
> 吴筱萌、牛芊宇等人使用认知网络分析对小学教育专业师范生的专业认知特征进行了探究。[⊖]该研究将专业认知的内容维度分解为儿童性、综合性和教育性，将技能维度分为阐释、运用和分析，以此为编码框架，对小学教育专业150位师范生的写作进行了分析。这些师范生以"我的教育理念"为题，围绕美国学者帕克·J.帕尔默（Parker J. Palmer）在《教学勇气——漫步教师心录》中提醒教师的"我们需要教什么内容（What）？好的教学需要运用什么样的方法和技术（How）？我们的教学目的和最终目标是什么（Why）以及谁是教学的自我？自我品质如何形成或改变？——包括我与学生、我与教学内容、我与同事以及与我与周围世界产生联系的方式（Who）"等问题来撰写自己的教育理念。该研究发现，师范生对小学教育中的儿童性和综合性比较重视，而对教育性的重视则略差；其阐释和运用的能力较好，而分析能力略差。在认知网络图中，节点代表每个认知编码元素的位置，节点间的连线代表认知元素间的关联强度，其连线的粗细与所连接的两个认知元素间的共现频次相关。由图8-2可知，师范生群体在综合性-阐释和教育性-阐释、儿童性-阐释和儿童性-分析、儿童性-阐释和儿童性-运用等方面建立了更强的联系。

⊖ 吴筱萌，牛芊宇，魏戈，等. 小学教育专业师范生专业认知的特征探究：基于认知网络分析的途径 [J]. 中国电化教育，2021（6）：135-143.

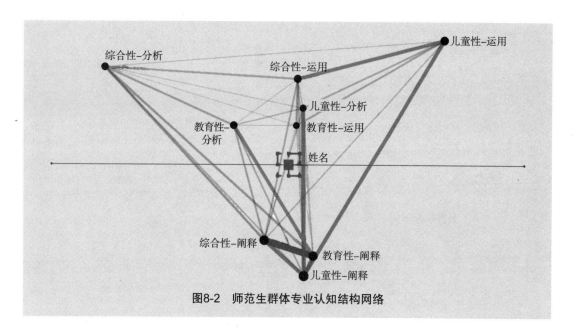

图8-2 师范生群体专业认知结构网络

总体来说,数据可视化方法解决了复杂数据难以呈现的问题,能够将研究结论更好地呈现出来。数据可视化往往与数据挖掘、网络分析等方法组合使用。

🔒 案例8-6⊖

乐惠骁和贾积有对人教版初中数学中的知识重点进行了探究。不同于以往通过询问教师或者教学专家的方式来获取教学中的知识重点,这项研究使用在线学习平台"乐学一百"上的学习者做题数据,基于在线学习者的约380万条行为日志数据以及87万余套试题文本,将人教版初中数学教材的每章知识点及其关系用3个量化指标进行客观描述:概念网络、成绩网络以及对后续成绩的影响。其中,"成绩网络"是研究者计算了各个知识单元的成绩之间的相关性得到的关系网络,研究者在Gephi中将该网络结构呈现了出来(见图8-3)。图中,每个节点代表一个知识单元,节点间的连线代表节点间的相关性,节点间有连线就说明学习者在这两个知识单元上的成绩表现之间存在一定的相关性。节点越大,就说明该知识单元在成绩网络中越重要,更应成为教学关注的重点。这样,通过数据可视化的方式,就将一个复杂的网络结构展示了出来。

⊖ 乐惠骁,贾积有. 基于大数据挖掘的初中数学教学内容重点发现研究 [J]. 数字教育,2022,8(3):49-57.

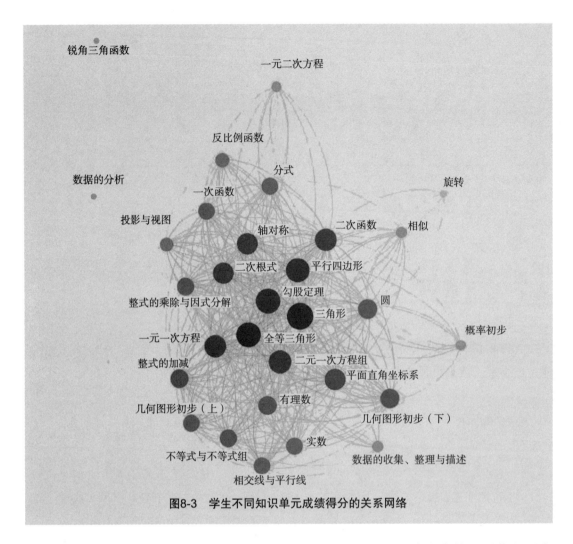

图8-3 学生不同知识单元成绩得分的关系网络

对于新手研究者，我们并不推荐你依靠对可视化图像的解读来直接得到你的研究结论，但是你可以通过一些数据可视化的工具更好地呈现研究中的数据和结论。当然，SPSS、Excel等基础统计工具已经给你提供了一些数据可视化的功能，如果你希望了解更多数据可视化的内容，可以尝试使用Echarts、ggplot2等进阶工具。

8.3 基于新型跟踪技术的学习研究

8.3.1 眼动追踪技术在教育研究中的应用

眼睛是心灵的窗口，人们从生活经验中认识到眼睛可以反映心理活动。早在19世纪就有人利用观察的方法来研究眼球运动与心理活动的关系。一百多年来，科学家一直致力于探索眼球运动记录技术，发展出了多种基于不同原理的眼动分析法；精密测量眼动规律的眼动仪的操作和使用也越来越便利,不仅可以用于实验室的眼动研究,也可以用于真实场景的眼动追踪,如图8-4所示。

 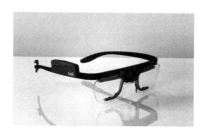

a)高精度眼动仪　　　　　b)可穿戴眼动仪

图8-4　眼动仪

人类的眼球运动大致可以归结为3种基本类型:①注视。这是一种将眼睛的中央凹对准目标刺激的活动。②眼跳。眼跳是注视点的快速转移,以便将需要注视的对象保持在视网膜中央凹区域,从而获得清晰的视觉。③追随运动。这是指眼睛追随一个运动的物体而移动。通过这些眼球运动,心理学家研究人们的注意、视知觉及其与认知之间的关系。近年来,学习科学领域使用眼动追踪技术来探究学习已成为一个热点。

案例8-7

冯虹等人将代数应用题分为有完整条件的、有多余条件的、缺少条件的和缺少问题的题目4种类型。他们对学生针对此4种类型代数应用题的解题过程进行了眼动跟踪。48名学生分别来自初二、高二和大二年级,按照一定的标准分为优生和差生两类。对于代数应用题,也依据特定方法挑选出4道一般难度水平的、代表4种类型的应用题。学生采用"出声思维"的方法完成解题活动,眼动仪记录学生在解题过程中的眼动情况。该研究发现,随着年级的升高,学生解题的正确率逐渐升高,注视题目的次数逐渐减少,但对"关键信息"的注视时间增加。这表明随着年龄增加,学生对解题所必需的信息更加关注,从而使得正确率也更高。数学成绩优生比差生对题目的一般条件和"关键信息"有更多的注视,而数学成绩差生对"关键信息"注视较少。对于不同类型的题目,学生对有多余条件的题目注视次数最多,说明学生对这类问题的认知加工较深入……

⊖ 图片来自 http://kingfar.net/prolist_T81.html。
⊖ 冯虹,阴国恩,陈士俊.代数应用题解题过程的眼动研究[J].心理科学,2009,32(5):1074-1077.

案例8-8

皮忠玲等学者利用眼动追踪技术,研究了视频课程中的教师注视与体态对学生注意的影响。他们将教师的注视分为:①教师正视观众,即教师直视摄像机,好像教师在面对面地注视学生;②教师引导性注视,即教师注视学习材料,例如幻灯片或者黑板;③教师注视别处,好像教师在与别的学生交谈。教师体态分为正面或侧面站立。该研究发现,无论教师的体态如何,在教师的引导性注视下,观看视频课程的学生更关注教师目光所及的幻灯片;而当教师在视频课程中正视观众时,观看视频的学生则更关注教师的脸。学生在观看视频课程后的纸笔测试结果显示,学生在观看教师采用引导性注视的视频后表现出更好的记忆力和迁移能力。该研究没有发现教师体态与学生的学习有相关性,这表明教师的目光凝视比体态对学生注意力和学习更有影响。该研究结果表明,教师在整个视频课程中不应连续直视摄像头,而应使用引导性注视来吸引学生对学习材料的注意力。

大部分的眼动追踪研究是在实验室里进行的,但近年来随着便携式眼动仪的发展,研究者越来越多地在真实场景中开展眼动追踪研究。其中,教师课堂中的眼动追踪研究成为一个热点,特别是对新手教师和专家教师的课堂眼动追踪(见图8-5)。学者们认为与传统的课堂观察等方法相比,眼动追踪可以更客观地识别专家教师和新手教师在行为和认知方面的差异。

图8-5 课堂中的教师注视热点图

○ PI Z L, XU K, LIU C X, et al. Instructor presence in video lectures: eye gaze matters, but not body orientation [J]. Computers & Education, 2020, 144(1): 103713.

○ CORTINA K S, MILLER K F, MCKENZIE R, et al. Where low and high inference data converge: validation of class assessment of mathematics instruction using mobile eye tracking with expert and novice teachers [J]. International Journal of Science and Mathematics Education, 2015, 13: 389-403.

案例8-9

吴筱萌和许静竹利用便携式眼动仪对一所小学的3位专家数学教师和3位新手数学教师进行了课堂眼动研究。该研究发现专家教师比新手教师对学生的"注意"更具效率,专家教师对学生的平均注视时间更短,也更均衡。这一结论在国外相关学者的研究中也得到了验证。这种更具效率的"注意"代表了更快速的课堂事件处理能力,以及对课堂更好的监控能力。研究也发现专家教师与新手教师对学生的注视分布都不太平均。这表现在两类教师对教室中间几列学生的关注程度显著高于左右列的学生。研究发现学生成绩也会影响教师对学生的关注。该研究中专家教师会对分数低的学生予以更多的关注,而新手教师对学生的关注度和学生成绩之间不存在显著的相关关系。该研究发现专家教师对学生的课堂练习状况关注更为普遍,对学生练习本无论是注视覆盖率还是复看率都远远高于新手教师,这进一步证明了有经验的专家教师更加关注课堂中学生的学习是否发生,而新手教师却在此方面表现欠佳。

8.3.2 大脑监测技术在教育研究中的应用

你有没有看过《北鼻异想世界》这部由英国广播公司(BBC)拍摄的纪录片?儿童发展专家团队在婴儿实验室以及家中探索了0~2岁婴儿的各种行为。他们采用多种新型的浸入式技术,开展最前沿的实验,以揭示婴儿的大脑在这个时期的变化。例如:儿童发展专家为了研究婴儿的自控能力,给婴儿带上大脑扫描仪来观察他们在抵抗诱惑的时候大脑额叶皮层的活动,如图8-6所示。儿童发展专家甚至给刚刚出生一周的小婴儿带上功能性近红外光谱仪,来观察刚出生不久宝宝的大脑对人脸和机械玩具的不同反应。仪器显示,新生儿的大脑对人脸的反应非常活跃,而对机械玩具没有太大反应。

a)《北鼻异想世界》中戴着脑成像仪器的宝宝　　b)婴儿努力抵抗诱惑时的脑成像

图8-6　大脑监测技术

○ 吴筱萌,许静竹. 基于眼球追踪的新手教师与专家教师课堂专业视觉差异研究 [J]. 继续教育研究,2022(4):76-82.
○ 图片来自https://movie.douban.com/photos/photo/2544980659/。
○ 图片来自腾讯视频《北鼻异想世界》第1集。

脑科学的发展使得人脑不再是个"黑箱"。借助脑电图仪（Electroencephalograph Instrument，EEG Instrument）、磁共振成像（Magnetic Resonance Imaging，MRI）、功能性近红外光谱（functional Near-Infrared Spectroscopy，fNIRS）等技术，学习科学领域的研究者可以收集神经数据，检测相关脑区的激活状况，揭示学习的生理机制。

> **案例8-10**[①]
>
> 一项比较沉浸式虚拟现实（Virtual Reality，VR）与纸笔环境对于学生创造力影响的研究中，研究者让学生在5分钟的时间内设计一个可穿戴的通信设备，不能类似已有的Apple watch等产品。实验组的学生在一个VR系统中创作，系统中有一个3D人体模型；控制组的学生在纸笔环境中设计，纸上也有一个人体模型画像。学生可以在人体的任何部位设计可穿戴通信设备。研究者使用脑电仪分别测量学生在创作时的注意力和精神放松状态，因为有研究发现，这些因素与创造力相关。这项研究发现，在VR环境下，学生设计的产品样式更多、更新颖，表明其创造力更强。分析脑电波发现，学生在纸笔环境中，注意力始终在较低值；但在VR环境中，学生的注意力没有表现出任何低值状态。而对于学生的精神放松状态，则是在纸笔环境中学生表现得更加放松，这表明新颖的VR环境给学生带来了一定的压力。这项研究认为，相比于纸笔环境，VR环境可以促进学生拥有更好的注意力和更高的精神紧张强度，这可能导致更好的创造力表现。

> **案例8-11**[②]
>
> 周成茂在他的硕士学位论文研究中利用功能性近红外光谱成像设备研究8名大学生在多媒体学习过程中的脑部加工规律，以及大学生在处理单通道信息（如音频或图片信息）和多通道信息（如视频信息）时其工作记忆容量所受到的影响。他的研究结果表明，学习者从视觉通道获取的信息由双侧颞叶处理，从听觉通道获取的信息由前额叶处理，当学习者通过视频获取视听多通道信息时，能够更大程度地促进额叶和颞叶协同处理信息。研究认为，多通道信息可以激活额叶和颞叶同时处于较高激活状态，使大脑拥有更大的工作记忆容量，使得信息处理更加高效，从而学习效果更好。

[①] YAN X Z, LIN L, CHENG P Y, et al. Examining creativity through a virtual reality support system [J]. Education Technology Research Development，2018（66）：1231–1254.
[②] 周成茂. 多媒体学习效果及认知负荷的脑成像证据 [D]. 上海：华东师范大学，2022.

8.3.3 可穿戴技术在教育研究中的应用

"量化自我"（Quantified Self，QS）这个概念最早是由美国《连线》杂志的两位编辑加里·沃尔夫（Gary Wolf）和凯文·凯利（Kevin Kelly）提出来的，后来受到公众的注意，并演化为一场"量化自我运动"。它的核心就是采用移动技术、可穿戴技术自动获取个体每日活动的数据[⊖]。或许你的手机上就有某个运动或健康类的APP，它可以向你报告每天的运动步数和消耗了多少卡路里。也可能你正佩戴着某种手环，以便随时查看心率、血氧、睡眠状况等信息。这些基于移动技术和可穿戴技术所产生的数据为个体提供了认识自己、反思自己和掌控自己的机会。

通过移动技术和可穿戴技术获得的个体数据不仅已经用于日常生活监测，它们在教育领域的应用潜力也逐渐被挖掘出来。一些研究者与教师合作，将这些数据应用于课堂教学，他们发现，用个人真实的数据进行探究性学习，可以让学生在面对复杂的数据和真实的问题时能够更好地推理和计算。

> **案例8-12**[⊖]
>
> 维克多·R. 李（Victor R. Lee）的团队在美国的一所公立小学中开展了一个实验。他们与两位五年级的教师合作，让学生佩戴计步器和心率测量手表，用他们的步数和心跳数据来学习如何进行"中心"度量。教师在以往关于统计知识的教学中，主要是依据教材提供的数据表格、练习题等纸笔材料来教授计算以及说明中心度量的过程。教材也提供了一个基于网络的模块，用多媒体的方式来展示和说明中心度量的过程。但在这样的学习中，学生获得的是基于想象情境的数据，例如多媒体展示的是测量5条蛇的长度，或者是去情境化的数据，例如纸笔练习中从5个数字中度量中心。利用可穿戴设备，李的团队和教师们设计了3个活动，每个活动历时3天，让学生开展学习。在第1个活动中，学生在课间佩戴计步器，测量他们从班级到学校图书馆的步数。之后，教师让学生根据全班的数据清单用图形方法来表示这些数据，以便让别人能够看出他们全班数据的典型特征和数据之间的差异。学生针对数据的典型特征展开了讨论，发现出现最多的数据（模式）以及在纵轴中间的数字（中位数），教师还引导学生衍生出了用"算数平均值"来表示"中心"的方法。除了平均值、中位数、模式等对中心的度量方式之外，在这个过程中，学生还意识到尽管他们都从同一教室出发，但仍需要设立一个共同的起点开始计步，这和

⊖ LEE V R. The quantified self（QS）movement and some emerging opportunities for the educational technology field [J]. Educational Technology，2013，53（6）：39-42.

⊖ LEE V R，THOMAS J M. Integrating physical activity data technologies into elementary school classrooms [J]. Educational Technology Research and Development，2011，59（6）：865-884.

测量有密切的关系。在第2个活动中，教师向学生介绍了一个可以用可视化方式呈现数据的软件。学生继续用计步器的数据进行探究。有一个班的学生发展出了一个假设，即学生的步数与他们的身高存在关系。他们将一些学生的身高作为基准，区分出了"更低""中等""更高"等几类，再用"到图书馆步数"的数据在软件中进行研究，确实发现了身高和步数呈现负相关的数据关系。在第3个活动中，学生拿到了心率测量手表，他们探究了在静息和跳跃等情况下的典型心率。之后教师让学生开展头脑风暴，自己设计想用心率来研究什么，经过收集与分析数据，最后将结果在班里展示。一个班的学生决定比较他们在课间活动与上课时的心率差异。另一个班的学生分成两组：一组学生研究本班一对异卵双胞胎学生在相同的活动中是不是具有相同的平均心率；另一组学生从最初的探究中发现有些年龄大的学生的心率比年龄小的要低，所以他们提出的假设是随着年龄的增长，心率会降低。他们找了很多不同年龄的教师和学生来验证他们的假设。

李的团队在第1个活动中进行了传统教学与用计步活动等实验教学两种方式的对比研究，对照班在使用了传统教学方式之后，也附加了第1个活动的内容。第2个、第3个活动，两个班都是相同的。通过笔试、面试、前测、后测等方式，研究者测评学生对中心度量的学习效果。笔试测验显示，计步活动实验教学与传统教学相比，学生学习的效果一样好。面试中增加了更具情境化的题目。结果显示，这些实验教学强化了学生对更复杂和更具情境化的数据进行推理以及运用不同中心度量方式的能力，特别是没有进行传统教学的班级表现得更好，研究者认为这说明实验教学活动特别能够支持学生处理比传统课本更复杂的数据。

除了运用"量化自我"数据进行教学实践外，教育研究者也尝试将其应用于对学生学习的研究。研究表明，生理数据与情绪和认知处理都是密切相关的。例如：人们在无意识状态下发现的一些情绪反应，如威胁、期望、好奇等，可以通过皮肤电活动（Electrodermal activity，EDA）检测。某些情绪会触发肾上腺素等激素的释放，从而增加血液流量，为肌肉带来更多氧气，并增加血容量压力（Blood Volume Pressure，BVP）。此外，血容量的变化与心率和外周温度成正比。这些数据已被用于推断与学生学习相关的认知负荷、感知困难和学习成绩等要素[1]。相比于用脑电测量等来检测学生课堂学习[2]，运用"量化自我"的手环、手表、App等对学生的学习状况进行研究更容易被学校、老师、学生和家长等接受，未来有望在学生的学习分析中得到更多使用。

---

[1] GIANNNAKOS M N，SHARMA K，PAPAVLASOPOULOU S，et al. Fitbit for learning：towards capturing the learning experience using wearable sensing [J]. International Journal of Human-Computer Studies，2020，136：102384.
[2] 禹东川. 基于脑电的课堂注意力监测：构建"可视化"教学生态 [J]. 中小学管理，2016（7）：18-19.

> **案例8-13**
>
> 詹纳科斯（Giannnakos）等学者进行了一项实验，他们在一门研究生课程上利用Empatica E4腕表来研究学生的学习体验。在课程中，由5~6名学生组成的小组与一个真正的客户一起从事软件工程项目的开发。每次上课时，小组成员与客户、指导老师等要进行讨论。实验招募了31名学生，共分了6组，收集了3周的课堂数据。腕表收集了学生的生理数据，包括心率、血容量压力、体温和皮肤电活动（EDA）水平。同时，他们也让学生在下课前填写一个调查表，主要对这次课的体验，包括满意度、有用性和自我表现，进行主观评价；综合分析这些主观评价数据与生理数据一起，研究生理数据是不是与学生的主观感受相一致。研究发现，对于满意度，最好的预测指标是心率的最主要频率、血压的变化、平均体温和EDA。对于学生的自我表现，心率和血容量压力的时间特征是最有价值的预测因子之一。基于体温的特征则是预测有用性的最重要的因素。研究表明，在实验中所获得的生理数据可以很好地预测学生的学习体验，误差仅有11%，而且使用几分钟的数据，就可以获得相对准确的预测。詹纳科斯等人认为，可穿戴设备为捕捉学生的参与提供了一种解决方案，可以让老师注意调整课堂教学的负荷，保持学生的心流状态。

8.4 拓展阅读

[1] 涅米，等.教育领域学习分析[M].韩锡斌，韩赟儿，程建钢，译.北京：清华大学出版社，2020.

[2] 牟智佳.教育大数据与学习分析[M].北京：电子工业出版社，2022.

[3] 吴忭.学习分析[M].北京：教育科学出版社，2022.

⊖ GIANNNAKOS M N, SHARMA K, PAPAVLASOPOULOU S, et al. Fitbit for learning: towards capturing the learning experience using wearable sensing [J]. International Journal of Human-Computer Studies，2020，136：102384.

第9章

资料分析的质性方法

【案例导引】

科研主任于老师需要调研初一学生博物馆研学的成效,并撰写一份总结报告。她在初一各班班发放了调查问卷。为了得到更加丰富的信息,她请初一各班班主任在自己的班级里收集一些质性材料。有的班级组织了焦点团体访谈,提交了访谈整理稿;有的班级提交了学生写的博物馆研学的收获与感想;有的班级则交来了学生们制作的研学小报以及在博物馆拍的各种照片等。以往,总结报告一般会把调查问卷的数据呈现出来,然后再附加几个写得有特点的学生感想和研学小报等。这一次,面对这么丰富的资料,于老师觉得应该更充分地利用它们,但是她也有点儿犯难,要怎么分析这些资料呢?如何才能比较严谨地进行分析,并挖掘一些不同于以往的新意呢?于老师听说现在已有一些软件可以帮助分析,她对此充满期待!

从前面的各章中你已经知道各种用于开展学习科学研究的方法,你可以利用观察、访谈、视频录像和实物收集等方式,获得大量的质性资料,比如你的观察记录表、访谈的录音、学生针对开放话题所撰写的小文章、教师的教案和课堂录像等。这些资料不是以数字的形式呈现的,而是以文字、图片、录音、录像等形式存储的。也由于它们是以非数字的方式呈现的,本章将其称为"资料"而非"数据"。对于这些资料,分析的途径也可以分为量化和质性两种。

任何量化分析都存在一个使对象数量化的过程。对质性资料的量化分析,也需要以数量化的方式对资料进行概括,然后进行计数或者统计分析。假设你收集了学生对学校文化节活动的评价,你想对这些评价文本进行量化分析,那么,你可以预先设置好积极评价的词库(诸如有趣、完美、丰富多彩等)和消极评价的词库(诸如无聊、杂乱、没意思等),然后对学生撰写的评价文本开展词汇检索,并统计出现正面和负面评价词语的频率。量化研究得到的研究结论往往具有普遍性、一般性和概括性等特征，但难以挖掘质性资料中丰富的细节和深层的意义。如果你对质性资料的量化分析感兴趣，请选择扩展阅读的相关书目继续学习。在本章中，我们将聚焦于资料分析的质性方法。

9.1 资料收集中的初步整理和分析

一些研究新手陶醉于收集资料的过程，去教室进行观察，与不同的受访者交谈，可以看到很多新鲜的事物，听到很多有趣的经验，接触很多不同的观点。所以，他们觉得真实的课堂、鲜活的受访者让他们收获良多。然而，研究者一味地沉浸于资料收集的过程可能导致的风险是研究者后期被海量的资料所淹没。一般而言，1个小时的访谈录音转录成文本字数大约有1万字，10页A4纸那么多。如果你访谈了10个学生，将会面临10万字文本的挑战，从这么庞大的文本中寻找主题和意义是非常困难的。同时，利用访谈等收集质性资料的过程与收集量化数据的过程不同，从第2章和第3章的内容中你已经了解到收集量化数据时往往事先编制好量表和问卷，数据的收集过程中极少再有改动。但是质性数据的收集更灵活，比如半结构或者非结构性访谈过程中，研究人员可能会随时追问，甚至探索新的谈话方向。同时，访谈和观察等有可能一次是不足够的，还需要反复进入现场或者多次访谈受访者，抑或扩展新的受访者……所以，资深的研究者会建议在质性资料的收集阶段就应该尽早开始整理和分析，以便更好地组织资料，逐步聚焦研究。事实上，在数据收集结束后，开始正式和重点地分析资料阶段时，研究者可以借鉴两个主要来源来开展研究：在实地调查之前的研究概念和设计阶段产生的问题，以及在资料收集期间出现的分析见解和解释。⊖

9.1.1 资料登录日志

资料登录日志是一种资料管理的方法，就是将研究所收集的数据用一张表格来汇总。下面这个案例是一门创客教育课程中的小组合作学习研究。研究者对李老师及其班上两个小组的6名学生收集了资料。表9-1给出了其资料登录日志的样例。

表9-1 资料登录日志样例

资料名	李老师	王彤	吴子轩	陈凯	顾佳佳	张华	徐心怡
访谈1	2022-03-23	2022-03-23	2022-03-23	2022-03-23	2022-03-30	2022-03-30	2022-03-30
访谈2	2022-05-11	2022-05-25	2022-05-25	2022-05-25	2022-05-26	2022-05-26	2022-05-26
焦点团体1	N/A	2022-04-20	2022-04-20	2022-04-20	2022-04-20	2022-04-20	2022-04-20

⊖ PATTON M Q. Qualitative research & evaluation methods: integrating theory and practice [M]. 4th ed. Thousand Oaks: SAGE Publications, 2014: 766.

（续）

资料名	李老师	王彤	吴子轩	陈凯	顾佳佳	张华	徐心怡
焦点团体2	N/A	2022-06-08	2022-06-08	2022-06-08	2022-06-08	2022-06-08	2022-06-08
课堂观察记录1	2022-03-23	2022-03-23	2022-03-23	2022-03-23	×	×	×
课堂观察记录2	2022-03-30	×	×	×	2022-03-30 关键事件发生日	2022-03-30 关键事件发生日	2022-03-30 关键事件发生日
课堂观察记录3	2022-04-27	2022-04-27 关键事件发生日	2022-04-27 关键事件发生日	2022-04-27 关键事件发生日	×	×	×
课堂观察记录4	2022-05-11				2022-05-11	2022-05-11	2022-05-11
文档教案	✓	N/A	N/A	N/A	N/A	N/A	N/A
课堂照片	4张	2张	3张	2张	1张	2张	3张
其他学生作业	✓ 给所有学生布置的作业	✓ 完成的作业	✓ 完成的作业	✓ 完成的作业	✓ 完成的作业	✓ 完成的作业	✓ 完成的作业
小组展示PPT	N/A	待收	待收	待收	待收	待收	待收
学生上学期成绩单	N/A	✓	✓	✓	✓	✓	✓

注：N/A为"不适合"；✓为收集到资料；×为未收集到资料。

你可以在资料登录日志表格中记录你研究中涉及的关键人物、收集资料的方法、收集的时间等。你也可以注意哪些资料还缺乏，反思是否还需要收集其他信息。可以利用电子表格，每个单元格中的内容就可以设置超链接，方便访问具体的数据资料。

9.1.2 接触摘要单

接触摘要单是一张一页纸的表单，一般是在你去做了一次资料收集工作之后填写的。以上面的小组合作学习研究为例，在进行了一次课堂观察、访谈了学生或老师之后，就可以填写接触摘要单了。课堂观察记录、访谈转录等内容可能多达几十页，接触摘要单则是你这次资料收集的快速提炼和总结，它也可以记录你的灵感火花，以及促进你的反思。

在制作接触摘要单的时候，你可以关注以下内容。

（1）你接触了哪些人、哪些事情，是在什么样的情境之下？

（2）这次收集资料你发现了哪些比较集中的主题或者话题？

（3）初始研究框架中的哪些研究问题在本次资料收集中最为突出？

（4）有哪些新的断言、命题、假设、推测或预感从这次接触中浮现出来？

（5）下次再去收集资料的时候可以把重点放在哪里？还需要收集哪些资料？

下面给出了一个接触摘要单的表单样例。你在填写接触摘要单的时候，可以用一些词组、短句等做简略概括，目的就是能够尽快记录下你的想法、洞见等。当然，简洁的表述仍然应是可阅读的，因为接触摘要单还要有益于你未来的资料分析，它们可能会提示新的编码，修订原来的编码系统，它们自己也可以被编码。

接触摘要单的表单样例[①]

接触类型： _____　　　地点：_____

_____　　　接触日期：_____

_____　　　今日日期：_____

　　　　　　　　　　　　　　　　　　　　　填表人：_____

1. 此次接触让你印象最深的主要议题或主题是什么？

2. 就每一个研究问题看，简述此次接触你收集到（或未收集到的资料）。

研究问题	资料

3. 此次接触中有任何冲击你的东西吗，如突出的、有趣的、示例的或重要的东西？

4. 下次再去此地时，你应考虑哪些新（或原有）的问题？

9.1.3 撰写备忘录

顾名思义，备忘录就是研究者用于记录自己的一些想法、感受、洞见和反思等，以免日后忘记的工具。与观察记录表和访谈笔记不同，备忘录的撰写实际上开启了研究的分析过程。格莱斯提醒道："放一个录音机可以帮助你无论在哪里都可以简略记下你的思想，不管白天还是黑夜。如果你等到最后才开始写，你的工作将不会这么丰富、完全，以及具有综合性。在你的田野调查笔记中仅仅记录观察和访谈笔记是不够的，要尽可能经常地和及时地反思你的田野调查笔记，这样你可以对它们做出澄清或者补充。如果你不反思你的田野调查，那么在9月份对你来说很清晰的东西到了12月份就不一定是这

[①] MILES M B, HUBERMAN A M. Qualitative data analysis: an expanded sourcebook [M]. 2nd ed. Thousand Oaks: SAGE Publications, 1994: 53.

样了。写作帮助你思考你的工作以及思考新的问题和联系。同时,当你开始着手针对你的资料撰写报告的时候,以前的写作使得你已经拥有很多写在纸上的思考了。"[1]

研究者可以在任何时候撰写备忘录。在资料收集阶段,随时记录研究者的所思所想以及继续探究的思路;在资料分析阶段,备忘录更是非常重要的工具,可用于记录分析过程中的想法、思路和解释等。备忘录也可以作为被分析的资料。表9-2列出了备忘录的一些常见类型和主要内容。

表9-2 备忘录的常见类型和主要内容[2]

类型	主要内容
描述型	将所发生的事情以及被研究者所说的话用描述的语言表现出来
分析型	对一些重要的现象和概念进行分析,特别是被研究者的本土概念(即被研究者使用的概念)
方法型	研究者对自己从事研究的方法进行反省,讨论研究方法可能给研究结果带来的效度和伦理道德问题等
理论型	对资料分析中开始出现的初步理论进行探讨,随着研究的深入逐步建立假设和理论
综合型	结合以上各种类型进行综合分析

下面的案例摘录了迈尔斯等人所著《质性资料的分析:方法与实践》第2版中关于备忘录所给出的实例。这些备忘录都是研究者在进行一项学校改革的研究过程中所撰写的备忘录。这里摘录两个在资料收集阶段研究者撰写的备忘录。[3]

🔒 案例9-1　　备忘录A:比较的过程(3月19日)

引介一项新方案不可避免地会导致一种比较的过程,尤其是对可选择的诸方案做比较(参见Facile与Score-On的几个案例)。我要为这个想法找到使用的时机,找更多的例子。

🔒 案例9-2　　备忘录B:生涯类型(2月22日)

一般而言,正值转换期的人们,可以借着这些教育改革上路,他们可以借着改革方案,由此处转到彼处……他们究竟去哪儿?他们可以走的方向有:

(1)**往上走**。由班级老师成为督学或行政人员,甚至行政主管。借着改革往上走要比等着别人调动腾出位置或者自己再修个更高的学位来得更快一些。改革可

---

[1] 格莱斯.质性研究方法导论[M].王中会,李芳英,译.4版.北京:中国人民大学出版社,2013:123-124.
[2] 陈向明.质的研究方法与社会科学研究[M].北京:教育科学出版社,2000:304.
[3] 迈尔斯,休伯曼.质性资料的分析:方法与实践[M].张芬芬,译.重庆:重庆大学出版社,2008:104.

> 以让你被看到，并占有一个好位置。如果这个方案变成正式制度，你就可以在新制度里获得一个新角色。这样往上走，也比较不突兀，不需要由你的上级来提拔你，也比要先调出然后再提升更容易。
>
> （2）**转出**。由原本全职的教学工作转换成部分或者较具弹性的工作。这类方案属于边缘性、控制较松（虽然Tindale是个反例）、改变较缓和的方案。这种方案也允许有其他组合方式，例如在Plummet学区就有人"往上后再转出"。
>
> （3）**转入**。一些补救型的改革方案并不要求正式的资质，这可以让一些学历背景不完整的人也能进入教育体系，于是原来的助理可以成为合格的教师，企业界或文艺界的人可以先进入边缘或实验区域，然后渐渐地进入正式体系中……
>
> 当我们听到或者编码到这些人过去、现在与未来的职务时，这些尤其值得继续追踪。
>
> 我建议去问每个受访者：
>
> 以比较直接的方式去问他或她现在为什么会参与此改革方案（有关其角色与角色改变方面）。
>
> 未来两三年他或她想做什么。
>
> 他或她是否意识到自己正值转换期。

在上面两个案例中，备忘录A记录了研究者突然获得的洞见。备忘录B是对前期的资料做了一些分析和汇总，把它们统整到了"生涯类型"这个概念之下。最后，研究者还对后续收集资料提出了具体的方法。

在撰写备忘录的时候，你需要给备忘录标注时间，并加上一个标题。这个标题是你要讨论的一个主要概念。例如上面两个备忘录的标题，"比较的过程"和"生涯类型"，都是研究者从资料收集和分析的过程中发现的概念。这些概念未来也可能会发展成你的代码。

格莱斯认为需要养成定期撰写分析性备忘录的习惯。研究者可以写下自己目前的工作如何推进研究问题，或者又提出了哪些新的问题。如果研究者从资料中发现了一些模式，还可以继续探究一些例外的情况，进一步寻找相关的资料，因为这样的研究并不是对某一组人的行为、信念、价值观等进行总结，而是要得到一系列的视角。如果研究者持续地思考资料，早期的分析就可以引导自己寻找后续的访谈与观察对象，产生新的访谈问题。⊖

⊖ GLESNE C. Becoming qualitative researchers: an Introduction [M]. 5th ed. Boston: Pearson Education, 2016: 190.

9.2 质性资料的主题分析法

质性资料的分析有许多不同的方法，它们依赖于不同的理论、认识论、方法论、研究目标和收集资料的方式等。在这里，我们介绍主题分析法，这是一种寻找主题或模式的方法，常用于人类学、教育学研究以及其他质性研究中。[一]

主题分析需要寻找"模式"（Pattern）和"主题"（Theme）。巴顿用一个例子来解释这两个概念："模式"是描述性的发现，例如，"几乎所有参与者都报告说，当他们从悬崖上下来时都感到恐惧"就是一个"模式"；"主题"则采用更为类型性或典型性的形式来解释模式的含义，在这里，"主题"是恐惧。将这些术语放在一起，一份"野外生存教育"研究报告可能会这样写：这项研究揭示了一种参与者的模式，他们报告说，当他们从悬崖上滑下以及在激流中奔跑时感到害怕；分享个人感受的集体活动中也引发了许多人的这种害怕。这些模式使"应对恐惧"成为"野外生存教育"项目的一个主要主题。[二]通过这个例子可以看出，模式和主题都是从资料分析中获得的，模式更贴近资料，主题具有抽象性，主题还可以整合多种模式。当然，一些文献中并没有严格地区分模式与主题，表述的时候经常用"模式/主题"。

布劳恩（Braun）和克拉克（Clarke）在其论文《在心理学中运用主题分析》中比较完整地总结了主题分析的实施步骤[三]，下面的内容就依据这篇论文展开介绍。

9.2.1 阶段1：熟悉你的资料

资料收集工作可能是研究者自己完成的，也可能是他（或她）和团队成员一起完成的。在开启正式分析的时候，研究者需要充分地熟悉资料，最好至少通读一遍所收集的所有资料，让自己沉浸在资料当中，对其深度和广度有深入的了解。所谓"沉浸"在资料中，就是研究者反复地阅读资料，而且以更加主动的方式进行阅读，比如经常提问：这段话告诉我什么？受访者讲述的是什么意思？有没有与这个案例相反的情况？……在这个过程中，就可能发现模式/主题。

访谈等录音资料的整理是十分耗时的。由于开展质性分析一般需要将访谈录音逐字转录，而1个小时的录音资料可能要整理几个小时。所以，有些研究者不愿意整理这些资料，而是让别人代劳，或者是用录音转录软件来辅助。事实上，转录的过程是一个非常

[一] GLESNE C. Becoming qualitative researchers：an Introduction [M]. 5th ed. Boston：Pearson Education，2016：184.

[二] PATTON M Q. Qualitative research & evaluation methods：integrating theory and practice [M]. 4th ed. Thousand Oaks：SAGE Publications，2014：791.

[三] BRAUN V，CLARKE V. Using thematic analysis in psychology [J]. Qualitative Research in Psychology，2006，3（2）：77-101.

好的熟悉资料的过程，特别是当研究者感受到受访者的语气、停顿和情绪时，资料会给你更生动的体验。一些质性研究，例如话语分析等，甚至要求在转录中用不同的符号来标注这些信息。主题分析对此并没有严格的要求；但是，如果你的转录稿是由别人或者机器完成的，你还是需要对照转录稿，多听几遍录音，让自己更加熟悉转录稿，也避免转录稿遗漏一些你觉得重要的东西。

9.2.2 阶段2：产生初始的代码

产生代码的过程也被称为编码，它是对资料进行分类和定义（或者定义和分类）的过程。代码"通常是由研究者生成的词汇或短语，它能够象征性地给一段文本或影像资料赋予一个总结性的、重要的、能抓住本质或引发共鸣的属性。被编码的资料篇幅可以从一个词到一整段话，从一整页文字到一连串的动态图像。代码给每个独立的资料集分配具体的意义，以进行模式检测、分类和其他分析过程"。⊖

代码的生成取决于你的分析是"理论驱动"还是"资料驱动"的，或者说是"演绎式分析"还是"归纳式分析"。理论驱动的、演绎式分析的目的是发现收集的资料在多大程度上支持现有的概念、解释、结果和（或）理论，因此代码来源于原有理论或文献；资料驱动的、归纳式分析则致力于从收集的资料中生成新的概念、解释、结果和（或）理论，因此代码"扎根"于原始资料，从资料中提取和生成。

1. 理论驱动的编码过程

理论驱动的分析往往受研究者对该领域理论或分析兴趣的驱动。例如，当研究者对高中学生面对学习挫折时的抗压、复原能力这个话题很感兴趣时，会通过文献研究，了解到有个概念——"心理韧性"与这些能力相关；再进一步阅读文献了解到，心理韧性与自我效能感、归因风格、自我调节学习和社会支持环境（例如学校、家庭、社区和同龄人）等等都相关。于是，研究者就可以按照这些概念以及其子概念设立一个代码表，然后按照这些代码去分析搜集的资料，看心理韧性与其相关影响因素在所收集的资料中是如何体现的。通过这样的分析，围绕心理韧性和个人因素、社会环境的一系列主题研究可能会验证或扩展以往研究所得到的结果或理论等。

这种演绎式的分析一般都会先形成代码表，研究者依据此代码表来编码。下面案例是根据代码表对资料进行编码的案例。该案例是对教师参与式培训项目进行的评估研究，代码表是评估的指标体系（见表9-3），分析的资料则是教师的培训反思（见图9-1）。

⊖ 萨尔达尼亚. 质性研究编码手册 [M]. 刘颖，卫垌圻，译. 重庆：重庆大学出版社，2021：VII.

案例9-3

表9-3 教师参与式培训项目评估指标体系（节选）

代码	次级代码
1~3略	略
4.培训的过程与方法	4.1培训从形式到内涵均体现参与式精神
	4.2培训者关注不同参与者的需要
	4.3培训者关注参与者的经验
	4.4培训者能起到提升和引领的作用
	4.5培训者具有亲和力
	4.6参与者积极性和参与度高
5.略	略
6.培训效果	6.1参与者理解并认同参与式理念
	6.2~6.4略
	6.5参与者的教研意识提升

教育公平的探讨与参与式教学的培训是一次心灵的洗涤，注入的是一种全新的思想、理念。从六岁起十多年的读书到作为老师的一次次培训，这是第一次碰到的学习方式。学员们一组一组地坐在一起，或观察，或探讨，或争锋发言，或针锋相对地提出不同的观点，或各自谈各自的同感。千百年来，教师与学生有了新的定位，教师不再是知识的灌入者，学员也不再是没有思想的接受者。新的课堂变得民主、和谐，气氛活跃而并不失井然的秩序，教师的放手也不是撒手不管。课堂外学员有了思索、有了探讨、有了争执，人人都变得主动。我觉得参与式的灵魂是人人公平，自主参与，自主探究。然而真正实施在自己的教学中谈何容易。 → 4.1培训从形式到内涵均体现参与式精神

→ 4.6参与者积极性和参与度高

→ 6.1参与者理解并认同参与式理念

我所在的学校是一所九年制学校，小学部教师共九人，其中有十八九岁的，也有五十多岁的，有代课教师，也有大专毕业生，教研活动的开展几乎没什么含金量。所以在这样的环境中开展参与式教学，只能算是个人兴趣，没有人指导，也没有人与你探讨，更没有人提出宝贵的意见。不过大多数教师还是在尝试这一新的教学方式，力求让这一人人公平，自主参与的理念为自己的教学服务。在这一尝试的阶段，校园里出现了一种错误的认识：只要谈参与式就要与大白纸联系在一起，似乎不用大白纸就无法运用参与式教学方法。而我以为要运用参与式，首先要理解参与式教学法的精髓。参与式是一种组织课堂教学的思想，以人为本，人人公平自主参与，引导参与者动脑、动手、动口，自由探讨，自主构建，而体现这一思想的教学方法与形式是多样的，如 游戏、分角色表演、资料调查、讲授、讲故事、分组讨论、头脑风暴、提问、绘画等。其次在我们的尝试中还有个致命的失败，那就是我们在慌慌张张地准备参与式公开课时忘掉了参与式的目的，我们的目的是什么？为什么要运用这一教学方法？无非就是让学生乐学，主动地学，自觉地学，并学得更好，而不是为了追赶时尚，让一节课堂变得热闹非凡，有唱有跳，还有表演。我们的教学目标是什么？为实现这个目标我们设计了哪些活动？设计了哪些有价值的问题？不思考活动的目的，一味地强调活动的形式、气氛，只能是事倍功半或瞎忙活。记得在一节参与式教学公开课中，语文老师李老师在上语文园地，他将语文园地的题一道道地印在纸上，让学生分成五组，然后每组一张进行填写，填完之后各组汇报答案，气氛活跃，热闹非凡，效果相当好。我们仔细思考一下就知道，语文园地的重点是通过习题而归纳总结本单元的知识并进行拓展，而不仅仅是做对几道习题就算完了。如果仅仅是做题，那么书上原来就有，为什么一字不变且还要印呢？多浪费纸呀！这样缺乏设计、缺乏目标的形式上的参与并不是真正的参与。

→ 学校教研环境不佳 教师缺乏支持

→ 6.5参与者的教研意识提升

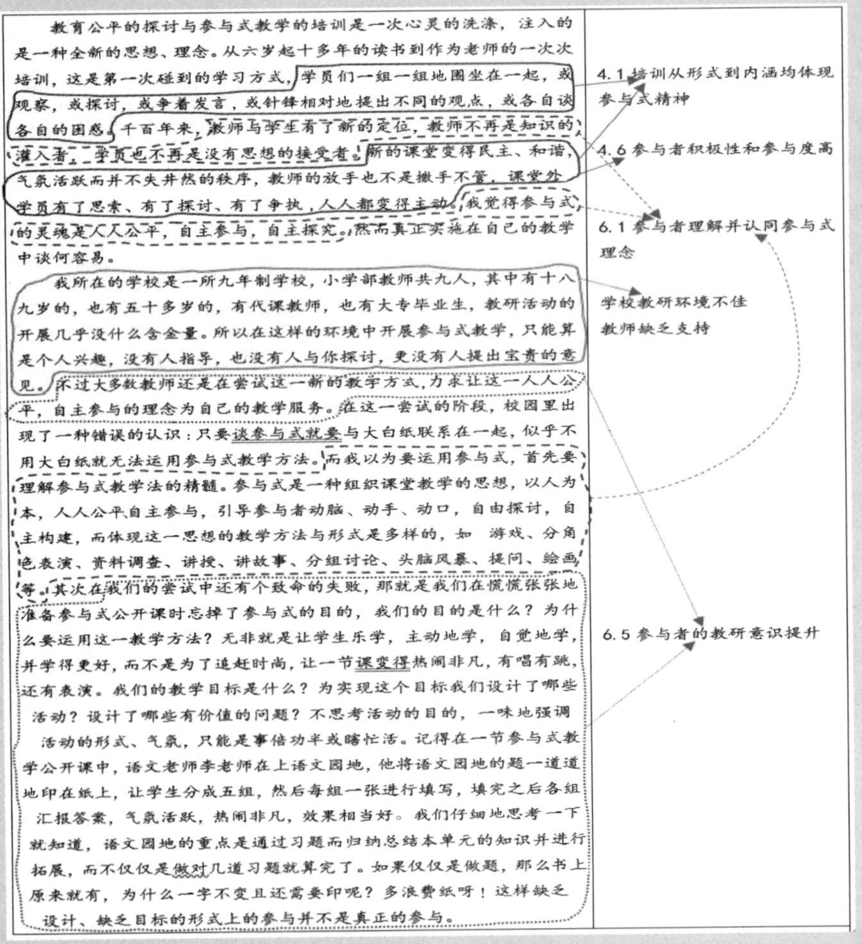

图9-1 对教师反思的编码

从上面案例可以看到，所谓"编码"就是将代码表中的代码分配给资料。这些资料就是代码的一个"实例"。在编码的过程中，一个代码可以被分配很多的资料，而一段资料也有可能被分配给多个代码。

理论驱动的分析虽然在分析之前会形成初始的代码表，但是分析者也应该保持开放的态度，如果遇到资料中新鲜的、不容忽视的内容，如上面案例中的"学校教研环境不佳""教师缺乏支持"等，这些新的发现实际上也与教师培训效果的持久性相关，那么可以依据资料进一步修改和完善原有的代码表。

> **小提示**
> 在Word文档中进行编码是比较烦琐的，你可以用Word中的"批注"方式来添加代码。但是，当你的资料比较多，代码表比较长，编码工作与资料整理工作将是十分艰难的。支持质性分析的计算机软件可以让繁重的编码过程变得轻松、简单。

2. 资料驱动的编码过程

与理论驱动的演绎式分析不同，资料驱动的归纳式分析是从原始资料中发现模式和主题，并生成意义。在数学中，什么可以放入一个集合是有明确规则（Rule）的，例如，一个正偶数的集合，所有进入此集合的元素都必须是正数，且可以被2整除的数。进入正偶数集合的数是具有确定性的。量化分析遵循这样的法则，但是质性分析却完全不同。

在资料驱动的资料分析中，哪些内容属于同一个集合（例如，代码、分类、模式、主题）是由研究者来判断的，而且取决于谁、以什么标准和目的来做这个判断！例如：你既可以将"爱"与"恨"都划归到"强烈的情感"这个集合，也可以将"爱"划归到"让人们团结在一起的情感"集合，将"恨"划归到"让人们分离的情感"集合。因此，这样的判断是模糊的，既不能完美体现研究者的分析思路，也无法直接检验分析的可靠性和有效性。研究者的技能、知识、经验、创造力、勤奋工作都是非常重要的。将严谨的科学、艺术性的创造、娴熟的技艺、谨慎的意义生成和个人的反思性等复杂而多面相地结合起来，我们将访谈、观察、文档和实地笔记形成研究结果。⊖

扎根理论的创建人之一施特劳斯（Strauss）认为编码的过程是将资料转化为概念，即所谓的概念化过程。他指出："概念是科学的主体。只有当我们为现象取名字，针对该现象建构一个概念时，我们才能持续地关注此现象。当我们锁定注意力时，我们才能对该现象（现在是概念了）加以检视，提出问题……科学发展所必要的研究者间的互

⊖ PATTON M Q. Qualitative research & evaluation methods: integrating theory and practice [M]. 4th ed. Thousand Oaks: SAGE Publications, 2014: 759-761.

动、辩证、讨论，都需要借助确定的概念及其关系而达成……"

概念化是将原始资料分解成独立的小事件、重大事件、想法等，并给它们所代表的现象赋予一个名字。如何概念化呢？施特劳斯告诉我们，就是要对这些分解出来的内容提问：这是什么意思？这个现象说明了什么？同时要对你分解出来的内容进行比较，把那些指示相同现象的内容都划归到同一个概念下，以避免概念太多。

下面案例摘录自施特劳斯和他的学生科宾（Corbin）合著的《质性研究概论》中所给出的"餐厅中的红衣女士"的例子，它很好地展示了如何将一系列观察内容分解，将其概念化，并为其赋予一个概念词汇。

🔒 案例9-4

假设有一天你到了一家餐馆，餐馆有三层，最底层是酒吧，第二层是小型餐饮区，最上层是主要用餐区和厨房。厨房的门是开着的，你可以看到厨房里的一切，也可以看到各式饮料、酒类。在你等待菜端上来之际，你看到厨房里有一位红衣女士站在那里。女士好像没什么事情做，就只是站在那里。不过根据常理推断，你知道任何一家餐厅，尤其生意那么好、厨房相当忙的餐厅，怎么会雇一位女士只是在厨房站一站。于是，你的兴趣来了，你想看看这位女士的工作任务究竟是什么。将这位女士的行为概念化的例子见表9-4。

表9-4　将餐厅中红衣女士的行为概念化的例子

行为	概念化
你注意到这位女士，在这件餐馆里的一个工作场域——厨房里，认真地四周环视并记下周遭所发生的事情	你问自己，她这样算是在做什么呢？你定义为**观察**，观察什么呢？观察厨房工作
一会有人过来问她问题，你看见她回答问题	她的这一行为与前面观察的不同。你将此行为定义为**消息传递**
她似乎什么都不放过，尽收眼底	你将这一种状况定义为**专注**
你又看到这位红衣女士上前吩咐了几句话	这个事件也是与传送信息有关，你仍然将其定义为**消息传递**
这位红衣女士虽然身处多事之地，她来往自如并不被打扰	你用**无介入**来代表这种状态
她转身快速、悄无声息地、有效率地走入用餐区，在那儿，她又四周环顾一番	还是**观察**
她似乎运筹帷幄，掌握来往的人与事	你将这一种状况定义为**监测**

○ 施特劳斯，科宾. 质性研究概论 [M]. 徐宗国，译. 台北：巨流图书公司，1997：70.
○ 施特劳斯，科宾. 质性研究概论 [M]. 徐宗国，译. 台北：巨流图书公司，1997：71-74.

行为	概念化
监测什么呢？你注意到这位女士在监测工作人员所提供的服务品质：侍者如何与顾客互动？回应的速度又如何？从招待顾客坐下，点好菜到菜上桌，顾客等了多久？顾客如何反应和是否满意？	你把上面的内容记录下来，定义为**监测服务品质**
一大批顾客，侍者忙着照顾，她前去帮忙	你将这一种状况定义为**提供协助**
这位女士看上去十分老练、能干	你将其记录为**经验丰富**
她走到厨房旁边看墙上一个类似时间表的东西	同样是**消息传递**
领班走过来与她交谈几句，两个人都环顾四周看看有没有空桌，看看顾客都吃得怎么样了	他们是在**商谈**

仔细阅读这个案例你可以看到，这个概念化的过程是非常个体化的，没有绝对的标准，它依赖于分析者的知识、经验、创造力等。对于研究新手而言，概念化的工作并不容易。有时，作为新手的你可能只是"概述"而不是建构概念。所以，还请你记得要向资料提问：这是什么意思？这个现象说明了什么？构建恰当的概念来说明现象，并将类似的现象统整到同一个概念之下。

这些表达概念的词语就可以直接成为一个代码，也可以把几个类似概念的词语合成一个代码。代码可以指代一句话、一段话甚至更大篇幅的资料内容，这些资料内容不一定是连续的，还可以是多个资料来源的，比如来自不同人的访谈转录稿。只要这些内容都可以用一个词语、短语等来概念化，就可以把它们编入一个代码。

在创建代码词的时候也可以考虑使用一些动宾结构的词组，可以让代码体现过程和行动。例如"反抗权威""寻求关注"或"努力成为良师"。用具有行动性的词语或词组往往比用描述性名词（如学生、教师和管理员）来分类会让资料分析更有用和有趣。⊖

在创建代码的时候，你应当非常关注受访者使用的词语和概念，它们被称为受访者的"本土概念"。采用"本土概念"作为代码，可以使代码更加贴近资料。

9.2.3 阶段3：寻找主题

通过编码，你应该已经得到了长长的代码表，也将你的资料与代码建立了对应关系。之后你需要将分析的重点放在更广泛的模式/主题层面，而不是代码层面。你可以将代码与不同的受访者或者案例相联系，看看有什么模式产生，或者尝试将不同的代码分

⊖ GLESNE C. Becoming qualitative researchers：an introduction [M]. 4th ed. Thousand Oaks：Pearson Education，2016：196.

类，看看它们可能会反映什么潜在的主题。

还以上面"餐厅中的红衣女士"的分析为例，你会发现"观察""消息传递""监测""商谈"等都是指红衣女士的工作范畴，就是"评估和维持工作的流程"。但是，"专注""无介入""经验丰富"等与"评估和维持工作的流程"似乎不相干，它们反映的是红衣女士的一些特征，或者说是负责评估和维持工作流程的人的特征。那么，现在你就从原来的代码表中寻找到两个小主题："评估和维持工作的流程"以及"负责此工作的人的特征"。

上面这个例子太过简单，你在真正的研究中会收集到非常多的资料，通过编码而产出的代码也会非常多。在这个时候，借助表格、图形等方式呈现会对你的分析大有裨益，它们有助于你更清晰地看到资料所包含的内容，思考代码之间的关系。

1. 矩阵表

一般来说，矩阵表以两个或多个与某个主题或主题兴趣相关的维度、变量或概念的交叉分类为基础，以列与行的形式出现。一张矩阵表可以清楚表述10页甚至更多的内容。建立矩阵表的基本步骤见表9-5。

表9-5　建立矩阵表的基本步骤

基本步骤	步骤说明
建立表格	绘制表格并无固定规则，可以说绘制表格是一种创造性但有其系统性的工作，它可以深化你对资料本质与意义的理解
填入资料	填入资料所牵涉的决定与做法是质性资料分析中的关键 主要有以下基本原则：①请厘清你要填入资料的层级。②请运用代码找出主要资料的位置。③对于图表中的资料，你不可能保留原始资料的完整细节，究竟哪些东西可以被保留下来，这取决于你的思考。④若资料遗漏、不清或未获回答，应清楚标示在表中。⑤直到资料填入后期，才能确定表格的格式是否需要修改
引出结论	检验一张表格就是要看：它帮你理解了什么，以及此理解是否确凿、是否有凭有据

下面案例中是迈尔斯和休伯曼在书中列举的矩阵表案例。矩阵表将某学校对教育改革所做的支持性准备按照准备的项目和所涉人员做了一个交叉表，见表9-6。你可以将"准备的项目"一列的各个条目当作由前期初始编码获得的代码，其他两列是研究所涉及的两类不同的人员，矩阵表所填写的内容实际上就是对被分配给相同代码的不同实例的整合。当然，这里的填写混合了直接的引述和概括性的词组。此外，研究者还把受访者的反应程度精细地分了等级（由无到强）。你看竖列时，可总括"准备度"的各成分；看横列时，也可以比较不同角色在各方面的"准备度"。在这个矩阵表中可以比较清晰地看到模式。

案例9-5

表9-6 矩阵表样例

准备的项目	就采用者而言	就行政人员而言
承诺	强力——要让它产生作用	在学校层级，行政人员承诺很弱；教育局只有各主事者承诺投入；其他人无
理解	就老师来看，具有基本理解（觉得我可以做，可是不确定怎么做） 助理缺乏了解（不了解要怎么弄到所有这些东西）	学校层级行政人员与其他教师缺乏了解 教育局两位主事者有基本认识（由方案设计者处得到我们所需的所有协助）；教育局其他人员缺乏了解
教材	不恰当：订购太晚，迷惑（和以前用过的都不一样），弃置	（不需填）
任前培训	老师培训不完整：（发生得太快）；没有示范班级 助理未培训：（完全未准备，我必须和小孩一起学）	教育局各主事者在发展中心有受训经历；其他人则无
技能	教师——技能弱 助理——技能无	教育局一名主事者具有相当技能；其他人则无技能
持续提供协助	无，除每月的委员会以外；无实质补助经费	无
计划，协助时间	无；两名采用者白天都有其他工作；实验时段很紧凑，无弹性时间	无
调试准备	无系统化；暑假由采用者自动去做	无
学校行政支援	适切	（不需填）
教育局行政支援	发起人一方非常强力	学校行政人员仅依据教育局的委托行事
相关的过去经验	两个个案过去的经验都强力有用：已进行过个别化教学，协助低成就学生。只有助理无参与治疗方案的经验	教育局有此经验，且颇管用，尤其是罗伯逊（专家）

矩阵表内不一定是文字，也可以用缩略的符号表示。在下面的案例中，格莱斯列举了一个关于6所农村学校有效教育的限制因素矩阵表（见表9-7），他从这个矩阵表中发现了模式，这样的模式促进研究者进一步的探究。

⊖ 迈尔斯，休伯曼.质性资料的分析：方法与实践[M].张芬芬，译.重庆：重庆大学出版社，2008：134.

案例9-6

表9-7 用数字与符号表示的矩阵表样例

学校	计税基数	和社区的沟通	州政策	获得信息	专家支持
1	0	+	+	0	0
2	+	0	+	+	+
3	+	0	+	0	0
4	0	+	+	+	+
5	+	0	+	+	+
6	0	+	+	+	+

注:"+"表示被学校看作一个限制,"0"表示不被看作限制。

从这个表中你可以注意到学校2、3、5都认为"计税基数"是一个限制,而学校"和社区的沟通"则不是。学校1、4、6的情况刚好相反。这样就出现了不同的模式,你需要到资料中找寻可能的解释。

2. 图式

你可以将代码、子代码等组合到各种图式中来协助分析。韦恩图(文氏图)、分类图、序列图、树状图、网络图、流程图等都可以。通过组织这些图式,你会更好地挖掘代码间的关系,尝试组织不同的主题。你可以采用多种组合方式,看看不同的图式会带来哪些新的洞见。

案例9-7

这项研究在对用人单位挑选大学毕业生的分析中得到了很多概念代码,研究者对概念代码进行了分类,绘制了图9-2。

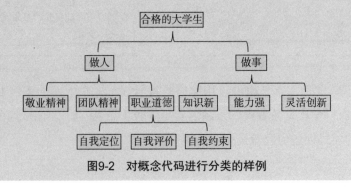

图9-2 对概念代码进行分类的样例

---

① 格莱斯. 质性研究方法导论 [M]. 王中会,李芳英,译. 4版. 北京:中国人民大学出版社,2013:131.
① 陈向明. 质的研究方法与社会科学研究 [M]. 北京:教育科学出版社,2000:244.

案例9-8

这位研究者探究中学里有效的合作伙伴团队教学,她用韦恩图对代码进行分类,创建了图9-3,以帮助理解和展示资料分析中形成的主要概念。

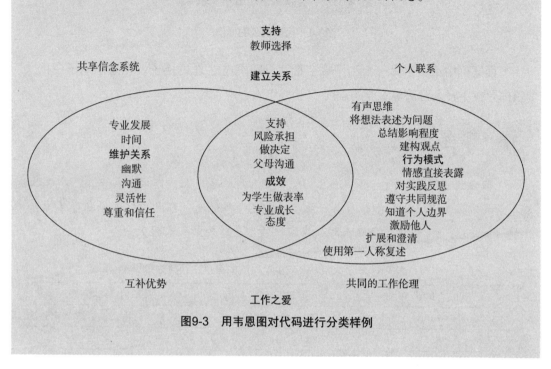

图9-3 用韦恩图对代码进行分类样例

在张芬芬翻译的迈尔斯和休伯曼合著的《质性资料的分析:方法与实践》一书中,提供了非常丰富的图表案例,如果你有兴趣可以进一步阅读。

3. 数字

尽管质性分析不太关注对资料内容的统计,但是有时简单的一些频数统计也可以说明模式。萨尔达尼亚建议可以把第一轮编码得出的代码制作成"代码全景图"。利用质性资料分析软件的视觉化功能,或者是可以制作词云的网上平台,你可以利用代码以及编入代码的条目频数,制作词云图,从而非常清楚地看到一些特性。图9-4是我们利用一项研究中部分代码的被编码频数制作的代码词云图。它反映了在线教师专业发展课程的哪些特征会吸引教师来学习。

㊀ GLESNE C. Becoming qualitative researchers:an introduction [M]. 4th ed. Thousand Oaks:Pearson Education,2016:203.
㊁ 萨尔达尼亚. 质性研究编码手册 [M]. 刘颖,卫垌圻,译. 重庆:重庆大学出版社,2021:179.

图9-4 代码词云图样例

下面案例中给出了另一个利用数字帮助识别模式/主题的例子。在这个例子中格莱斯带领你寻找年轻人对从事农业的态度。

案例9-9

假设你通过访谈调查了某地区85个年轻人对从事农业的态度。其中，25个年轻人是城市务工者，50个年轻人是农业工人，10个年轻人住在农村但不务农（其他农村人）。表9-8是关于"年轻人对从事农业的态度"的第一次频数分布。

表9-8 年轻人对从事农业的态度的第一次频数分布

受访者类型	积极态度	消极态度
城市务工者	4	21
农业工人	21	29
其他农村人	0	10

从表9-8中可以看出年轻人对从事农业不感兴趣。你又重新阅读访谈资料，发现了态度可能与是否拥有土地有关，于是你根据受访者和土地的关系进行了第二次频数计算，结果见表9-9。

表9-9 年轻人对从事农业的态度的第二次频数

拥有土地的情况	积极态度	消极态度
没有土地可工作	0	25
农民	0	13
在家庭土地上工作	5	5
要交农作物或者租金	0	17
耕种没有租金的土地	10	0
耕种自己家的地	8	0

○ GLESNE C. Becoming qualitative researchers: an introduction [M]. 4th ed. NJ: Pearson Education，2016：206-207.

> 表9-9中，频数分布显示受访者对从事农业的态度和其拥有土地情况之间的关系的明确模式。这些数字有助于形成一个更具体的年轻人对从事农业的态度的假设。

9.2.4 阶段4：重新审视主题

在你初步获得了一些主题后，就要开始对这些主题做进一步精细化处理。比如，哪些主题可支持的数据资料太少，哪些主题过于细碎可以和其他主题进一步合并成为新的主题……

这个阶段可以采用两步走。第一步，回到资料和代码，这意味着你需要阅读每个主题的所有代码和被编码的原始资料摘录，并考虑它们是否形成了一个连贯的模式。巴顿提出需要检验"内部同质性"和"外部异质性"。所谓"内部同质性"是指某一类别的数据在多大程度上被放在一起或者以某种有意义的方式彼此"契合"起来。所谓"外部异质性"则是指不同类别、主题之间的差异在多大程度上是明显的和明确的。[1]你自己可以仔细地核查、思考，也可以请别人帮助你来查看你的资料是不是支持你的主题，不同的资料是否被合理地分配给了不同的主题。如果你发觉有些主题和代码与资料不是非常契合，那么你可以思考主题定义是否适合，代码和资料是否属于这个主题。你可能需要舍弃不合适的代码和资料，或者重新创建一个主题，为那些当前在现有主题中不起作用的代码和资料找到新的归属。通过第一步，你可以将各个主题和代码的树状图放在一起，布劳恩和克拉克称之为"候选主题地图"（见图9-5），这样你可以对你的主题有一个总览。

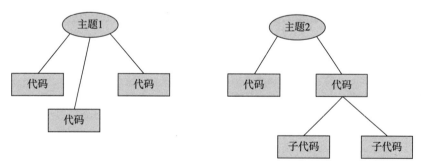

图9-5 候选主题地图的样例

在第一步，你对每个主题与资料的关系进行审视。在第二步，你需要将你的审视范围扩大到全部资料。你从整体资料的视角来考虑各个主题的有效性，也要考虑你的候选

---

[1] PATTON M Q. Qualitative research & evaluation methods: integrating theory and practice [M]. 4th ed. Thousand Oaks: SAGE Publications, 2014: 811.

主题地图是不是"准确"反映了全部资料集中、明显的含义。在这个阶段，你需要重新阅读所收集的所有资料，确定主题是否与它们密切相关，同时也要审查是不是有些资料在最初的编码阶段被遗漏了，是不是有些资料还需要归入不同的主题中去，甚至是添加新主题。如果你真的发现有一堆资料并没有被编码，或者代码表中还有不少代码的意义是重叠的，那你可要重新审视你的代码表和主题了！

在第4阶段结束时，你应该很清楚主题都是什么，它们之间有什么联系，以及这些主题如何能够整合在一起共同讲述关于你的资料的整体故事。

9.2.5 阶段5：定义和命名主题

在此阶段，要做进一步精细化的工作，要进一步提炼每个主题的"本质"，并确定每个主题捕获整体资料的哪个方面。你要注意不要让一个主题囊括太多内容，或者过于多样化和复杂。现在，你可以尝试为每个主题写一个内容连贯一致的"小故事"，把这个主题下代码相关联的原始资料内容放进来，仔细地分析和解释它们为什么是有趣的。

除了讲好每个主题的小故事外，你还要考虑如何把它们融入更广泛的整体"故事"当中，以确保主题之间没有太多重叠。所以，你既需要思考单个主题，也需要思考主题之间的关系。

在这个阶段，对于一些比较大的、复杂的主题，你可以分成一些子主题，这样可以使主题更加结构化。请注意，这里是将主题而不是代码做进一步结构化的划分，每个子主题仍然应该是多个代码的集合。

在这个阶段结束的时候，你可以清楚地定义你的主题是什么。你最好试着用几句话向别人描述每个主题的范围和内容。如果你发现你做不到这点，那就需要进一步完善这个主题。虽然你已经有了主题的名字，但是你还可以再审视它，它是不是足够简洁、足够清晰？是不是让你的读者一下子就能明白这个主题是关于什么的？

> **小提示**
> 在你逐步提炼主题的过程中，请不要忘记你的研究问题！这些主题应该能够很好地回答研究问题。

9.2.6 阶段6：撰写报告

现在，你已经有了一组完全提炼好的主题，要开始最后的分析和写作了。写作部分的任务就是讲述你的资料的复杂故事，让读者相信你的分析的价值和有效性。重要的是，这个分析，在主题内和主题之间，提供了由你的资料讲述的一个简洁、连贯、有逻辑性、非重复性和有趣的故事。[1]

回想一下"餐厅中的红衣女士"那个案例，施特劳斯和科宾试图用在餐厅中观察的资料讲述一个"食物指挥家"的故事。它告诉读者"食物指挥家"的"自身特征"以及"评估和维持工作的流程"。所以，好好地思考你所统揽的主题或者整体架构，然后把各个主题统整起来。在撰写的时候，各个主题需要引用丰富的资料来论证。选择你资料中生动的例子、鲜活的话语……采用引号直接引用受访者的表述或者摘录一些重要句子、短语都是可以的，让这些实例来证明你的分析和阐释。"原始资料摘录需要嵌入分析性叙述中，以有力地说明你正在讲述关于资料的故事，而你的分析性叙述需要超越对资料的描述，并就你的研究问题进行论证。"[1]

撰写报告或者论文，你还需要考虑你的读者。读者的认可甚至会影响如何讲述你的故事。面对不同的读者，你很有可能组织不同的主题，甚至不报告某些主题。你的某个研究，也可能会通过几篇研究论文将成果逐步发表出来。所以，撰写报告或者论文是一场分析与思考之旅。

> **小提示**
>
> 请你一定要养成随时撰写备忘录的习惯！无论是概念的形成思路、对代码意义的解释，还是模式/主题是如何提炼的、主题之间的关系是怎样的等，所有的过程与想法都值得记录。撰写备忘录应该贯穿整个分析过程！这些备忘录对于你梳理思路、记录过程都大有用途，在最后撰写的阶段，也可以给你不少帮助。

9.3 计算机辅助质性资料分析

计算机辅助质性资料分析的历史并不长，1993年以后，可以在个人计算机上运行的计算机辅助质性资料分析软件（Computer Assisted Qualitative Data Analysis Software，CAQDAS）才开始出现。[2]在计算机软件出现的早期，对于质性分析中是否应该使用软件还有不少争议，一些质性研究者更愿意将资料打印在纸上，并且用铅笔写下代码，这样"能够让你对编码工作有更多的掌控感和体现出所有权"。[3]但是面对比较多的研究资

---

[1] BRAUN V, CLARKE V. Using thematic analysis in psychology [J]. Qualitative Research in Psychology, 2006, 3（2）: 77-101.
[2] RADEMAKER L L, GRACE E J, CVRDA S K. Using Computer-assisted Qualitative Data Analysis Software （CAQDAS）to Re-examine Traditionally Analyzed Data: Expanding our Understanding of the Data and of Ourselves as Scholars[J]. The Qualitative Report, 2012, 17: 1-11.
[3] 萨尔达尼亚. 质性研究编码手册 [M]. 刘颖, 卫垌圻, 译. 重庆: 重庆大学出版社, 2021: 24.

料，CAQDAS在资料的管理与分析方面还是具有一定优势的。

在前面的介绍中，你可能已经了解了质性资料分析没有公式可以利用，充满了复杂性和个性化。所以，你也不要指望CAQDAS可以帮你完成概念化、命名、寻找模式和主题等质性资料分析的核心任务，它能做的是帮助你很好地存储、管理和呈现你收集的各种资料，帮助你比较容易地操作这些资料，对他们检索、提取、组装或可视化等。

目前，主流的CAQDAS包括NVivo、MAXQDA、ATLAS.ti、HyperRESEARCH等。在这里，以NVivo为例，简要介绍CAQDAS可以实现的一些功能，如果你想了解具体的操作方式和更多信息，可以访问相关软件的网址进行学习。①由于我们只有NVivo 11的正版软件，所以下面的界面都源自NVivo 11版本。

9.3.1 对于原始资料的管理

你的一个研究在NVivo中是一个"项目"，所以你首先需要创建一个项目，然后把你研究中收集的所有资料都导入这个项目的"内部材料"中。这样以后你打开这个项目，所有的资料都在其中，不会找不到。导入的资料可以是多种类型的：Word文档、PDF文件、音频、视频、图片等。当你双击一个文件，文档的内容就会显示出来，音频、视频也可以播放。NVivo的资料管理样例如图9-6所示。

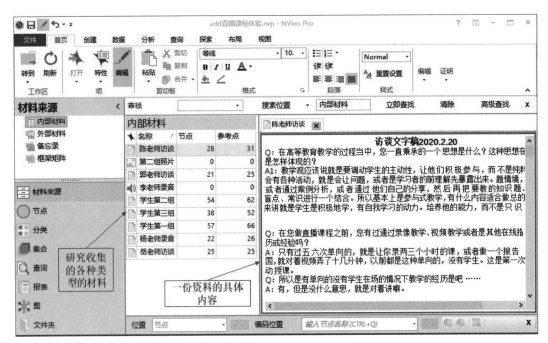

图9-6　NVivo的资料管理样例

---

① 入门教程[EB/OL]. [2023-04-23]. https://help-nv.qsrinternational.com/20/win/Content/tutorials/zh/nvivo-tutorials.htm.

对于"内部材料"中的文档，你仍然可以设立文件夹，把文件分门别类地放置，方便你组织和管理自己的资料。

9.3.2 对资料进行编码

CAQDAS的一个强大的功能就是给资料编码。在NVivo中，"节点"可以涵盖介绍过的"代码""主题"。你可以对原始资料进行编码，这时生成的节点可以被视为"代码"；当你开始寻找模式和主题的时候，你可以把这些节点组成新的树状结构，那么处于上层的节点可能就是你的"主题"。在软件中，你可以方便地生成节点，命名和重命名节点，进行移动、删除、合并节点等操作。这些操作可以支持你在进行主题分析时产生初始代码，形成主题、重新审视主题、精细化主题等。图9-7展示了层级的节点以及编入节点内的原始资料。

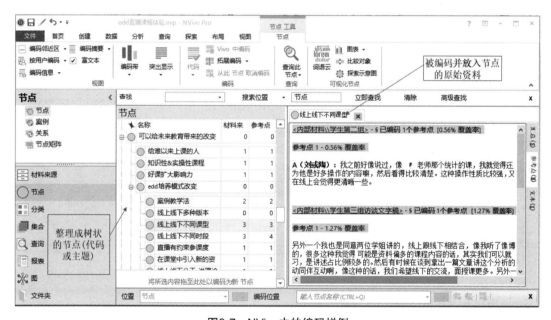

图9-7　NVivo中的编码样例

NVivo中还可以直接对音频、视频和图片等多媒体资料进行编码。

9.3.3 撰写备忘录

在你分析的过程中，撰写备忘录是必不可少的。在NVivo中，你可以随时创建一个备忘录，并且把备忘录与节点等链接在一起。图9-8所示样例中的备忘录就是与节点"可以给未来教育带来的改变"相链接的。这样，备忘录和你的节点、原始资料等就联系在一起了。你所有的备忘录都放在"材料来源"的"备忘录"中。

图9-8　NVivo中的备忘录样例

9.3.4　对资料进行多方位探究

CAQDAS一般都会提供很多功能来帮助你对资料进行各种探究。NVivo中提供了对资料的各种查询，如图9-9所示。在"词频"查询中，你可以查找到你的资料中高频的词组，例如受访者经常提及的词组，你还可以根据词频创建词云图！如果你原始资料中有很多个人的访谈资料，在NVivo中你可以将它们设置为"案例"节点，利用案例节点和"矩阵编码"创建本书9.2.3中介绍过的矩阵表。

图9-9　NVivo的查询功能

9.3.5　用可视化的方式探究资料

将资料与分析以可视化方式呈现，是CAQDAS的一个强项。NVivo中提供了绘制"思维导图""概念图"等，也可以按频次用"图表"等形式呈现，还可以进行"聚类分析"等（见图9-10）。这些功能既可以针对原始资料，也可以针对节点、案例节点等。

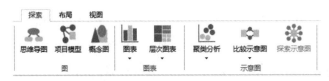

图9-10　NVivo的可视化功能

根据上面NVivo功能的简单介绍，你应该对CAQDAS有了粗略的了解，这类软件与本章所介绍的质性资料的主题分析方法比较契合。但是，需要提醒你的是，软件虽然可以供你操作、呈现资料，但是让这些资料生成意义，根本上还依赖你作为研究者的知识、能力、技巧和创造力！

9.4 拓展阅读

[1] 纽恩多夫. 内容分析方法导论：原书第2版 [M]. 李武，译. 重庆：重庆大学出版社，2020.

[2] 科宾，施特劳斯.质性研究的基础：形成扎根理论的程序与方法 [M]. 朱光明，译. 3版. 重庆：重庆大学出版社，2015.

[3] 迈尔斯，休伯曼. 质性资料的分析：方法与实践 [M]. 张芬芬，译.重庆：重庆大学出版社，2008.

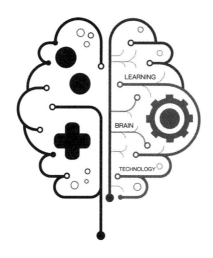

第10章

用SPSS软件分析教育研究中的量化数据

【案例导引】

小王老师是小学数学老师，在日常的教育教学工作中，他热衷于尝试各种新教学方法，并分析其对教学效果的影响。在第3章中，为了解平板电脑应用对教学效果的影响，小王老师运用问卷调查方法进行了一次整体评估，以了解平板电脑的应用是否有助于提升班级学生的成绩和学习兴趣，以及学生的电子设备使用经历是否会影响教师应用平板电脑进行教学的效果。小王老师在同一年级的两个平行班A班和B班设计了随机控制实验，其中，A班有43名学生，B班有45名学生。除了收集两个班级学生在这段时间内的测验成绩外，小王老师还编制了一份问卷对A班学生的学习动机和技术接受度进行测量，而对B班学生则只测量其学习动机。本次调查共回收了85份有效问卷，其中A班42份，B班43份。面对两个班级学生的学习成绩和问卷数据，小王老师该如何着手处理并统计分析数据才能解决最初的研究问题呢？

在上述案例中，通过随机控制实验、调查研究等研究方法收集的数据都是量化数据。如果你需要高效地统计分析量化数据，则可能需要借助统计分析软件。

说到统计分析软件，你可能会想到Excel。尽管Excel容易操作，具有强大的表格管理和统计图制作功能，其数据分析插件XLSTAT也提供了相关性检验、参数检验与非参数检验等数据分析功能，但因为复杂的数据分析往往涉及诸多方法，因此它一般适用于日常的简单数据处理，在科研上应用得不多。

除了Excel之外，SPSS、STATA、R语言等是更为常用也更专业化的统计分析软件。SPSS（Statistical Product Service Solutions/Statistical Package for the Social Science），即"统计产品与服务解决方案/社会科学统计软件包"，是世界上最早的统计分析软件之一，集数据录入、整理与分析功能于一身，以功能丰富、操作简便且效率高而著称。作为数据统计分析专业软件，SPSS具有更专业的处理方式和复杂数据处理能力，统计方法齐全，且用户界面友好、操作简单，是教育研究中常用的统计分析软件。

尽管SPSS对于通常的教育研究来说已经够用了，但SPSS在语法运算功能上还不够强大，如果你想通过编辑语法来进行教育数据的统计与分析，则可选用STATA、R语言等工具。STATA的最大优势在于回归分析，包含易于使用的回归分析特征工具。R语言则是综合性较强的一类数据分析工具，集统计分析、数据挖掘、数据可视化于一体。与其说R语言是一个统计软件，不如说它提供了一个数学计算的环境。因为R语言提供了各种数学计算以及函数，从而使用户能够灵活地开发自己想要的统计功能。当然，现在开源平台上已经有很多前人写好的R语言统计分析包可供调用。

对于通常的教育研究来说，SPSS是应用最为广泛、高效易用的统计分析工具之一，受到广大教育研究者的青睐。自1984年SPSS总部推出世界上第一个统计分析软件微机版本后，经过几十年的发展，SPSS版本不断迭代更新，SPSS于2022年9月发布了29.0版本。从SPSS 19.0到SPSS 29.0，虽然每次发布的新版本中都增加了一些新的功能，但各版本界面变化不大。对于常规功能而言，安装19.0及之后的中任何一个版本均可。本章将以SPSS 26.0为例，介绍如何运用SPSS软件分析教育研究中的量化数据。

本章将介绍SPSS的一些操作，便于快速上手开展定量研究。可以结合第2章与第3章的内容来查看相关方法在SPSS中的具体操作。鉴于本章为工具用途，故不必完全熟练掌握本章中的所有操作，只在需要的时候查看相关的内容即可，可以通过表10-1快速查找到所需要的操作及与前面章节对应的内容。

表10-1 本章SPSS相关操作与前面章节对应内容

操作	内容	相关章节位置	本章内位置
SPSS安装与功能介绍	SPSS 26.0安装操作以及相关功能、窗口的介绍	—	10.1节 10.2节
数据文件录入	数据分析的第一步，在SPSS中录入待分析数据	—	10.3节
基本统计分析	对数据形态、分布进行基本的统计分析，描述数据的频数、集中趋势、离散趋势、分布形态等，常用于描述性统计	第2章 2.3.1节	10.4节
正态性检验	判断数据是否服从正态分布	第2章 2.4节	10.5.1节
方差齐性检验	判断两组数据之间方差是否齐性	第2章 2.4节	10.5.1节
T检验	用T检验判断两组样本均值间是否有显著差异	第2章 2.4节	10.5.2节
卡方检验	非参数检验，判断两个变量之间是否有关联	第2章 2.4节	10.5.3节
Mann-Whitney U（曼-惠特尼U）检验、Wilcoxon（威尔科克森W）检验	非参数检验，判断两组样本均值间是否有显著差异	第2章 2.4节	10.5.3节

（续）

操作	内容	相关章节位置	本章内位置
方差分析	判断多组样本均值间是否有显著差异	第2章 2.4节	10.5.4节
问卷信效度检验	用Cronbach's alpha和因子分析检验问卷信效度	第3章 3.2.4节	10.5.6节
聚类分析	聚类分析在SPSS中的实现方式	第8章 8.1.1节	10.5.7节

10.1 SPSS 26.0的安装

在你获取到SPSS 26.0软件压缩包后，成功安装软件还需进行以下两步操作：①安装SPSS客户端；②安装Patch文件。下面将详细说明各个步骤的安装操作。

10.1.1 安装SPSS客户端

1. 右击【SPSS 26.0】压缩包，选择【解压到 SPSS 26.0】。
2. 打开解压后的文件夹，右击【setup】文件，选择【以管理员身份运行】。
3. 单击【安装 IBM SPSS Statistics 26】，进入安装进程，如图10-1所示。

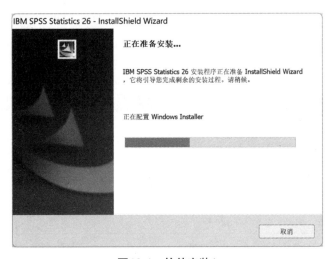

图10-1 软件安装1

4. 单击【下一步（N）】。
5. 勾选【我接受许可协议中的全部条款】，单击【下一步】。
6. 默认选择"是"，单击【下一步】。
7. 勾选【我接受该许可协议中的条款】，单击【下一步】。
8. 勾选【我接受许可协议中的全部条款】，单击【下一步】。

9. 选择【更改（C）】就可以更改软件安装位置（建议不要安装在C盘，可以在D盘或其他磁盘下新建一个名为"SPSS 26"的文件夹用于软件安装），并单击【确定】和【下一步（N）】，如图10-2~图10-5所示。

图10-2　软件安装2

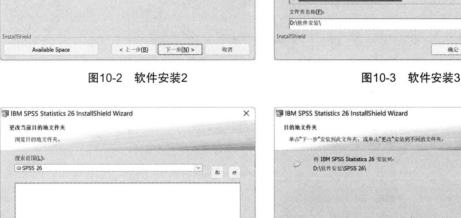

图10-3　软件安装3

图10-4　软件安装4

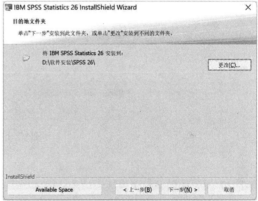

图10-5　软件安装5

10. 单击【安装（I）】，进入软件安装进程，如图10-6所示。

注意：软件在安装过程中可能会出现如图10-7所示的命令框，在键盘上按下〈Enter〉键即可，待命令结束则会出现如图10-8所示的软件安装完成界面，取消【立即启动 SPSS Statistics 26 License Authorization Wizard】的勾选，单击【完成（F）】即可完成SPSS客户端的安装。

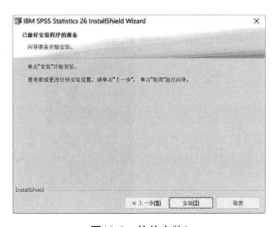

图10-6　软件安装6

图10-7　软件安装7

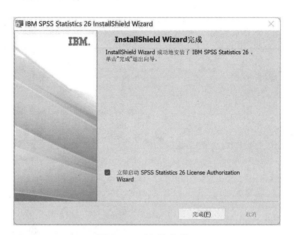

图10-8　软件安装8

10.1.2　安装Patch文件

1. 右击Patch文件，选择【以管理员身份运行】，进入安装进程，如图10-9所示。

图10-9　软件安装9

2. 单击【下一步】。

3. 勾选【我接受许可协议中的全部条款】，单击【下一步】。

4. 单击【安装】。

注意：软件在安装过程中可能会出现如图10-10所示的命令框，在键盘上按下〈Enter〉键即可，待命令结束则会出现如图10-11所示的软件安装完成界面，最后单击【确定】，此时也意味着SPSS软件安装完成。

图10-10　软件安装10

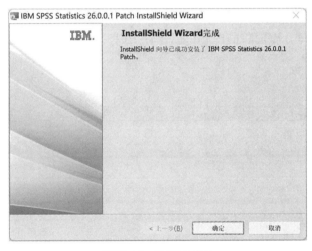

图10-11　软件安装11

10.2　SPSS 26.0的窗口及其功能简介

SPSS 26.0有三大常用窗口，即**数据编辑窗口、结果输出窗口、语法编辑窗口**。

（1）**数据编辑窗口**。数据编辑窗口用于建立、读取和编辑数据文件，开展统计分析。该窗口有数据视图和变量视图两种视图，数据视图用于查看、录入和修改数据，变量视图则用于新建和修改变量，如图10-12所示。

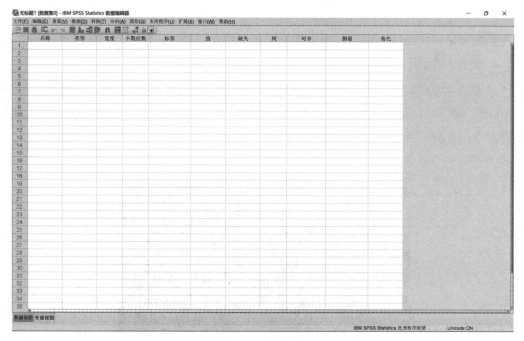

图10-12　数据编辑窗口

（2）**结果输出窗口**。结果输出窗口是显示和管理SPSS统计分析结果（包括文本、表格及图片）的窗口，该窗口的内容可以保存为以".sav"为扩展名的SPSS文件，如图10-13所示。

图10-13　结果输出窗口

（3）**语法编辑窗口**。语法编辑窗口不仅可以编辑那些对话框操作不能实现的特殊分析过程的命令语句，还可以将所有分析过程汇集在一个命令语句文件中，以避免处理较复杂资料时因数据的微小改动而大量重复分析过程，如图10-14所示。

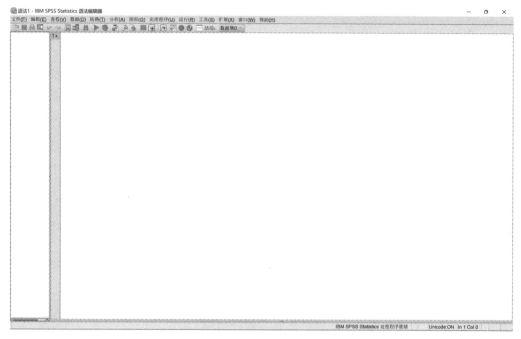

图10-14　语法编辑窗口

因为本章聚焦于SPSS的图形化操作界面，所以常用窗口为数据编辑窗口和结果输出窗口。若想学习SPSS中语法编辑的相关内容，可阅读相关书籍。

10.3　数据文件的建立

在第3章的"案例导引"中，小王老师收集了A班与B班学生使用平板电脑学习期间的测验成绩，并编制了一份了解A班学生学习动机和技术接受度的问卷，而只了解B班学生的学习动机。当小王老师完成测验成绩和调查问卷的数据收集，希望借助SPSS软件来分析数据时，首先面临的问题是：如何将测验数据和问卷数据转化为SPSS能识别的数据？这时，小王老师需要将这些数据都存储在一个SPSS数据文件中，那么小王老师该如何建立SPSS数据文件呢？

在SPSS软件中，不仅可以在数据编辑窗口建立数据文件，手动定义变量、录入问卷数据，也可直接打开Excel、DBF以及SAS等格式的数据文件。如今，问卷星等在线问卷调查工具高效便捷，我们可以充分发挥其数据收集功能，从中导出Excel格式的数据文件，在导入SPSS软件时进行相关设置，便可得到以".sav"为扩展名的SPSS文件。

在教育研究中，你可能会以纸质问卷或电子问卷的形式来收集相关信息。如果你运用的是纸质问卷，则需要在SPSS中手动录入数据。如果采用的是问卷星等在线问卷调查工具，则可方便地从中导出Excel文件，然后直接将其导入SPSS即可。下面将分别介绍如何在SPSS软件中手动录入数据和将其他格式的数据文件转换为SPSS文件。

10.3.1 手动录入数据

作为初一年级的新班主任，小张老师想了解班级学生的家庭背景，因此设计了一份学生家庭情况调查问卷，以纸质问卷的形式让班级学生填写并回收。当收回纸质问卷后，小张老师需要在SPSS中手动录入数据，从而建立SPSS文件。

在建立数据文件时，首先需要在【变量视图】中定义变量。在进行变量定义时，需考虑变量名、变量类型、变量宽度、小数位数、变量值标签、变量格式以及计量尺度等方面的问题。在定义变量时，可参照下方"小提示"注意相关要点。

> **小提示**
>
> **1. 变量命名规则**
>
> （1）必须以字母、汉字或字符@开头，其他字符可以是字母、数字、_、#、$等符号。
>
> （2）不能使用空格和其他特殊字符（如！和？等）。
>
> （3）变量名不区分大小写但必须唯一。
>
> （4）避免最后一个字符是"."，因为英文句点有时会作为命令的结构标志，因此容易引起歧义。
>
> **2. 常用的变量类型**
>
> （1）标准数值型：SPSS中的默认数据类型，需要定义值宽度和小数位数，默认分别为8和2。数学中的数字都可以看作标准数值型数据，如258、12等。
>
> （2）日期型：可选格式有mm/dd/yy、dd.mm.yy等，如2022年10月12日可表示为"10/12/2022"。
>
> （3）字符串类型：需要设置字符串的长度，默认为8。与标准数值型数据相比，字符串类型的数据由多种符号组成，而不仅由纯数字构成，例如，year2022、1234when等。此外，汉字也是字符串类型的数据。
>
> **3. 计量尺度**
>
> （1）定距型数据（Scale）：包括身高、体重等连续数值型数据（简称连续数据），以及人数、频数等离散数值型数据（简称离散数据）。其中，离散数据可理解为通过数数得出的数据，例如，在一学期中，班级中每位学生所阅读的书的数量。连续数据则是通过测量得出的数据，例如，学生期中考试语文分数。

（2）**定序型数据（Ordinal）**：具有内在固有大小和高低顺序的数据，如教师职称可以有初级、中级、高级3个取值，可分别用1、2、3表示。无论是数值定序型数据还是字符定序型数据，都是有固有大小或者高低顺序的，但数据之间却是不等距的。

（3）**定类型数据（Nominal）**：没有内在固定大小或高低顺序的数据，一般以数值或字符表示定类型数据。例如，性别中的男生、女生，可分别用1、2表示。

当定义完变量后，在【数据视图】中将纸质问卷中的数据一一对应录入，录入完成后命名并保存文件即可。

10.3.2 将其他格式的数据文件转换为SPSS数据文件

本小节以Excel格式的数据文件为例，说明如何将其他格式的数据文件转换为SPSS数据文件，其他格式的操作也一样，只要选择相应格式即可。

当从问卷星等在线问卷调查平台或开放在线数据库获取到Excel格式的数据文件后，我们便可将其直接导入SPSS中。在SPSS中，有"打开数据文件"和"导入数据文件"两种方法，都可以将Excel数据文件转换为SPSS数据文件。

1. 打开数据文件

在菜单栏的【文件（F）】选项中，依次选择【打开（O）】→【数据（D）】，如图10-15所示。在【打开数据】对话框中，选择所要打开数据文件的位置，将【文件类型（T）】设置为Excel格式，如图10-16所示。若要打开其他类型的数据，则在此处设置相应的文件类型即可。接着，在【读取Excel文件】对话框中保持默认设置，如图10-17所示，单击【确定】即可在SPSS中打开相应的数据文件。

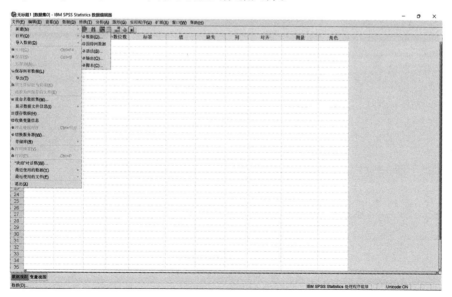

图10-15 打开数据文件

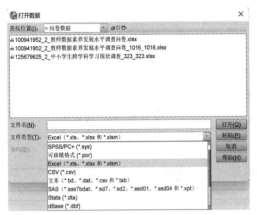

图10-16 【打开数据】对话框

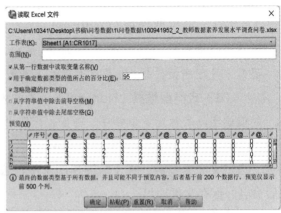

图10-17 【读取Excel文件】对话框

2. 导入数据文件

在菜单栏的【文件（F）】选项中，依次选择【导入数据（D）】→【Excel…】，如图10-18所示。若要导入其他类型的数据，则设置相应的文件类型即可。在【打开数据】对话框中，选择所要打开数据文件，如图10-19所示。接着，在【读取Excel文件】对话框中保持默认设置，如图10-20所示单击【确定】即可导入数据文件。

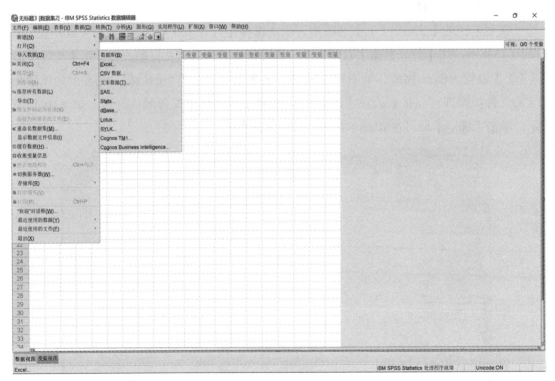

图10-18 导入数据文件

图10-19 【打开数据】对话框

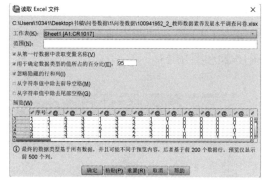

图10-20 【读取Excel文件】对话框

10.4 基本统计分析方法

基本统计分析方法是什么？教育研究中量化数据的基本统计分析方法包括频数分析、集中趋势分析、离散趋势分析和分布形态分析。

10.4.1 频数分析

频数，又称"次数"，可以简单理解为某个数值出现的次数。当我们需要统计某一个变量或多个变量不同取值出现的次数时，则可以运用SPSS中的频数分析方法。

教育研究数据中的频数分析主要包括简单的频数分析、交叉分组下的频数分析以及多选项分析，适用的数据类型通常为定类型或定序型数据，例如学生的性别、民族等。下面将通过相关案例来说明如何在SPSS中进行以上三种类型的频数分析。

1. 简单的频数分析

简单的频数分析通常用于统计单个变量的数据分布特征。

在调查问卷中，我们通常会收集被调查者的个人基本信息，如性别、年龄、专业、学段、职称等，运用简单的频数分析，我们可以快速把握数据的整体特征，测算单个变量的数据分布情况。

教师数据素养体现在教师收集、分析、解释各种类型的教育数据，并将数据分析结果用于优化教学、确定教学方案、开展有效教学的能力上。为了解某市教师数据素养发展水平的现状，研究者编制了《教师数据素养发展水平调查问卷》，其中收集了被调查者的性别信息。如果想了解有效问卷中被调查者的性别分布情况，我们可以在SPSS中进行简单的频数分析。

操作步骤： 在菜单栏的【分析（A）】选项中，依次选择【描述统计（E）】→【频率（F）】，如图10-21所示。在【频率】对话框中，将关于性别的题项加入变量框中，如图10-22所示，并在【图表（C）】选项中选择相应的图表种类。SPSS提供了条形图、饼图、直方图三种类型的图表，图表值可选择频率和百分比。此处"图表类型"选择"饼图（P）"，"图表值"保持默认选项"频率（F）"，如图10-23所示。输出结果如图10-24和图10-25。

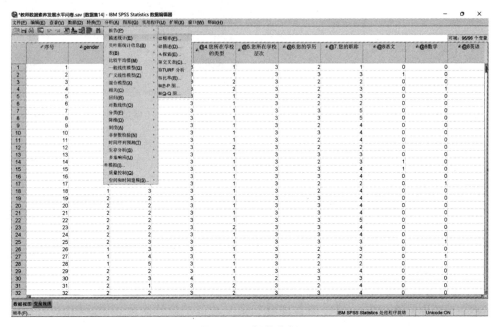

图10-21　频数分析

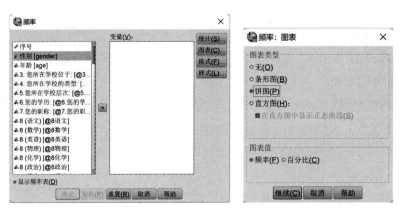

图10-22　【频率】对话框　　图10-23　【频率：图表】对话框

有效		频率	百分比	有效百分比	累积百分比
有效	1	328	32.3	32.3	32.3
	2	688	67.7	67.7	100.0
	总计	1016	100.0	100.0	

注：1表示男性，2表示女性。

图10-24　教师性别分布情况频数分析统计

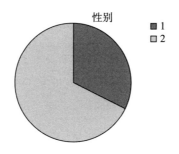

其中，1表示男性，2表示女性。

图10-25　教师性别分布频数分析结果图

结果解读：由上面的输出结果可知，通过简单的频数分析，可以用图表的形式非常直观地呈现被调查者的性别分布情况。

2. 交叉分组下的频数分析

通过简单的频数分析能够了解单个变量的数据分布情况。然而，在实际分析中，你可能还需要分析多个变量不同取值下的分布，以及分析变量之间的相互影响和关系。在这种情况下，你可以运用交叉分组下的频数分析对多变量的联合分布情况进行分析。

交叉分组下的频数分析有两大步骤：① 根据搜集的样本数据编制交叉表；② 在交叉表的基础上，对两个变量间是否存在一定的相关性进行分析。其中，交叉表是两个或两个以上的变量交叉分组后形成的频数分布表。

在《教师数据素养发展水平调查问卷》中，对于教师是否愿意参加数据素养培训，不同性别的教师可能存在差异。如果想了解不同性别教师参加数据素养培训的意愿差异情况，可以在SPSS中进行交叉分组下的频数分析。

操作步骤：在菜单栏的【分析（A）】选项中，依次选择【描述统计（E）】→【交叉表（C）】，如图10-26所示。在【交叉表】对话框中，将性别和关于教师参加数据素养培训意愿的题项分别加入"行""列"框中，如图10-27所示。【统计（S）】→【交叉表：统计】对话中选择【卡方（H）】，如图10-28所示。【单元格（E）】选项中默认系统设置。【格式（F）】→【交叉表：表格式】对话框中的升序和降序是为了制定列联表中各单元格的输出排列顺序，此处默认为升序，如图10-29所示。设置完成后，在【交叉表】对话框内单击【确定】按钮即可，若要显示输出结果的条形图，则在最下方勾选【显示簇状条形图（B）】，如图10-30所示。输出结果如图10-31、图10-32和图10-33所示。

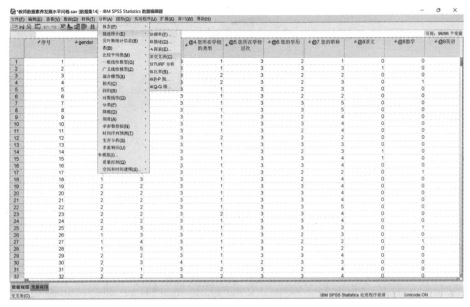

图10-26 交叉分组下的频数分析

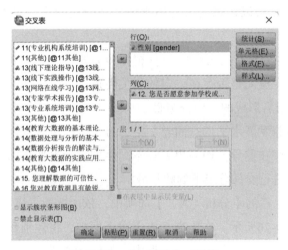

图10-27 【交叉表】对话框

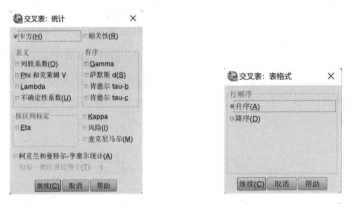

图10-28 【交叉表：统计】对话框　　图10-29 【交叉表：表格式】对话框

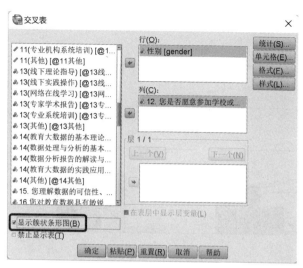

图10-30　勾选【显示簇状条形图（B）】

		12.您是否愿意参加学校或专业机构组织的教师数据素养培训					总计
		1	2	3	4	5	
性别	1	12	9	65	114	128	328
	2	22	14	139	209	304	688
总计		34	23	204	323	432	1016

图10-31　交叉分组下的频数分析输出结果

注：第一行中的1~5分别表示完全不赞同、不赞同、中立、赞同、完全赞同，第二列的"1""2"分别表示男教师、女教师。

卡方检验			
	值	自由度	渐进显著性（双侧）
皮尔逊卡方	3.382[a]	4	.496
似然比	3.365	4	.499
线性关联	1.259	1	.262
有效个案数	1016		

注：a. 0个单元格（0.0%）的期望计数小于5。最小期望计数为7.43。

图10-32　关于不同性别教师参加数据素养培训的意愿情况的一致性检验结果（卡方检验）

结果解读：由图10-31可知，被调查的教师共有1016人，其中男教师328人、女教师688人，表中显示了不同性别教师对应各种意愿的人数情况。图10-32为卡方检验结果，第一行的P值为0.496，大于0.05，说明不同性别教师关于参加数据素养培训的意愿不存在显著差异。

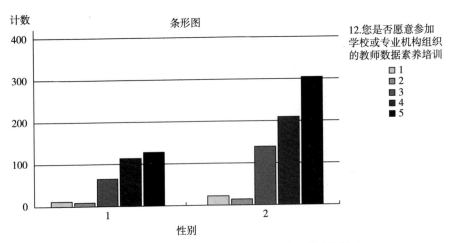

图10-33　不同性别教师参加数据素养培训的意愿情况

注：右侧图例中的1~5分别表示完全不赞同、不赞同、中立、赞同、完全赞同，横轴的"1""2"分别表示男教师、女教师。

3. 多选项分析

调查问卷中的多项选择题，往往需要被调查者从问卷给出的若干可选项中选择一个以上的答案。例如，学生喜欢的在线学习方式，教师对在线教学感到焦虑的原因，等等。此时，我们需要运用多选项分析方法对多项选择题进行统计分析。

在《教师数据素养发展水平调查问卷》中，当询问教师希望以何种形式参加数据素养培训时，可供教师选择的选项有：线下理论指导、线下实践操作、网络在线学习、专家学术报告、专业系统培训。对于该问题，如何在SPSS中进行多选项分析呢？

操作步骤：① 在菜单栏的【分析（A）】选项中，依次选择【多重响应（U）】→【定义变量集（D）】，对多项选择题的选项进行绑定设置，如图10-34所示。在【定义多重响应集】对话框中，将左侧【集合定义】中的选项线下理论指导、线下实践操作、网络在线学习、专家学术报告、专业系统培训全部选中，加入右侧的【集合中的变量】；在下方的【变量编码方式】中选择二分法，将计数值设置为1，在"名称"中输入"教师希望的数据素养培训方式"，单击【添加（A）】按钮，加入最右侧的【多重响应集（S）】，如图10-35所示，设置完成后关闭对话框。② 在菜单栏的【分析（A）】选项中，依次选择【多重响应（U）】→【频率（F）】，如图10-36所示。在【多重响应频率】对话框中，将"教师希望的数据素养培训方式"加入右侧的【表（T）】中，如图10-37所示，最后单击【确定】即可。输出结果如图10-38所示。

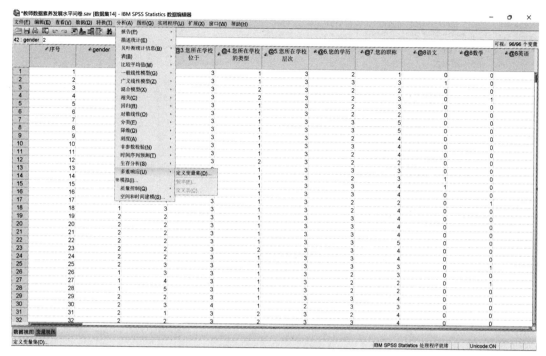

图10-34　多选项分析1

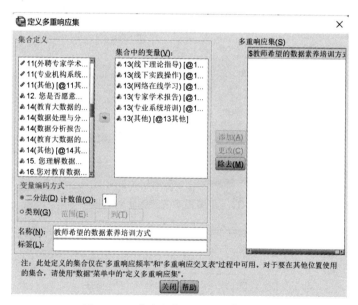

图10-35　【定义多重响应集】对话框

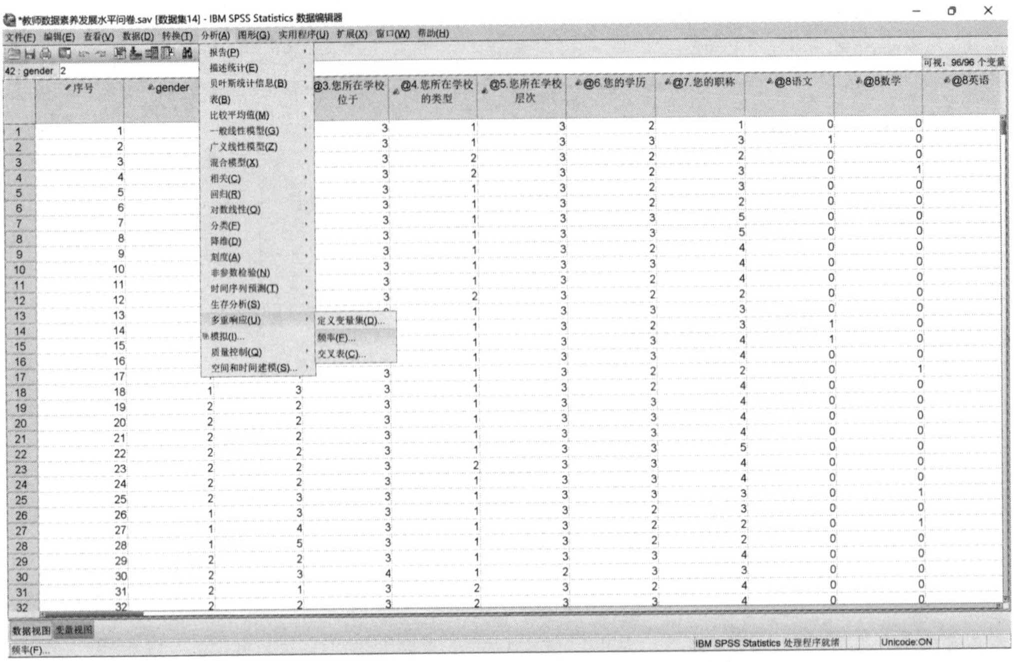

图10-36 多选项分析2

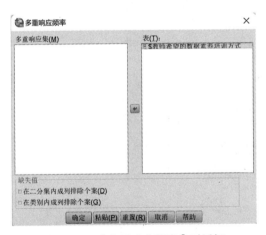

图10-37 【多重响应频率】对话框

		个案数	百分比	
教师希望的数据素养培训方式[a]	13（线下理论指导）	407	15.7%	40.7%
	13（线下实践操作）	593	22.9%	59.2%
	13（网络在线学习）	734	28.3%	73.3%
	13（专家学术报告）	430	16.6%	43.0%
	13（专业系统培训）	429	16.5%	42.9%
总计		2593	100.0%	259.0%

注：a.使用了值1对二分组进行制表。

图10-38 教师希望的数据素养培训方式频率

结果解读：由图10-38可知，在被调查的教师中，选择线下理论指导、线下实践操作、网络在线学习、专家学术报告和专业系统培训的比例分别是15.7%、22.9%、28.3%、16.6%、16.5%。相对来说，教师更喜欢网络在线学习和线下实践操作两种方式。

10.4.2 集中趋势分析

集中趋势反映的是一组数据中各数据所具有的共同趋势、一组数据向某一中心值靠拢的倾向，即资料中各种数据所集聚的位置。常用的集中趋势量有均值、中位数、众数和总和，常用于分析学生的身高、体重、学习成绩等数值型数据。

作为六年级的教研人员，小李老师想了解六年级学生英语期中考试成绩的数据特征。此时，她可以对该数据进行集中趋势分析，通过均值、中位数、众数等来了解数据特征。那么，如何在SPSS中进行集中趋势分析呢？

操作步骤： 在菜单栏的【分析（A）】选项中，依次选择【描述统计（E）】→【频率（F）】，如图10-39所示。在【频率】对话框中，将英语成绩加入【变量（V）】框，勾选【显示频率表】选项，如图10-40所示。接着，单击最右侧的【统计（S）】按钮，在【频率：统计】对话框中，勾选【集中趋势】中的平均数、中位数和众数，如图10-41所示。在【频率】对话框中，【图表（C）】和【样式（L）】可根据实际需要设置，此处保持默认设置，最后单击【继续（C）】和【确定】即可。输出结果如图10-42所示。

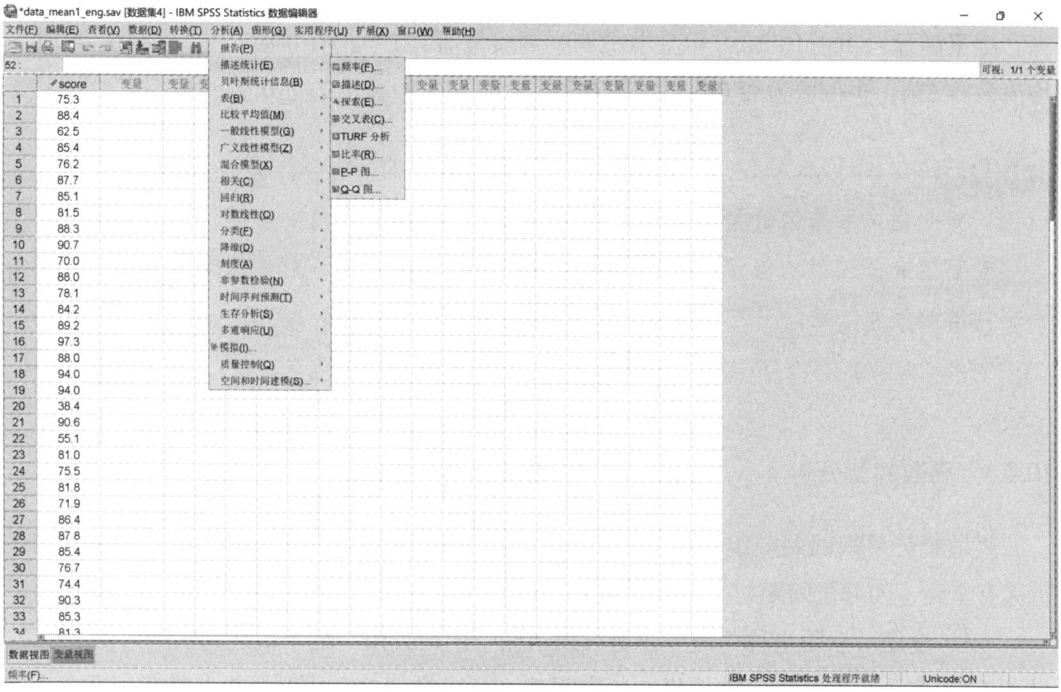

图10-39　集中趋势分析

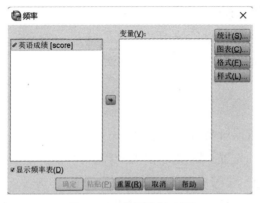

图10-40 【频率】对话框　　　图10-41 【频率：统计】对话框

个案数	有效	171
	缺失	0
平均值		79.554
中位数		82.000
众数		60.0[a]

注：a. 存在多个众数。显示了最小值。

图10-42　六年级期中考试英语成绩集中趋势分析输出结果（英语成绩）

结果解读： 由图10-42可知，本案例中观察量有171个，有效值171个，缺失值0个。均值为79.554，中位数为82.000，此处有多个众数，表中显示的是众数的最小值。

> **小提示**
> 对于偏态分布的数据，中位数不受两端最大值和最小值的影响，只与位置居中的观察值有关，而均值却受最大值和最小值的影响。因此，对于偏态分布的数据，平均值的代表性差，不适合描述数据的集中趋势。

10.4.3　离散趋势分析

离散趋势反映的是一组数据中各数据偏离中心位置的趋势。常用的衡量离散趋势的指标有全距、四分位间距、方差和标准差。

（1）**全距**。全距也称为极差，是一组数据中的最大值与最小值之间的绝对值。

（2）**四分位距**。四分位距把一组数据从小到大排列并分成四等份，处于三个分割点位置的数值就是四分位数，第三四分位数与第一四分位数的差距则称为四分位距。

（3）**方差**。方差是各数据与均值之差平方的平均值，代表了一组数据分布的离散程度的平均值。

（4）**标准差**。标准差是方差的平方根。方差和标准差越大，说明各数据之间的离散程度越大。

通常情况下，离散趋势分析适用于偏态分布的离散数值型数据，例如分析学生的学习成绩、身高等数值型数据。下面以六年级学生英语期中考试成绩为例，说明如何在SPSS中进行离散趋势分析。

操作步骤：在菜单栏的【分析（A）】选项中，依次选择【描述统计（E）】→【频率（F）】，如图10-43所示。在【频率】对话框中，将左侧的英语成绩加入【变量（V）】框中，如图10-44所示。单击最右侧的【统计（S）】按钮，在【频率：统计】对话框的【离散】中勾选标准差、方差、范围和标准误差平均值，如图10-45所示。单击【继续（C）】。输出结果如图10-47所示。

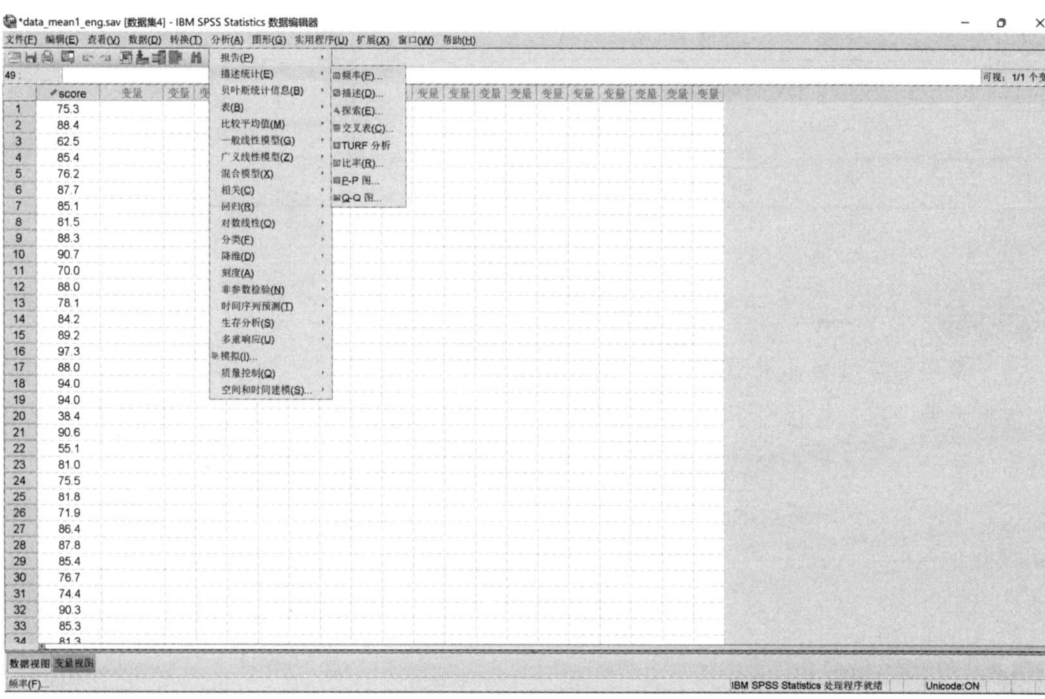

图10-43　离散趋势分析

结果解读：图10-46呈现了学生英语成绩的平均值、标准差、方差和全距，因为方差和标准差较大，说明各数据之间的离散程度较大，学生之间的英语成绩差异较大，即均值不能较好地反映数据的分布特征与趋势。

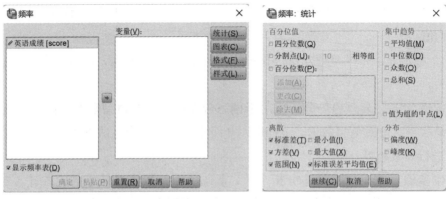

图10-44 【频率】对话框　　　　图10-45 【频率：统计】对话框

个案数	有效	171
	缺失	0
平均值		79.554
平均值标准误差		.8594
标准 偏差		11.2385
方差		126.303
范围		59.4

图10-46 输出结果（英语成绩）

> **小提示**
>
> 集中趋势分析适用于正态分布的教育数据，离散趋势分析则适用于偏态分布的教育数据。因为中位数不受最大值和最小值的影响，只和位置居中的数据有关，平均值受最大值和最小值的影响会偏大或偏小。所以对于偏态分布的数据，平均值的代表性差，应采用离散趋势描述数据。

10.4.4　分布形态分析

集中趋势和离散趋势分析能在一定程度上反映数据的分布特点，但为了能更加准确、清晰地分析教育数据的分布特点，我们还需要分析数据的分布形态。通常，我们用偏度和峰度来刻画数据的分布形态。

偏度是描述数据分布对称性的统计量，通过偏度系数的测量，我们能够判定数据分布的不对称程度与方向。峰度则是描述数据分布陡峭或平滑的统计量，通过对峰度系数的测量，我们能够判定数据分布相对于正态分布而言是更陡峭还是更平缓。

偏度系数>0，表示正偏差值大，为正偏或右偏，在直方图中会出现一条长尾巴在右边；偏度系数=0，表示数据对称分布，正负总偏差相等；偏度系数<0，表示负偏差数值较大，为负偏或左偏，在直方图中会出现一条长尾巴在左边。

峰度系数>0，表示数据分布比正态分布更集中在平均数周围，分布更陡峭，呈尖峰状态；峰度系数=0，表示数据分布为正态分布，分布适中，与标准正态分布的陡缓程度相同；峰度系数<0，表示数据的分布比正态分布更平缓，分布呈低峰态，为平峰分布。

下面以"六年级学生英语期中考试成绩"为例，说明如何在SPSS中进行分布形态分析。

操作步骤： 在菜单栏的【分析（A）】选项中，依次选择【描述统计（E）】→【描述（D）】，如图10-47所示。在【描述】对话框中，将左侧的英语成绩加入【变量（V）】，如图10-48所示，点击最右侧的【选项（O）】按钮，打开【描述：选项】对话框。除默认选项外，勾选【分布】中的峰度和偏度，如图10-49所示，单击【继续（C）】。输出结果如图10-50所示。

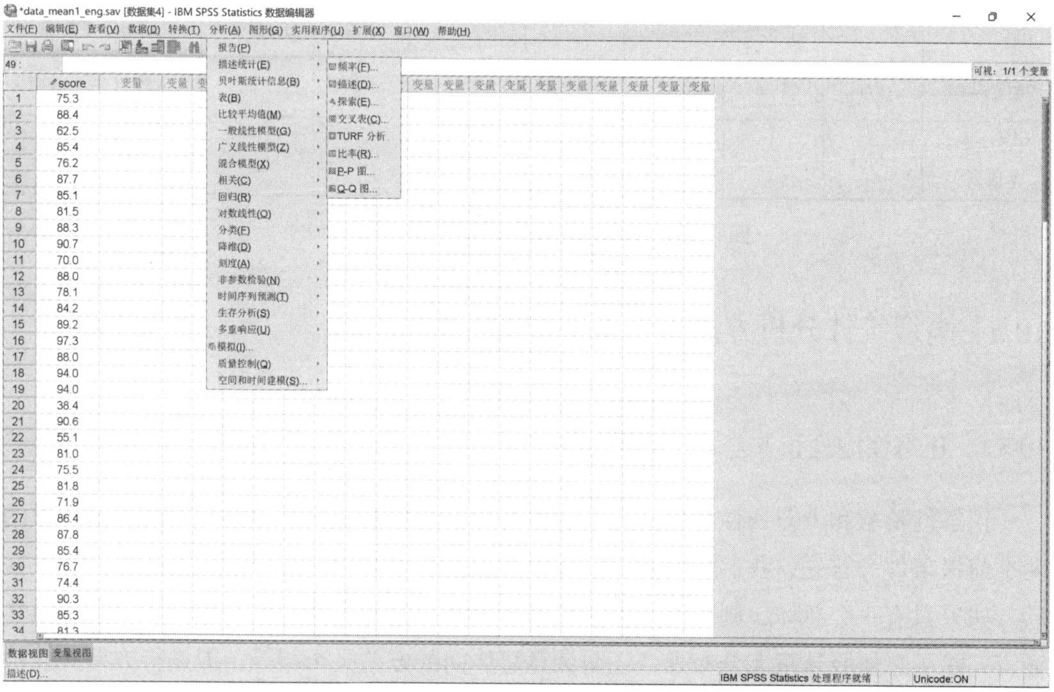

图10-47 分布形态分析

结果解读： 由图10-50最后两列可知，偏度系数为-1.491<0，说明英语成绩的分布为左偏分布，成绩偏高的人占多数，而成绩偏低的人占少数，偏斜程度较大；峰度系数为2.675>0，说明英语成绩的分布呈尖峰状态，英语成绩的分布比正态分布更集中在平均数周围。

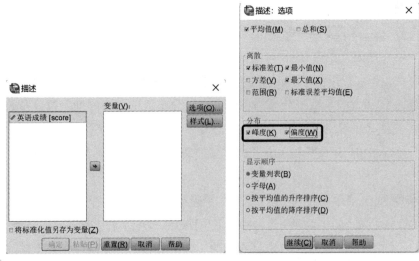

图10-48　【描述】对话框　　图10-49　【描述：选项】对话框

	N 统计	最小值 统计	最大值 统计	均值 统计	标准 偏差 统计	偏度		峰度	
						统计	标准 错误	统计	标准 错误
英语成绩	171	38.4	97.8	79.554	11.2385	−1.491	.186	2.675	.369
有效个案数（成列）	171								

图10-50　分布形态输出结果图（描述统计）

10.5　高级统计分析方法

10.5.1　正态性检验和方差齐性检验

正态性检验和方差齐性检验，是我们在选择参数检验还是非参数检验前需要考虑的两个前提条件。首先，我们需要确认总体分布形态是否符合正态分布，即进行正态性检验。如果只有一个总体，则只要考虑这个条件即可。其次，对于两个或两个以上的总体而言，除了总体服从正态分布外，还需计算总体间的方差是否相等，即进行方差齐性检验。那么，如何在SPSS中进行正态性检验和方差齐性检验呢？

1. 正态性检验

正态性检验是判断总体分布形态是否符合正态分布的方法。下方"小提示"总结了SPSS中常用的正态性检验方法，并以具体案例来说明如何在SPSS中完成相应的操作。

> **小提示**
>
> 正态分布是很多连续数据比较分析的大前提，比如T检验、方差分析、相关分析等，均要求数据服从正态分布或近似正态分布。在SPSS中，一般可通过图示法和计算法进行正态分布检验。这里，我们以直观的图示法为例介绍相关方法的基本原理。
>
> （1）直方图。判断方法：是否为钟形分布，同时可以选择输出正态性曲线。
>
> （2）Q-Q图。以样本的分数位作为横坐标，以按照正态分布计算的相应分位点作为纵坐标，把样本值表现为直角坐标系中的散点。如果数据服从正态分布，则样本点应呈一条围绕第一象限对角线的近似直线。
>
> （3）P-P图。以样本的累计频率作为横坐标，以按照正态分布计算的相应累计概率作为纵坐标，把样本值表现为直角坐标系中的散点。如果数据服从正态分布，则样本点应呈一条围绕第一象限对角线的近似直线。

六年级共有110名学生，小李老师想了解六年级学生的英语期中考试成绩是否符合正态分布，这时可以用SPSS中的直方图和Q-Q图来进行判断。

（1）**在直方图中进行正态分布检验。**

操作步骤：在菜单栏的【图形（G）】选项中，依次选择【旧对话框（L）】→【直方图（I）】，如图10-51所示。在【直方图】对话框中，将英语成绩加入【变量】框中，如图10-52所示，单击【确定】即可。输出结果如图10-53所示。

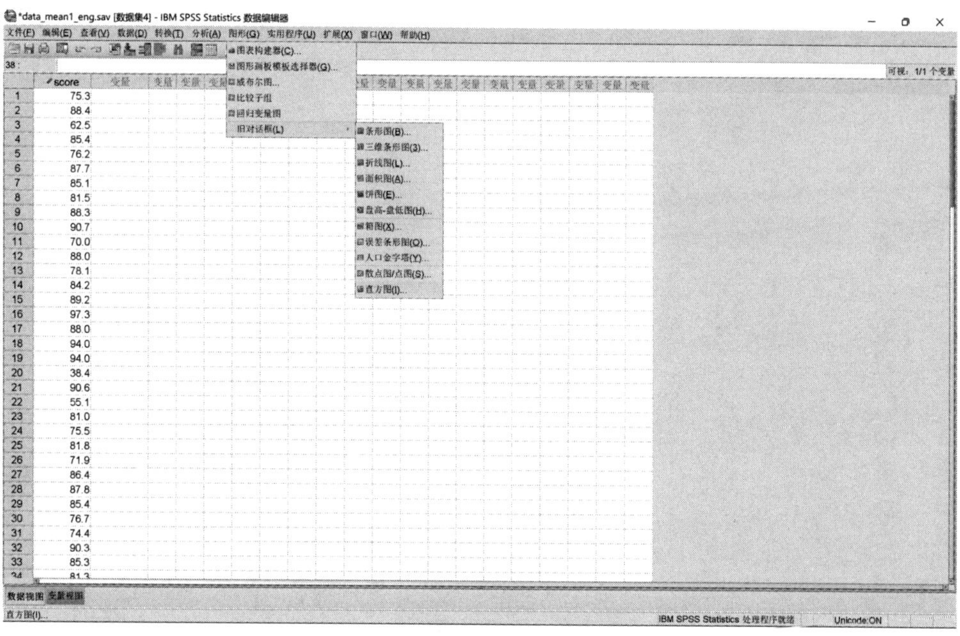

图10-51 用直方图进行正态性检验

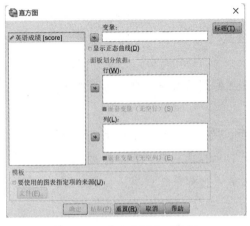

图10-52 【直方图】对话框

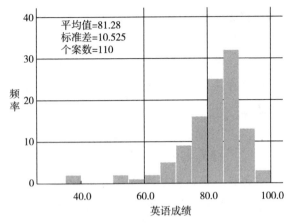

图10-53 正态性检验直方图

结果解读：由图10-53可知，六年级学生英语期中考试成绩数据的频数分布直方图形状不接近于倒钟形，左右两边不对称，因此认为该数据不服从正态分布。

（2）**在Q-Q图中进行正态性检验**。以Q-Q图进一步验证六年级学生的英语期中考试成绩数据是否服从正态分布。P-P图的操作与Q-Q图类似，此处不赘述。

操作步骤：在菜单栏的【分析（A）】选项中，依次选择【描述统计（E）】→【Q-Q图…】，如图10-54所示。在【Q-Q图】对话框中将英语成绩加入【变量（V）】框中，如图10-55所示，系统默认的是"正态"分布检验，其他设置默认不变，单击【确定】即可。输出结果如图10-56所示。

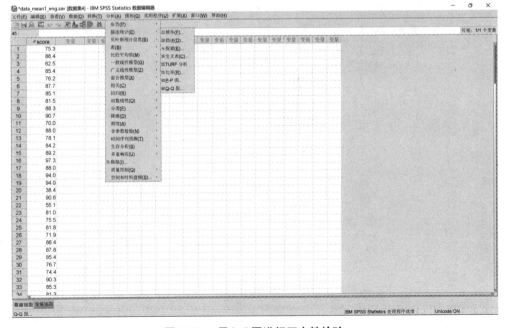

图10-54 用Q-Q图进行正态性检验

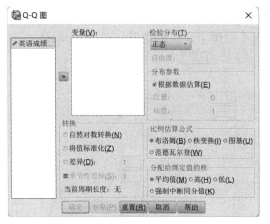

图10-55 【Q-Q图】对话框

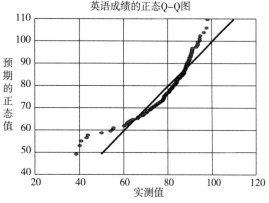

图10-56 英语成绩的正态Q-Q图

结果解读：由图10-56可知，大多数点都未分布在对角直线上，因此认为该数据不服从正态分布，这也与直方图结果相印证。

2. 方差齐性检验

方差齐性检验是检验样本间数据方差是否相等的方法，是判断能否进行T检验和F检验的前提条件。在SPSS中，常用的方差齐性检验方法有探索分析中的莱文（Levene）检验与单因素方差分析中的方差齐性检验。

在六年级学生英语期中考试成绩数据中，小李老师若想了解男生、女生的英语成绩是否存在显著性差异，则需要先进行方差齐性检验。下面以该数据为例，介绍如何在SPSS中进行探索分析中的莱文检验与单因素方差分析中的方差齐性检验。

（1）**探索分析中的莱文检验**。

操作步骤：在菜单栏的【分析（A）】选项中，依次选择【描述统计（E）】→【探索（E）】，如图10-57所示。在【探索】对话框中，分别将英语成绩和性别加入【因变量列表（D）】和【因子列表（F）】，如图10-58所示，单击最右侧的【图（T）】按钮，在【含莱文检验的分布-水平图】中勾选"未转换（U）"，如图10-59所示。输出结果如图10-60所示。

结果解读：由表10-9可知，方差齐性检验的 P 值均大于 0.05，不拒绝原假设，可以认为在 0.05 的显著性水平上符合方差齐性。

（2）单因素方差分析中的方差齐性检验。除了使用探索分析外，也可以使用单因素方差检验数据的方差齐性。下面仍以六年级学生英语期中考试成绩数据为例，说明如何在SPSS中进行相关操作。

操作步骤：在菜单栏的【分析（A）】选项中，依次选择【比较平均值（M）】→【单因素ANOVA检验…】，如图10-61所示。在【单因素ANOVA检验】对话框中，分别将英语成绩和性别加入【因变量列表（E）】和【因子（F）】框中，如图10-62所示，单击最右侧的【选项（O）】按钮，在【单因素ANOVA检验：选项】对话框中勾选【统计】中的"方差齐性检验（H）"，如图10-63所示，单击【继续】。输出结果如图10-64所示。

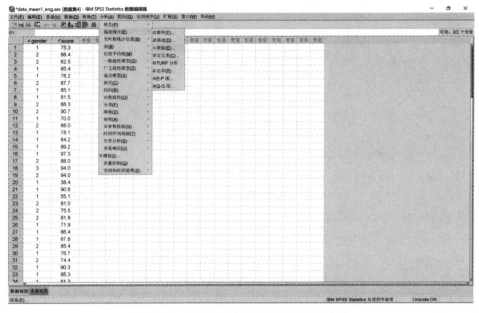

图10-57　通过探索分析进行方差齐性检验

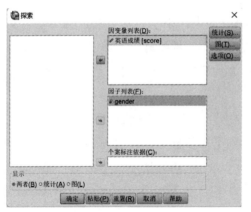

图10-58　【探索】对话框

图10-59　【探索：图】对话框

方差齐性检验[a]

		莱文统计	自由度1	自由度2	显著性
score	基于平均值	.187	1	107	.666
	基于中位数	.158	1	107	.691
	基于中位数并具有调整后自由度	.158	1	105.501	.691
	基于剪除后平均值	.154	1	107	.695

注：a. 当 性别 = 3 时，score 是常量。已将其省略。

图10-60　探索分析方差齐性检验结果

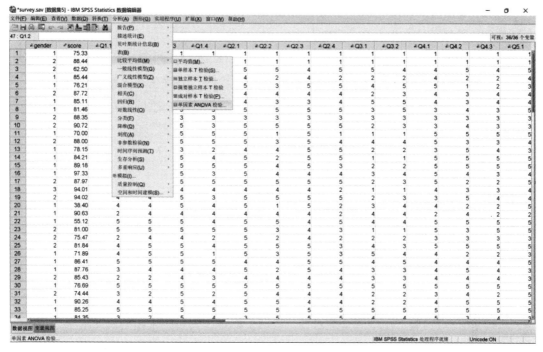

图10-61 通过单因素方差检验进行方差齐性检验

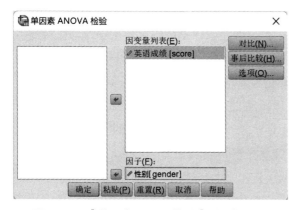

图10-62 【单因素ANOVA检验】对话框

图10-63 【单因素ANOVA检验：选项】对话框

		莱文统计	自由度1	自由度2	显著性
英语成绩	基于平均值	.187	1	107	.666
	基于中位数	.158	1	107	.691
	基于中位数并具有调整后自由度	.158	1	105.501	.691
	基于剪除后平均值	.154	1	107	.695

图10-64 方差齐性检验结果

结果解读： 由图10-64可知，方差齐性检验的 P 值均大于 0.05，不拒绝原假设，可以认为在 0.05 的显著性水平上符合方差齐性。

参数检验和非参数检验均是根据样本数据推断总体特征的方法。参数检验是指在总体分布已知的前提下，如果总体服从正态分布，或近似服从正态分布，我们就可以通过比较均值、方差等反映总体分布的参数，对单个总体或多个总体的特征进行推断。然而，如果总体不服从正态分布，或总体分布未知，则需要对数据进行非参数检验。

10.5.2 参数检验

在单组实验或随机控制实验中，我们常常需要了解实验前后或实验组与对照组之间的差异情况。例如，教师运用新教学方法后，班级学生的学习成绩是否与之前有差异；两位教师分别教授两个平行班的同一门课程，比较两个班学习成绩的差异；等等，这些问题涉及两独立样本T检验和两配对样本T检验。

1. 两独立样本 T 检验

两独立样本T检验适用于完全随机设计的两个样本，其目的是检验两样本所来自总体的均值是否相等。

为了调查学生在智能教学系统中的学习动机与学习策略，研究者基于保罗·R. 宾特里奇（Paul R. Pintrich）等开发的《学习动机和学习策略量表》（*Motivated Strategies for Learning Questionnaire*，MSLQ）[①]，编制了"智能教学系统中学生的学习动机与学习策略调查问卷"。该问卷共有34题，包括内部目标导向、外部目标导向-日常数学学习、外部目标导向-系统奖励、控制信念、自我效能、元认知自我调节能力和任务价值七个方面。其中有一道题是关于学生对有难度学习内容的态度问题，研究者想要分析不同性别学生对有难度学习内容的态度是否存在显著差异。因为不同性别学生的样本近似服从正态分布且两样本相互独立，所以需要进行两独立样本T检验。

操作步骤： 在菜单栏的【分析（A）】选项中，依次选择【比较平均值（M）】→【独立样本T检验…】，如图10-65所示。在【独立样本T检验】对话框中，将左侧的"1 我喜欢有难度的学习内容……"加入【检测变量（T）】中，将"性别"加入【分组变量（G）】中，如图10-66所示，并单击【定义组（D）…】按钮，将组1、组2分别设置为1和2，其中1表示男生，2表示女生，如图10-67所示，最后单击【继续（C）】。输出结果如图10-68和图10-69所示。

[①] PINTRICH P R, SMITH D A F, GARCIA T, et al. A manual for the use of the motivated strategies for learning questionnaire（MSLQ）[R]. Washington: Office of Educational Research and Improvement，1991.

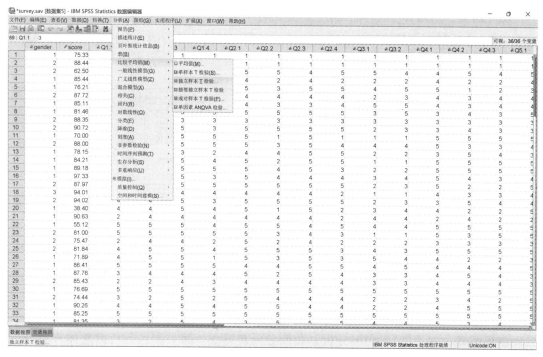

图10-65　独立样本T检验

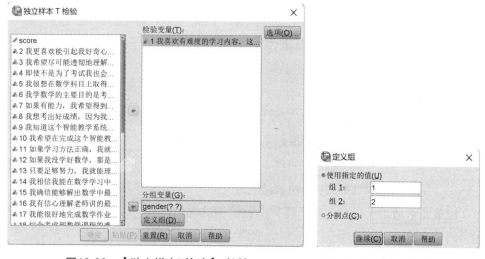

图10-66　【独立样本T检验】对话框　　　　图10-67　【定义组】对话框

	性别	N	平均值	标准 偏差	标准 误差平均值
1 我喜欢有难度的学习内容，这样我才能有进步	男	56	4.04	1.078	.144
	女	53	3.75	.959	.132

图10-68　独立样本T检验输出结果

结果解读：由图10-68可知，男生、女生的样本量分别为56和53，均值分别为4.04和3.75，结合李克特五点量表可知，男生女生均认为有难度的学习内容有助于进步，其中男生认同这一说法的程度更高。

		莱文方差等同性检验		平均值等同性t检验						
		F	显著性	t	自由度	Sig.（双尾）	平均值差值	标准误差差值	差值95%置信区间下限	上限
1我喜欢有难度的学习内容，这样我才能有进步	假定等方差	.119	.731	1.435	107	.154	.281	.196	−.107	.669
	不假定等方差			1.440	106.598	.153	.281	.195	−.106	.668

图10-69 独立样本T检验输出结果

结果解读：对于图10-69的分析，我们分两步完成。第一步，分析两总体方差是否相等的F检验。从图10-69中可以看出，统计量的观察值 F 为0.119，对应的显著性（P）为0.731，大于0.05，因此可认为两总体方差无显著差异。第二步，分析两总体均值的检验。从第一步中可知，两总体方差无显著差异，因此应从"假定等方差"这一行看对应的 t 值，t 值为1.435，对应的统计显著性（Sig.）为0.154，大于0.05，由此认为不同性别学生对有难度的学习内容有助于进步的看法一致，不存在显著差异。

2. 两配对样本 T 检验

两配对样本T检验是检验来自正态分布总体的彼此相关的两个样本均值之间的差异，即利用来自两个总体的配对样本，推断两个总体的均值是否存在显著差异。配对样本通常具有两个特征：第一，两组样本的样本数量相同。第二，两组样本中个体的前后测顺序必须一一对应，不能颠倒顺序；两独立样本中的个体颠倒顺序则不会产生影响。两配对样本T检验通常适用于自身比较，即同一被试前后测的比较，或用两种不同方法来测定一个样本中的两部分，或将配对组随机分成两组。

不同的学习方式会对学生的学习成绩造成影响，为了探究自主学习方式和培训学习方式对学生学习成绩的影响是否存在显著差异，研究者收集了学生参加培训前后的GRE成绩。由于学生以两种不同方式进行学习所取得的成绩是相关变量，因此，需进行两配对样本T检验。

操作步骤：在菜单栏中选择【分析（A）】选项，依次选择【比较平均值（M）】→【成对样本T检验（P）…】，如图10-70所示。在【成对样本T检验】对话框中，将左侧的培训前成绩和培训后成绩分别加入右侧的【配对变量（V）】"变量1"和"变量2"

中，如图10-71所示，选择【选项（O）】按钮，在【成对样本T检验：选项】对话框中设置【置信区间百分比（C）】和【缺失值】，置信区间百分比通常设置为95%，缺失值默认系统选项，如图10-72所示，单击【继续（C）】和【确定】。输出结果如图10-73、图10-74和图10-75所示。

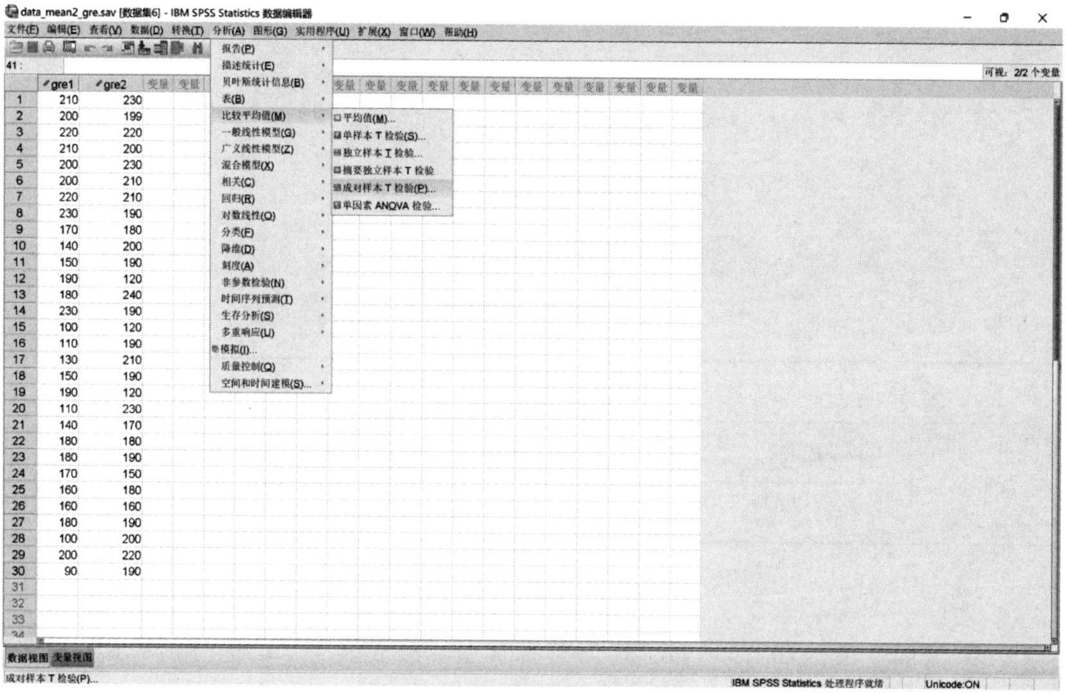

图10-70　两配对样本T检验

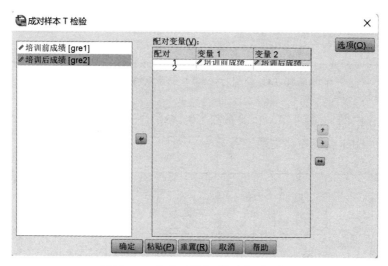

图10-71　【成对样本T检验】对话框

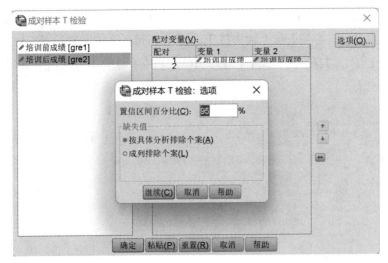

图10-72 【成对样本T检验：选项】对话框

		平均值	N	标准偏差	标准误差平均值
配对1	培训前成绩	170.00	30	40.684	7.428
	培训后成绩	189.97	30	31.393	5.732

图10-73 两配对样本T检验配对样本统计

结果解读：由图10-73可知，培训前后学生学习成绩的平均值分别为170.00和189.97，标准偏差分别为40.684和31.393，可见培训后学生的GRE成绩得到了提升。

		N	相关性	显著性
配对1	培训前成绩 & 培训后成绩	30	.183	.334

图10-74 两配对样本T检验配对样本相关性

结果解读：由图10-74可知，相关系数为0.183，显著性概率为0.334，大于0.05，说明学生培训前后的GRE成绩相关关系较弱。

		平均值	标准偏差	标准误差平均值	差值95%置信区间		t	自由度	Sig.（双尾）
					下限	上限			
配对1	培训前成绩 培训后成绩	−19.967	46.624	8.512	−37.376	−2.557	−2.346	29	.026

图10-75 两配对样本T检验配对差值

结果解读：在图10-75中，平均值是学生培训后成绩的平均差异，相差了19.967分，配对差值的标准偏差值为46.624，配对差值抽样分布的标准误差平均值为8.512，差值为95%的置信区间的下限和上限分别为-37.376和-2.557，T检验统计量的观测值 t 为-2.346，自由度为29，T检验统计量观测值对应的双尾统计显著性（Sig.）值为0.026，小于0.05，表示培训前后学生的GRE成绩存在显著差异。同时，根据统计结果可知，培训后学生的成绩明显高于培训前的成绩。

10.5.3 非参数检验

参数检验是在总体的分布形态或总体的均值、方差等参数特征已知的情况下对未知参数进行估计和推断的；当总体分布形态未知、不满足参数检验的条件时，可以使用非参数检验的方法来分析数据。与参数检验相比，非参数检验的应用范围更广，任何数据类型都可以，尤其适用于偏态分布、数据类型不明确的情况，其计算更简便。然而，由于不能充分利用数据所提供的参数信息，所以检验效能相对较低。

教育研究数据分析中常用的非参数检验包括卡方检验、两独立样本非参数检验和两配对样本非参数检验。

1. 卡方检验

单样本非参数检验是根据一组样本的信息来判断某个总体分布或抽样过程是否随机的方法，通常用卡方检验来进行判断。

具体来说，卡方检验就是统计一个样本的实际观测值与理论推断值之间的偏离程度，实际观测值与理论推断值之间的偏离程度决定了卡方值的大小。卡方值越大，表明二者偏离程度越高；反之，卡方值越小，二者偏离程度越低；若两个值完全相等时，卡方值为0，表明实际观测值与理论推断值完全符合。

为了研究教育对提高工作能力的影响，研究者抽样调查了636名职工的学历和工作业绩情况，以探究不同学历的人之间工作业绩是否存在显著差异。其中，文化程度用1、2、3分别表示大学及以上、中学、小学及以下，工作业绩用1、2、3分别表示一般、较好、很好。

操作步骤：在菜单栏的【分析（A）】选项中，依次选择【描述统计（E）】→【交叉表（C）】，如图10-76所示。在【交叉表】对话框中将"文化程度"和"工作业绩"分别加入【行（O）】和【列（C）】框中，如图10-77所示，变量顺序并无特别规定。接着，单击最右侧的【统计（S）】按钮，在【交叉表：统计】对话框中，勾选【卡方（H）】选项，如图10-78所示，单击【继续（C）】。卡方检验结果如图10-79、图10-80和图10-81所示。

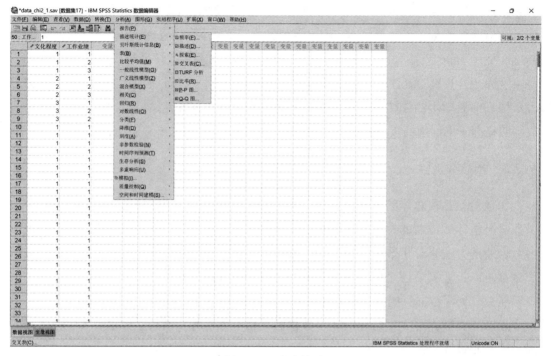

图10-76　卡方检验

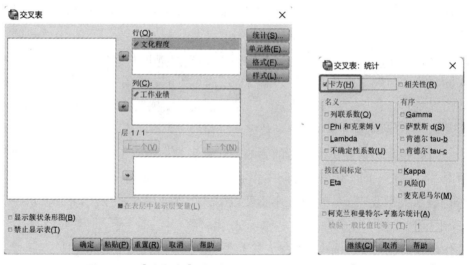

图10-77　【交叉表】对话框　　　图10-78　【交叉表：统计】对话框

	有效		缺失		总计	
	N	百分比	N	百分比	N	百分比
文化程度 * 工作业绩	636	100.0%	0	0.0%	636	100.0%

图10-79　卡方检验输出结果：个案

计数					
		工作业绩			总计
		一般	较好	很好	
文化程度	大学及以上	43	203	199	445
	中学	57	68	30	155
	小学及以下	13	13	10	36
总计		113	284	239	636

图10-80　卡方检验输出结果：工作业绩计数

	值	自由度	渐进显著性（双侧）
皮尔逊卡方	76.143[a]	4	.000
似然比	73.117	4	.000
线性关联	54.154	1	.000
有效个案数	636		

注：a. 0个单元格（0.0%）的期望计数小于5。最小期望计数为6.40。

图10-81　卡方检验输出结果

结果解读： 由图10-81可知，显著性为0.000，小于0.05，说明不同学历的人的工作业绩存在显著差异。结合图10-80可知，教育对提高工作能力具有积极影响、促进作用。

2. 两独立样本非参数检验

在独立样本T检验中，我们假定了两个样本都服从正态分布。然而，在实际中，我们往往并不知道所抽取样本的总体分布情况，可以通过两独立样本非参数检验对数据进行推断。

两独立样本非参数检验是总体分布不甚清楚的情况下，通过对两组独立样本的分析，推断两组样本对应的两个总体的分布是否存在显著差异的方法。

下面以参数检验中两独立样本T检验中的"智能教学系统中学生的学习动机与学习策略调查问卷"数据为例，假设总体情况未知，针对不同性别学生对有难度学习内容的态度是否存在差异这一问题，说明如何在SPSS中进行两独立样本非参数检验。

操作步骤： 在菜单栏的【分析（A）】选项中，依次选择【非参数检验（N）】→【旧对话框（L）】→【2个独立样本…】，如图10-82所示。在【双独立样本检验】对话框中，将"1我喜欢有难度的学习内容……"和"性别"分别加入【检验变量列表（T）】和【分组变量（G）】框中，如图10-83所示。单击【定义组（D）】按钮，打开【双独立样本：定义组】对话框进行设置，如图10-84所示，单击【继续（C）】和【确定】即可。输出结果如图10-85所示。

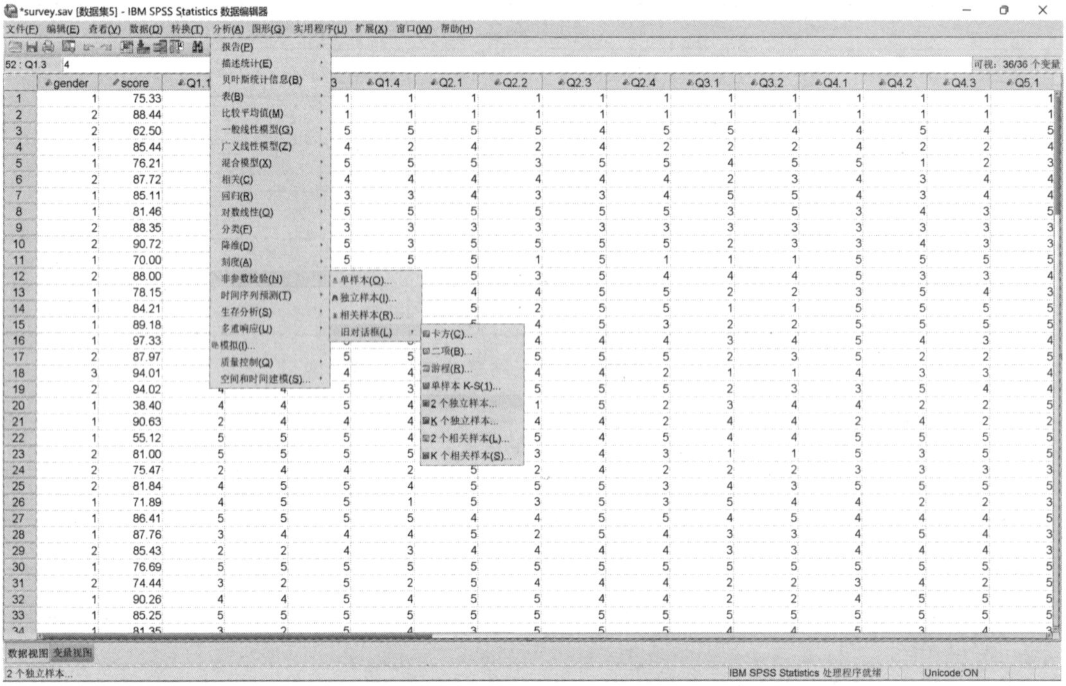

图10-82　两独立样本非参数检验

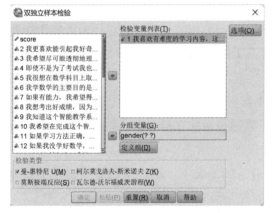

图10-83　【双独立样本检验】对话框

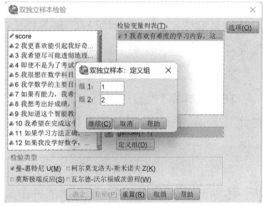

图10-84　【双独立样本：定义组】对话框

	检验统计[a]
	1 我喜欢有难度的学习内容，这样我才能有进步
曼-惠特尼 U	1190.000
威尔科克森 W	2621.000
Z	−1.885
渐近显著性（双尾）	.059

注：a. 分组变量：性别

图10-85　曼-惠特尼U检验结果

结果解读：由表10-19可知，曼-惠特尼U检验的显著性（Sig.）为0.059，大于0.05，不拒绝原假设。因此，可得出结论：不同性别学生对智能教学系统中有难度学习内容的态度不存在显著差异。

3. 两配对样本非参数检验

两配对样本的非参数检验是总体分布不清楚的情况下，通过对两组配对样本的分析，推断两组样本对应的两个总体的分布是否存在显著差异的方法。

下面以参数检验中两配对样本T检验中的不同学习方式下学生的GRE成绩数据为例，假设总体情况未知，针对"自主学习方式与培训方式下学生的GRE成绩是否存在显著差异"这一问题，说明如何在SPSS中进行两配对样本非参数检验。

操作步骤：在菜单栏的【分析（A）】选项中，依次选择【非参数检验（N）】→【旧对话框（L）】→【2个相关样本（L）…】，如图10-86所示。在【双关联样本检验】对话框中，依次将培训前成绩和培训后成绩加入【检验对（T）】配对变量框中，如图10-87所示，最后单击【确定】即可。输出结果如图10-88所示。

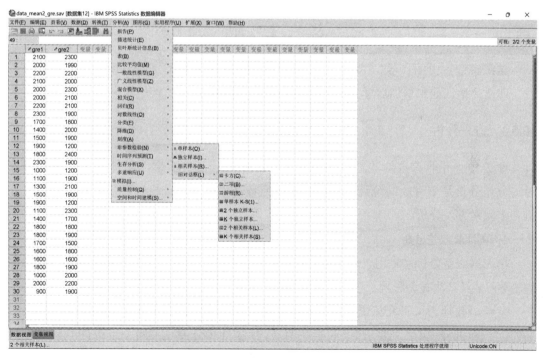

图10-86　两配对样本非参数检验

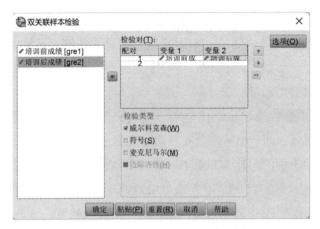

图10-87　【双关联样本检验】对话框

检验统计[a]	
	培训后成绩−培训前成绩
Z	−2.240[b]
渐近显著性（双尾）	.025

注：a. 威尔科克森符号秩检验
　　b. 基于负秩。

图10-88　两独立样本非参数检验输出结果

结果解读：由图10-88可知，渐近显著性（Sig.）为0.025，小于0.05，因此拒绝原假设，即认为培训前和培训后学生的学习成绩存在显著差异。

10.5.4　方差分析

参数检验和非参数检验通常是针对两个总体的，当检验多个总体的均值是否相等时，方差分析是更有效的统计方法。教育研究数据中的方差分析主要包括单因素方差分析和多因素方差分析。

1. 单因素方差分析

单因素方差分析通常用于研究单个自变量对因变量的影响，如不同复习方法是否对学生的学习成绩产生显著影响，运用平板电脑教学是否对学生学习成绩产生影响，等等。

某英语教师为了研究英语单词的最佳复习方法，进行了以下实验：在某班级选取19名同学，随机分成4组，要求4组同学在两周内均用120分钟复习同一组单词。其中，要求第1组同学每周星期一复习60分钟；要求第2组同学每周星期一、星期三分别复习30分钟；要求第3组同学每周星期二、星期四、星期六分别复习20分钟；要求第4组同学每周星期一至星期六分别复习10分钟。复习两周之后，相隔两个月再进行统一测试，根据测试的英语单词记忆成绩（简称英语成绩）判断：4种复习方法有无显著性差异？怎样评价4种复习方法？该研究就涉及了单因素方差分析，下面将说明如何在SPSS中进行相关操作。

操作步骤： 在菜单栏的【分析（A）】选项中，依次选择【比较平均值（M）】→【单因素ANOVA检验…】，如图10-89所示。在【单因素ANOVA检验】对话框中，将英语成绩加入【因变量列表（E）】框中，将复习方法加入【因子（F）】框中，如图10-90所示。其中因变量列表中的变量是需要分析的变量，因子中的变量为控制变量，该控制变量用几个不同的取值来表示几个不同的水平，本例中有4种水平，对应4种不同的复习方法。接着，单击最右侧的按钮进行设置。在本例中，【对比（N）…】【事后比较（H）…】和【选项（O）…】按钮打开的对话框中均采用默认系统设置，显著水平默认为0.05。在实际研究中，如果需要获取更多信息，则需要进一步检验数据。在【单因素ANOVA检验：选项】中勾选描述、方差齐性检验和平均值图，并设置缺失值的处理方法，如图10-91所示。最后，单击【继续（C）】即可。分析结果如图10-92、图10-93、图10-94和图10-95所示。

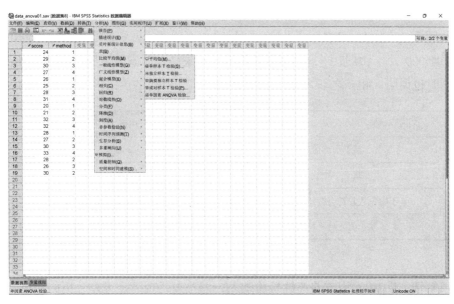

图10-89　单因素方差分析

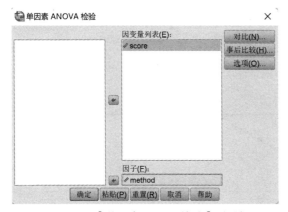

图10-90　【单因素ANOVA检验】对话框

图10-91　【单因素ANOVA检验：选项】对话框

描述							
score							
个案数		平均值	标准 偏差	标准 错误	平均值的 95% 置信区间		最小值	最大值
					下限	上限		
1	4	24.50	3.416	1.708	19.06	29.94	20	28
2	6	26.67	3.266	1.333	23.24	30.09	21	30
3	5	29.20	2.280	1.020	26.37	32.03	26	32
4	4	30.75	2.630	1.315	26.57	34.93	27	33
总计	19	27.74	3.541	.812	26.03	29.44	20	33

图10-92 基本描述（英语成绩）统计结果

结果解读：在图10-92中，"平均值"反映了不同复习方法对学生英语单词记忆成绩所产生影响的大小。由图10-92可知第4组的平均值最高，即该组学生的英语单词记忆成绩最好，同时也说明，相较之下第4种复习方法更有利于学生的英语单词记忆。

		莱文统计	自由度1	自由度2	显著性
score	基于平均值	.262	3	15	.851
	基于中位数	.231	3	15	.874
	基于中位数并具有调整后自由度	.231	3	14.296	.874
	基于剪除后平均值	.246	3	15	.863

图10-93 方差齐性检验结果

结果解读：图10-93为方差齐性检验结果，即检查是否满足方差分析的前提。在"莱文统计"列中，不同英语复习方法对应的英语成绩的方差齐性检验数值大约为0.2，对应的显著性值约为0.8，大于0.05，满足单因素方差分析中方差齐性的要求。

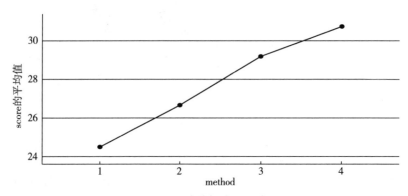

图10-94 均值折线图示结果

结果解读：均值折线图直观地呈现了基本描述（英语成绩）统计结果表中不同英语复习方法对应的学生英语单词记忆成绩，运用第4种复习方法进行复习，学生英语单词记忆成绩最好。

score					
	平方和	自由度	均方	F	显著性
组间	95.801	3	31.934	3.688	.036
组内	129.883	15	8.659		
总计	225.684	18			

图10-95　差异分析结果

结果解读： 假设不同复习方法对应的英语单词记忆成绩没有差异。由图10-95可知，如果仅考虑复习方法这一因素的影响，显著性的值为0.036，小于0.05，由此说明应该拒绝原假设，即不同复习方法对学生英语单词记忆成绩产生了显著影响。

2. 多因素方差分析

单因素方差分析只涉及一个自变量和一个因变量，多因素方差分析则涉及多个自变量对一个因变量的影响。多因素方差分析具有两方面的功能：第一，分析多个自变量对因变量的单独影响；第二，分析多个自变量的交互作用对因变量的影响。

为了研究不同教师使用不同教学方法对教学效果的影响，3位教师采用4种不同方法教授同样一门课程，并在一个班级中随机选择了24位同学进行实验，每位教师各用4种方法教授2名同学，收集相应的测试成绩，分析不同教师、不同教学方法是否会对学生的学习成绩产生显著影响，以及两个因素的交互作用是否会对学生的学习成绩产生显著影响。该问题涉及多个自变量，需要运用多因素方差分析方法，下面将说明如何在SPSS中进行相应的操作。

操作步骤： 在菜单栏的【分析（A）】选项中，依次选择【一般线性模型（G）】→【单变量（U）…】，如图10-96所示。在【单变量】对话框中，将成绩加入【因变量（D）】框中，将方法和教师加入【固定因子（F）】框中，如图10-97所示。其中，因变量是需要分析的变量，固定因子为控制变量，即自变量。在最右侧的按钮中，各个按钮保持系统默认设置即可。值得注意的是，在【选项（O）】按钮中，系统默认的显著性水平为0.05，在实际研究中可根据需要修改，如图10-98所示。最后，单击【继续】和【确定】即可。输出结果如图10-99所示。

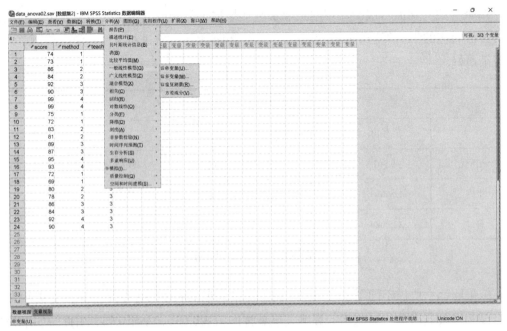

图10-96　多因素方差分析

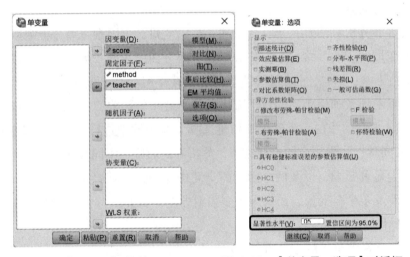

图10-97　【单变量】对话框　　　图10-98　【单变量：选项】对话框

注：显著性水平为0.05，图中05为部分显示。

			因变量：score		
源	III 类平方和	自由度	均方	F	显著性
修正模型	1743.458a	11	158.496	74.586	.000
截距	170522.042	1	170522.042	80245.667	.000
method	1594.125	3	531.375	250.059	.000
teacher	132.333	2	66.167	31.137	.000

图10-99　主体间效应检验结果

(续)

因变量：score					
method * teacher	17.000	6	2.833	1.333	.315
误差	25.500	12	2.125		
总计	172291.000	24			
修正后总计	1768.958	23			

注：$R^2=0.986$，调整后$R^2=0.972$。

图10-99　主体间效应检验结果（续）

结果解读：由图10-99可知，方法的F统计量为250.059，相应显著性为0.000，小于显著性水平0.05，因此拒绝零假设，认为不同的教学方法对学生的学习成绩有显著影响；教师的F统计量为31.137，相应显著性为0.000，小于显著性水平0.05，因此拒绝零假设，认为不同教师对学生的学习成绩有显著影响；方法和教师交互作用下得出的F统计量为1.333，相应显著性为0.315，大于显著性水平0.05，因此接受零假设，不同教学方法和不同教师的交互作用，对学生的学习成绩没有显著性影响。最终结论为，不同教学方法对学生的学习成绩有显著影响，不同教师对学生的学习成绩也有显著影响，但两者的交互作用对学生的学习成绩没有显著影响。

10.5.5　相关分析

相关分析是用于研究两个或两个以上变量间关联程度的统计分析方法，可以揭示事物之间统计关系的强弱程度。SPSS中的相关分析包括线性相关分析和偏相关分析。

1. 线性相关分析

线性相关分析用于描述两个变量之间是否存在相关关系。例如，学生的高考成绩与大学阶段的学习成绩之间的相关关系。在SPSS中进行线性相关分析的常用方法有散点图和计算相关系数。散点图虽然能够直观地呈现变量间的相关关系，但不够精确，因此此处主要介绍更常用的计算相关系数方法。

常用的相关系数有皮尔逊（Pearson）相关系数、斯皮尔曼（Spearman）相关系数。相关系数与两变量间的关系见表10-2。

表10-2　相关系数与两变量间的关系

样本相关系数		两变量关系	
$r>0$	$0<r<1$	正线性相关	一定程度的正相关
	$r=1$		完全正相关
$r=0$		无线性相关关系	
$r<0$	$-1<r<0$	负线性相关	一定程度的负相关
	$r=-1$		完全负相关

通常来说，人们认为受教育年限会影响年收入。但是，年收入与受教育年限之间的相关关系到底如何呢？下面以"年收入与受教育年限"数据为例，说明如何在SPSS中进行线性相关分析。

操作步骤： 在菜单栏的【分析（A）】选项中，依次选择【相关（C）】→【双变量（B）…】，如图10-100所示。在【双变量相关性】对话框中，将年收入与受教育年限加入【变量（V）】框中，在【相关系数】框中勾选"皮尔逊（N）"和"斯皮尔曼（S）"，如图10-101所示，单击【确定】即可。输出结果如图10-102和图10-103所示。

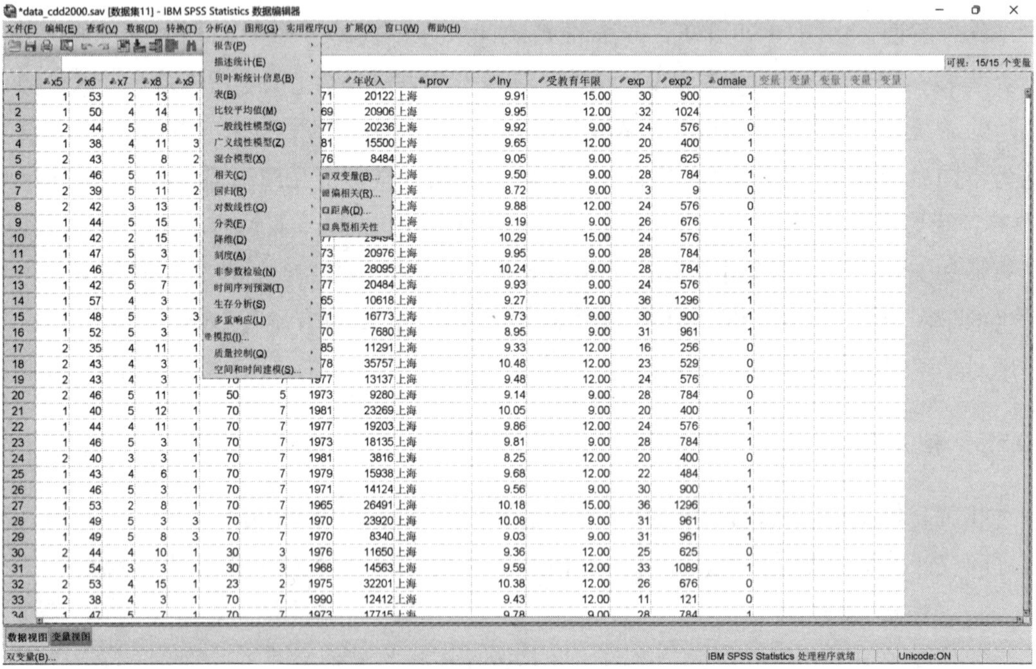

图10-100　相关分析

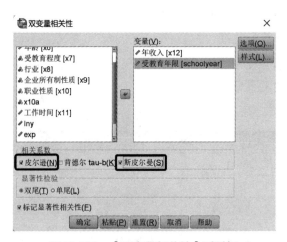

图10-101　【双变量相关性】对话框

		年收入	schoolyear
年收入	皮尔逊相关性	1	.227**
	Sig.（双尾）		.000
	个案数	24969	24969
schoolyear	皮尔逊相关性	.227**	1
	Sig.（双尾）	.000	
	个案数	24969	24969

注：**. 在 0.01 级别（双尾），相关性显著。

图10-102　皮尔逊相关分析输出结果

			年收入
斯皮尔曼 Rho	年收入	相关系数	1.000
		Sig.（双尾）	.
		N	24969
	schoolyear	相关系数	.271**
		Sig.（双尾）	.000
		N	24969

注：**. 在 0.01 级别（双尾），相关性显著。

图10-103　斯皮尔曼相关分析输出结果

结果解读：由图10-102和图10-103可知，年收入与受教育年限的皮尔逊相关系数为0.227，斯皮尔曼相关系数为0.271。对于两个相关系数，受教育年限与年收入均在0.01的显著性水平上具有显著的相关性。

2. 偏相关分析

线性相关分析通过计算相关系数的方式来实现，并依据相关系数的数值大小来判断事物之间线性关系的强弱。然而，对于一个复杂变量而言，其影响因素通常是多方面的。若只运用线性相关系数来表示两事物间的关系可能会存在夸大的趋势，因此通常会剔除其他相关变量的影响，而这种在控制其他变量线性影响的条件下分析两变量间的线性相关，则称为偏相关分析。

在"年收入与受教育年限之间的相关关系"案例中，年收入可能还受"工作年限"影响。因此，下面将"工作年限"作为控制变量，进一步说明如何在SPSS中对"年收入"和"受教育年限"进行偏相关分析。

操作步骤： 在菜单栏的【分析（A）】选项中，依次选择【相关（C）】→【偏相关（R）…】，如图10-104所示。在【偏相关性】对话框中，将年收入与受教育年限加入【变量（V）】框中，并将工作年限加入【控制（C）】框中，如图10-105所示，单击右侧的【选项（O）】按钮，打开【偏相关性：选项】对话框中勾选"零阶相关性（Z）"，如图10-106所示，最后单击【继续（C）】和【确定】即可。输出结果如图10-107所示。

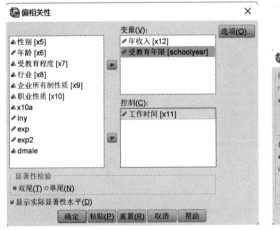

图10-104　偏相关分析

图10-105　【偏相关性】对话框　　　　图10-106　【偏相关性：选项】对话框

控制变量			年收入	schoolyear	工作时间
- 无 -ª	年收入	相关性	1.000	.227	-.201
		显著性（双尾）	.	.000	.000
		自由度	0	24967	24967
	schoolyear	相关性	.227	1.000	.165
		显著性（双尾）	.000	.	.000
		自由度	24967	0	24967
	工作时间	相关性	-.201	.165	1.000
		显著性（双尾）	.000	.000	.
		自由度	24967	24967	0
工作时间	年收入	相关性	1.000	.269	
		显著性（双尾）	.	.000	
		自由度	0	24966	
	schoolyear	相关性	.269	1.000	
		显著性（双尾）	.000	.	
		自由度	24966	0	

注：a. 单元格包含零阶（皮尔逊）相关性。

图10-107　偏相关分析输出结果

结果解读： 由图10-107可知，没有控制"工作年限"这一变量前，年收入与受教育年限之间的相关系数为0.227，在控制"工作年限"这一变量后，年收入和受教育年限之间的相关系数为0.269，在0.01的显著性水平上两者显著相关。因为相关系数较小，因此只能认为两者之间存在相关关系，但不一定存在因果关系。

10.5.6　因子分析

因子分析是在尽可能不损失信息或少损失信息的情况下，将错综复杂的多个变量减少为少数几个独立的公共因子，这几个公共因子可以反映原来众多变量的主要信息，在减少变量个数的同时，也能反映变量之间的内在联系。

用一个大家熟知的案例对因子分析的定义进行解释。取消文理分科之前，高中教师通常会面临为班级学生分析到底选择学习文科还是理科的问题。面对这样一个问题，高中教师具备一个基本常识，即数学、物理、化学属于理科，历史、地理、政治属于文科。高中教师根据个人经验将不同科目归为文科、理科的过程其实就是因子分析的过程，最终将最初的数学、物理、化学、历史、地理、政治6个变量减少为文科、理科两个因子。

在自编问卷或改编已有量表时，我们往往会设置若干题目来收集我们想要获取的信息。然而，并非题目数量越多、获取的信息越全面，很多情况下冗余的题目会加重数据分析的负担，同时让我们无法透彻地了解事物的本质。在这种情况下，我们则可以用因子分析方法来优化问卷，从而用少数几个变量来综合解释原有的众多变量。

在"智能教学系统中学生的学习动机与学习策略调查问卷"中，研究者在"元认知自我调节能力"维度设计了12道题。为了判断这12道题是否与"元认知自我调节能力"高度相关，需在SPSS中进行因子分析。

操作步骤： 在菜单栏的【分析（A）】选项中，选择依次选择【降维（D）】→【因子（F）…】，如图10-108所示。在【因子分析】对话框中，将19~30题的"元认知自我调节能力"作为变量，如图10-109所示，并设置右边的5个按钮。各按钮打开的对话框中除默认设置外，【因子分析：描述】中还需勾选"系数（C）"和"KMO和巴特利特球形度检验"，如图10-110所示。【因子分析：提取】中还需勾选"碎石图（S）"，如图10-111所示。【因子分析：旋转】中的【方法】框中选择"最大方差法（V）"，如图10-112所示。【因子分析：因子得分】中勾选"保存为变量（S）"，如图10-113所示。【因子分析：选项】中【系数显示格式】框中勾选"按大小排序（S）"，如图10-114所示。全部设置完成后，在【因子分析】对话框中单击【确定】即可。输出结果如图10-115、图10-116、图10-117和图10-118所示。

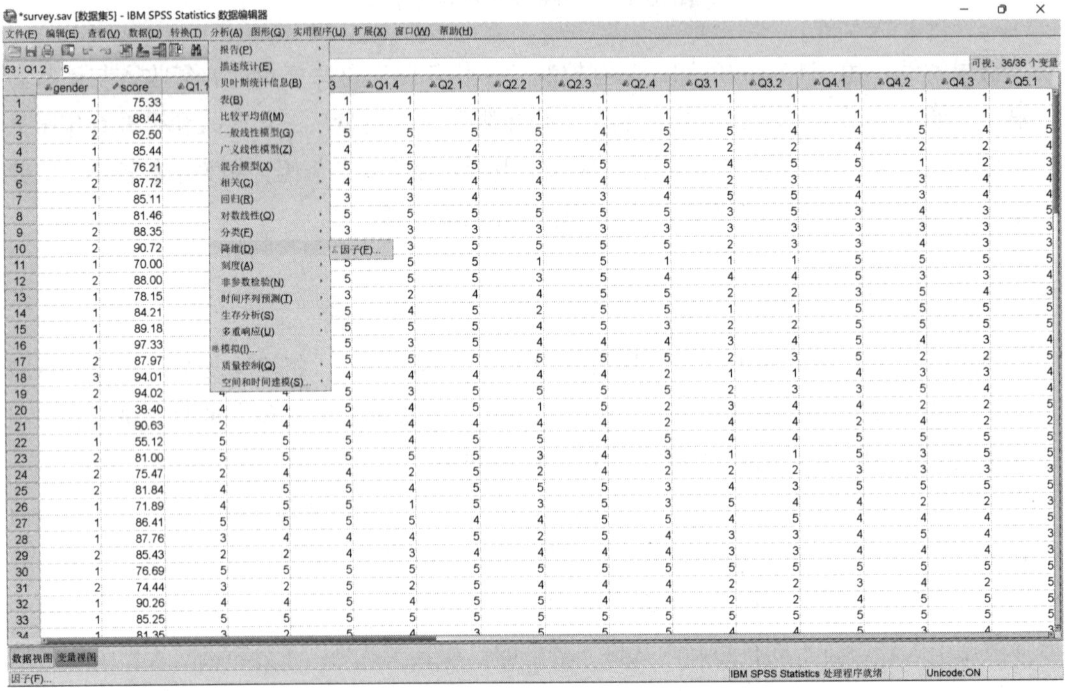

图10-108 因子分析

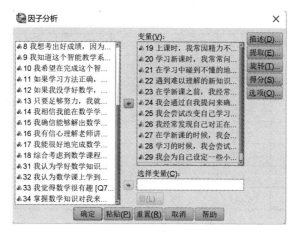

图10-109 【因子分析】对话框

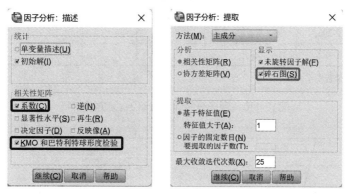

图10-110 【因子分析：描述】对话框

图10-111 【因子分析：提取】对话框

图10-112 【因子分析：旋转】对话框

图10-113 【因子分析：因子得分】对话框

图10-114 【因子分析：选项】对话框

KMO 取样适切性量数		.895
巴特利特球形度检验	近似卡方	715.894
	自由度	66
	显著性	.000

图10-115 因子分析输出结果1：KMO和巴特利特检验

成分	初始特征值			提取载荷平方和			旋转载荷平方和		
	总计	方差百分比	累积 %	总计	方差百分比	累积 %	总计	方差百分比	累积 %
1	5.910	49.251	49.251	5.910	49.251	49.251	5.907	49.221	49.221
2	1.687	14.057	63.308	1.687	14.057	63.308	1.690	14.087	63.308
3	.878	7.313	70.621						
4	.697	5.810	76.431						
5	.599	4.995	81.426						
6	.438	3.649	85.074						
7	.380	3.169	88.243						
8	.331	2.757	91.000						
9	.301	2.504	93.504						
10	.289	2.410	95.915						
11	.275	2.293	98.208						
12	.215	1.792	100.000						

注：提取方法：主成分分析法。

图10-116　因子分析输出结果2：总方差解释

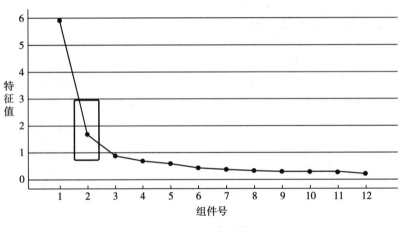

图10-117　碎石图

旋转后的成分矩阵[a]		
题项	成分	
	1	2
22 遇到难以理解的新知识，我会尝试改变自己的学习方法	.840	.101
24 我会通过自我提问来确认自己理解了所学的内容	.801	.169
20 学习新课时，我常常问自己一些问题以帮助自己集中注意力	.792	.115
23 在学新课之前，我经常先大致浏览预习一下，看看它有哪些内容，这些内容之间有什么样的联系	.781	.008

图10-118　因子分析输出结果3：旋转后的成分矩阵

(续)

旋转后的成分矩阵ᵃ		
题项	成分	
	1	2
30 如果课堂笔记没写清楚，我会在课后把它整理好	.773	-.149
28 学习的时候，我会尝试找出那些没能很好掌握的知识点	.762	-.160
21 在学习中碰到不懂的地方，我常会反复琢磨来把它弄明白	.753	-.178
25 我会尝试改变自己学习的方式，以适应老师的教学风格和课程的要求	.748	.275
29 我会为自己设定一些小目标，循序渐进地进行学习	.738	-.058
27 在学新课的时候，我会注意去看里面有哪些需要掌握的重点内容，而不是囫囵吞枣听老师讲完就行	.687	-.327
26 我经常发现自己对正在学的东西一窍不通	.018	.846
19 上课时，我常因精力不集中而错过了一些重要的知识	-.029	.811

注：1. 提取方法：主成分分析法。
    2. 旋转方法：凯撒正态化最大方差法。
    3. a. 旋转在3次迭代后已收敛。

图10-118 因子分析输出结果3：旋转后的成分矩阵（续）

结果解读： 在图10-115中，巴特利特球形度检验的显著性小于0.05，KMO取样适切性量数大于0.7，说明可以进行因子分析；从图10-116总方差解释中可以看出，可提取出两个因子，图10-117所示碎石图中的"拐点"也印证了可提取因子数为2；由图10-118旋转后的成分矩阵可知，成分1（即因子1）与22、24、20、23、30、28、21、25、29、27题的相关性较高，成分2（因子2）与26、19题的相关性较高。由此可以得出结论：在22~30题中，可以提取两个因子。因此，可将19题和26题去掉，也可考虑将"元认知自我调节能力"划分为两个维度。

> **小提示**
>
> 在因子分析前，研究者还应考虑样本大小的问题。一般来说，问卷中题项与被试的比例最好为1：5，被试总样本数不得少于100人，只有样本数足够大，才能确保因子分析结果的可靠性。

> **小提示**
>
> 当我们设计好问卷后，在正式进行调查之前，还需要通过预测试来分析问卷的信效度。在SPSS中，一般通过克龙巴赫（Cronbach）系数来检验问卷信度，而通过KMO和巴特利特（Bartlett）球形度检验来对问卷的结构效度进行分析，下面将对各个系数进行说明。

（1）**信度（Reliability）**。信度即问卷的可靠度、一致性或者稳定性，常用Cronbach系数衡量。一般情况下我们主要考虑量表的内在信度，即项目之间是否具有较高的内在一致性。通常认为，信度系数应该在0~1：如果量表的信度系数在0.9以上，则表示量表的信度很好；如果量表的信度系数在0.8~0.9，则表示量表的信度可以接受；如果量表的信度系数在0.7~0.8，则表示量表有些项目需要修订；如果量表的信度系数在0.7以下，表示量表有些项目需要抛弃。

（2）**KMO**。KMO是Kaiser-Meyer-Olkin的取样适当性量数。用于检查变量间的偏相关性，取值在0~1。KMO值越接近于1，变量间的偏相关性就越强，因子分析效果就越好。KMO值在0.9以上极适合做因子分析，0.8以上适合做因子分析，0.7以上尚可，0.6以上勉强可以，0.5以上不适合，0.5以下非常不适合。实际研究中，KMO在0.7以上，效果比较好；在0.5以下时，不适合应用因子分析。

（3）**巴特利特球形度检验**。巴特利特球形度检验用于判断相关矩阵是否是单位矩阵，即各变量之间是否有较强的相关性。$P<0.05$时，不服从球形度检验，应拒绝各变量独立的假设，即变量间有较强相关性；$P>0.05$时，服从球形度检验，各变量相互独立，不能做因子分析。

下面以"智能教学系统中学生的学习动机与学习策略调查问卷"数据为例，说明如何在SPSS中计算Cronbach系数。

操作步骤： 在菜单栏中选择【分析（A）】选项，依次选择【刻度（A）】→【可靠性分析（R）…】，如图10-119所示。在【可靠性分析】对话框中，把需要分析的题项全部加入右侧的【项（I）】中，如图10-120所示，然后单击【确定】即可。若要分析问卷整体的信度，则加入全部题项即可。信度分析结果如图10-121所示。

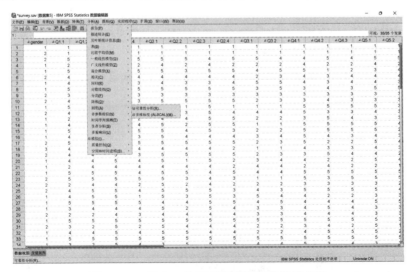

图10-119　用Cronbach系数进行问卷信度分析

图10-120 【可靠性分析】对话框

可靠性统计	
克隆巴赫 Alpha	项数
.761	36

图10-121 问卷信度分析结果

结果解读：由图10-121可知，Cronbach Alpha系数为0.761，这表示量表仍需要修订。修订以后，我们可以通过再次计算Cronbach Alpha系数来判断问卷的信度，直到符合特定的要求。

10.5.7 聚类分析

所谓"物以类聚，人以群分"，我们常常根据某种标准将群体中的不同个体划分为不同类别。例如，在课堂讨论中，根据学生参与程度的不同，可将学生划分为"积极活跃者""偶尔参与者""观察者""潜水者"等不同类型。再如，通过参照詹妮弗·A.弗雷德里克斯（Jennifer A. Fredricks）等人编制的数学与科学学习投入量表[⊖]，研究者从行为投入、情感投入、认知投入和社会投入4个维度调查了中学生数学学习投入的现状，并根据这4个维度将学生的学习投入度分为"浅层投入型""深层投入型""低情感-适度脱离型""高情感-适度投入型"4种。

这种将不同个体划分为相对同质的群组的方法称为聚类分析。在SPSS中，常用的聚类分析方法为系统聚类，又称为层次聚类。系统聚类是指聚类过程按照一定层次进行，

⊖ FREDRICKS J A，WANG M T，LINN J S，et al. Using qualitative methods to develop a survey measure of math and science engagement[J]. Learning and Instruction，2016，43: 5-15.

直到满足某种条件为止。连续型变量和分类型变量类数据都可用于聚类分析。下面以著名的2021年泰晤士高等教育世界大学排名数据为例,从教学、科研、论文引用、产业收入、国际化5个维度出发,说明如何在SPSS中对排名前20的大学进行系统聚类分析。

操作步骤: 在菜单栏的【分析(A)】选项中,依次选择【分类(F)】→【系统聚类(H)…】,如图10-122所示。在【系统聚类分析】对话框中,将左侧的教学、科研、论文引用、产业收入、国际化5个变量加入右侧的【变量(V)】框中,如图10-123所示。把大学名称加入【个案标注依据(C)】框中,在【聚类】中选择"个案(E)",在【显示】中选择"统计(I)"和"图(L)",如图10-124所示。其中,"个案(E)"为观测量聚类,"变量(B)"为变量聚类,"统计(I)"表示输出聚类分析的相关统计量,"图(L)"表示输出聚类分析的相关图形。随后,单击最右侧的【方法(M)】按钮,在打开的【系统聚类分析:方法】对话框中选择聚类方法,此处有组间联接、组内联接、最近邻元素、最远邻元素、质心聚类、中位数聚类、瓦尔德法7种,如图10-125所示。其中,常用的方法为组间联接。若参与聚类分析的变量存在数量级上的差异,在【转换值】框中进行标准化设置,如图10-126所示。这里提供了6种消除变量数量级的标准化方法,各种方法的详细说明见"小提示"。最后,设置【系统聚类分析】对话框最右侧的【统计(S)…】【图(T)…】【方法(M)…】【保存(A)…】4个选项。单击【统计】按钮打开的对话框中可以指定输出哪些统计量,在"解的范围"中设置最大和最小聚类数,本案例中设置为3~5,也可根据研究需要进行设置,默认其他系统选项即可;单击【图】按钮打开的对话框中可以制定输出哪种聚类分析图,勾选"谱系图(D)",如图10-127所示,默认其他系统选项即可;单击【方法】按钮打开的对话框中可以选择"组间联接"和"欧式距离",其他方法可根据研究需要进行选择;单击【保存】按钮打开的对话框中可以设置将聚类分析的结构以变量的形式保存到数据输出窗口中。输出结果如图10-128、图10-129和图10-130所示。

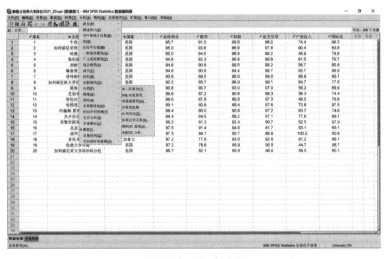

图10-122 聚类分析

图10-123 【系统聚类分析】对话框1

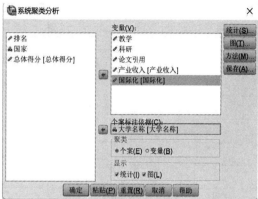

图10-124 【系统聚类分析】对话框2

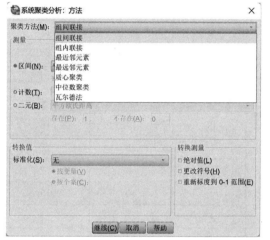

图10-125 【系统聚类分析：方法】对话框1

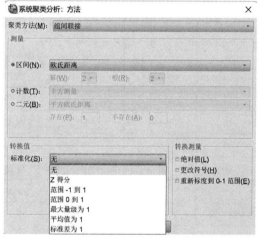

图10-126 【系统聚类分析：方法】对话框2

图10-127 【系统聚类分析：图/统计】对话框

阶段	组合聚类		系数	首次出现聚类的阶段		下一个阶段
	聚类1	聚类2		聚类1	聚类2	
1	4	7	3.890	0	0	2
2	2	4	5.207	0	1	4
3	9	10	6.321	0	0	6
4	2	8	9.160	2	0	7
5	15	18	9.838	0	0	9
6	9	20	10.646	3	0	10
7	2	6	11.461	4	0	11
8	3	11	11.653	0	0	10
9	12	15	13.166	0	5	13
10	3	9	15.521	8	6	17
11	2	13	15.615	7	0	15
12	16	17	17.204	0	0	18
13	5	12	17.490	0	9	14
14	1	5	18.456	0	13	16
15	2	14	19.685	11	0	18
16	1	19	24.258	14	0	17
17	1	3	28.205	16	10	19
18	2	16	29.507	15	12	19
19	1	2	39.552	17	18	0

图10-128　层次聚类分析凝聚状态图

结果解读：根据教学、科研、论文引用、产业收入、国际化5个维度对排名前20的世界大学进行系统聚类分析，得到的系统聚类分析凝聚状态结果如图10-128。在图10-128中，"阶段"表示聚类分析进行到第几步；"组合聚类"表示本步聚类中哪两个样本或小类聚成一类；"系数"是个体距离或最小距离；"首次出现聚类的阶段"表示本步聚类中参与聚类的是个体还是小类，其中，0表示样本，非0的数值表示由该数值步聚类生成的小类参与本步聚类；"下一个阶段"表示本步聚类的结果将在以下第几步中用到。

在本例中，聚类分析的第1步（阶段1），由第4个大学和第7个大学聚成一小类，它们的个体距离为3.890，这个小类将在下面的第2步（阶段2）聚类中用到。同理，在第2步（阶段2）中，第2个大学和第1步中聚成的小类（以该小类中第一个样本号4为标记）又聚成一类，它们的距离为5.207，形成的小类将在下面的第4步（阶段4）聚类中用到。以此类推，排名前20的大学经过19步聚类过程，最后聚成一大类。

个案	5个聚类	4个聚类	3个聚类	2个聚类
1：牛津大学	1	1	1	1
2：加利福尼亚理工大学	2	2	2	2
3：哈佛大学	3	3	1	1
4：斯坦福大学	2	2	2	2
5：剑桥大学	1	1	1	1
6：麻省理工学院	2	2	2	2
7：普林斯顿大学	2	2	2	2
8：加利福尼亚大学伯克利分校	2	2	2	2
9：耶鲁大学	3	3	1	1
10：芝加哥大学	3	3	1	1
11：哥伦比亚大学	3	3	1	1
12：帝国理工大学	1	1	1	1
13：约翰斯·霍普金斯大学	2	2	2	2
14：宾夕法尼亚大学	2	2	2	2
15：苏黎世联邦理工学院	1	1	1	1
16：北京大学	4	4	3	2
17：清华大学	4	4	3	2
18：多伦多大学	1	1	1	1
19：伦敦大学学院	5	1	1	1
20：加利福尼亚大学洛杉矶分校	3	3	1	1

图10-129 聚类成员关系图

结果解读：SPSS能产生任意类数的分类结果，图10-129呈现了聚类分析后的类别及其成员。例如，"5个聚类"表示当聚成5类时，大学1、5、12、15、18属于第1类，大学2、4、6、7、8、13、14属于第2类，大学3、9、10、11、20属于第3类，大学16、17属于第4类，大学19为第5类。"4个聚类"表示当聚成4类时各个大学属于哪个类别。"3个聚类"则表示当聚成3类时，各个大学属于哪个类别。"2个聚类"表示当聚成2类时，各个大学属于哪个类别。

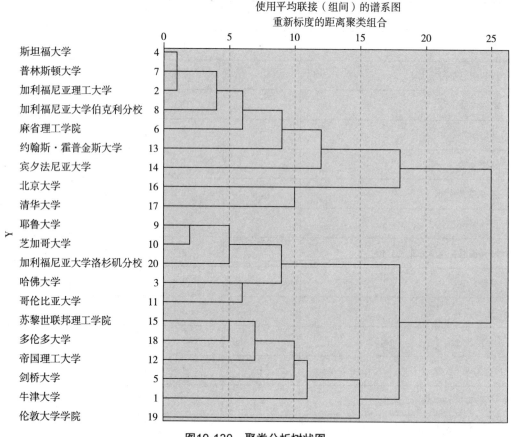

图10-130 聚类分析树状图

结果解读：在图10-130的树状图中，展现了聚类分析过程中每一次类合并的情况。SPSS自动将各类间的距离映射到0-25之间，并将聚类过程近似地表示在树状图上。从图左侧的标号可以看出，大学4、7、2距离最近，最早聚为一类；大学9和10相似性较高，较早聚为一类；大学15和18相似性较高聚为一类。因此，如果聚为3类，大学4、7、2、8、6、13、14、16、17为一类，大学9、10、20、3、11为一类，大学15、18、12、5、1、19为一类。

> **小提示**
>
> 如果参与聚类分析的变量存在数量级上的差异，需要在【转化值】中选择相应的方法进行标准化处理，其中的标准化方法有：
> （1）"None"不进行任何处理。
> （2）"Z得分"表示计算Z分数，它将各变量值减去均值后除以标准差。标准化的变量值平均值为0，标准差为1。

（3）"范围–1~1"表示将各变量值除以全距，处理以后变量值的范围在–1~1。该方法适用于有负值的变量。

（4）"范围0~1"表示将各变量值减去最小值后除以全距，处理以后变量值的范围在0~1。

（5）"最大量级为1"表示将各变量值除以最大值，处理以后变量值的最大值为1。

（6）"标准差为1"表示将各变量值除以标准差。

10.6 拓展阅读

[1] 郭志刚.社会统计分析方法：SPSS软件应用[M].北京：中国人民大学出版社，1999.

[2] 张厚粲，徐建平.现代心理与教育统计学[M].北京：北京师范大学出版社，2009.

[3] 张屹，周平红.教育研究中定量数据的统计与分析：基于SPSS的应用案例解析[M].北京：北京大学出版社，2015.

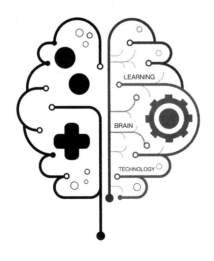